天下中华

文 扬 著

广土巨族与定居文明

中华书局

图书在版编目（CIP）数据

天下中华:广土巨族与定居文明/文扬著. —北京:中华书局,
2020.1
ISBN 978-7-101-14344-7

Ⅰ.天…　Ⅱ.文…　Ⅲ.中国历史-研究　Ⅳ.K207

中国版本图书馆 CIP 数据核字(2019)第 282542 号

书　　名	天下中华——广土巨族与定居文明	
著　　者	文　扬	
责任编辑	林玉萍　　吴麒麟	
出版发行	中华书局	
	（北京市丰台区太平桥西里 38 号　100073）	
	http://www.zhbc.com.cn	
	E-mail:zhbc@zhbc.com.cn	
印　　刷	北京瑞古冠中印刷厂	
版　　次	2020 年 1 月北京第 1 版	
	2020 年 1 月北京第 1 次印刷	
规　　格	开本/920×1250 毫米　1/32	
	印张 12½　插页 2　字数 265 千字	
印　　数	1-15000 册	
国际书号	ISBN 978-7-101-14344-7	
定　　价	58.00 元	

目 录
Contents

自 序

从2019年初开始，观察者网发表了我的系列文章——"70年对话5000年"。这个系列最初是随写随发，大约每两周一篇。到3月份，发表了四五篇的时候，引起了多家出版社的注意，并先后联系观察者网和我本人，商量出书事宜。这是此书的缘起。

"70年对话5000年"是个大题目，之所以能在中国所有媒体中首开这个题目，能以系列的形式发表并产生影响，端赖于观察者网的媒体定位、品牌效应和平台规模。虽然成长在上海的一个小弄堂里，但观察者网自始至终高扬着"中国关怀，全球视野"的大旗帜；虽然只是一家民间创办的网站，却营造出代表中国新媒体的影响力。这样的新媒体，是生发大题目、孕育大思想的天然土壤。

这里必须要提到观察者网的金仲伟总编辑。他从一开始就参与了这个系列的内容策划，并让编辑开设专题、制作banner（横幅广告）、多媒体推广，确保了文章的广泛传播。

还要提到我作为研究员所供职的由张维为教授领导的复旦大学中国研究院，正是在这个人才荟萃、充满思想活力的机构里，本人得到了很大的激励和帮助。

能让这个系列文章转化成为一本主题图书，则必须要提到中华书局的顾青总编辑。他在读了这个系列文章之后，于3月31日来到观察者网的办公室，双方确定了合作框架。中华书局这个有着百余年历史的出版社承诺出版此书，对于我是一个有力的推动。

而系列文章得以顺畅地连续推出，则必须要提到观察者网的编辑和网友们。编辑们的排版和配图让我非常放心；网友中的很多人从第一篇起就开始关注并在评论区提出中肯的批评和有价值的建议，这让观察者网和我本人都受到很大鼓励，能够不断改进行文方式，纠正既有错误，进行新的探索。

当然，全书的文字由我本人负责，出版社给了截稿日期，我则把时间用到了最后一天。在这四个月里，上海的梅雨和北京的盛夏，都和我没有了关系，交稿之后才惊觉时光飞逝，好似一场神游刚刚归来。

在这里必须要衷心感谢我的家人，头脑再怎么神游，肉身也不能离地。没有家人在生活上的支持和保障，这本书是不可能在几个月内完成的。

最后还要说，真正成就这本书的，是中华人民共和国70周年诞辰这个伟大时刻。没有中华人民共和国70年巨大成功带来的历史高度，也就难有文明对话所必需的自信和从容。

此书写给所有希望认识并理解历史中国和当代中国的读者们，希望读者们读过之后能够理解为什么说当代中国是历史中国的延续和发展，为什么中国是世界各大文明中唯一延续至今的原生文明，以及为什么这一伟大文明的复兴不可阻挡。

　　书中包括了理论建构、历史叙述、文明对比和当代透视。虽然本人学养尚浅，把握这种大题目困难多多，但既然只是抛砖，受使命所驱，也还是尽力了。

　　是为序。

前　言

　　2019年10月1日，中华人民共和国迎来70周年华诞，全国各地张灯结彩，天安门广场鲜花绽放，一场军队大阅兵和群众大游行，把庆祝活动推向了高潮。

　　70年前中华人民共和国宣告成立，1949年10月1日的开国大典也是一场军队大阅兵和群众大游行。从那一年开始，这个新生的人民共和国就是以人民的胜利这个形象昭告全球的，虽然外界充满了怀疑，但是新中国成立之后每一年都庆祝自己国家的胜利，而且五年一小庆，十年一大庆。在那些最困难的岁月里，最孤立的岁月里，还有最危险的岁月里，每年的十月一日也照例张灯结彩，鲜花绽放，从不中断庆祝仪式。因为新中国是如此坚定地相信，无论遇到什么，她都会一直走向胜利。

　　新中国的自信令世界感到震惊，这个新生国家几十年不变地高举着人民共和国的胜利旗帜，几十年不变地沿着建设现代化强国和民族复兴的道路前进。到了70周年诞辰的今天，全世界都在见证一个奇迹，中国的发展已经取得了令人难以置信的成果。

作为一个接受了马克思主义的东方阵营国家，中国属于20世纪国际共产主义运动的组成部分。如今，新中国的持续时间已经超过了世界上第一个马克思主义国家——前苏联。前苏联这个"老大哥"从1922年12月30日"苏联创建条约"中诞生，至1991年12月26日"苏联最高苏维埃"宣布苏联解体而结束，其寿命是69年差4天。

作为一个没有工业化基础的传统农业国家，中国曾有很长一段时间严重落后于先进工业国，有段时间差距甚至越来越大。但是从2010年开始，中国就成为了制造业世界第一大国。在500余种主要工业产品中，中国有220多种产量位居世界第一。制造业增加值为3.59万亿美元，占全世界的近三分之一。

作为一个近代以来积贫积弱的半殖民地国家，中国曾长期大大落后于富裕国家。1978年人均GDP为156美元，不到非洲国家平均水平495美元的三分之一。但近40年来中国GDP年均增长9.4%，对外贸易年均增长14.5%，连续超过英法德日等国，来到了世界第二大经济体的位置上。2018年人均GDP达9600美元，属于中等偏上收入国家的水平。

这些巨大的成果，得到了世界各国的称赞和肯定；而最大的肯定，可以说来自于当今世界第一强国美国。这个国家的一位前总统告诉现任总统，中国在很多方面已经超过了美国，例如高速铁路中国是2.9万公里，而美国是0；例如北京出生的孩子预期平均寿命会比在华盛顿特区出生的孩子多5年。这个国家近来甚至不惜动用国家的力量来对付中国的一家信息科技公司。一位前总统顾问在媒体上宣称，阻止这家信息公司比签订贸易协议重要10倍。他的意思似乎是，中国这家信息公司每年给美国造成的损失就相当于纽约、得克萨斯与佛罗里达三个大州的GDP之和！

无论怎么衡量，今天的中华人民共和国，已不是竞争失败的东方国家，已不是人均收入低的贫穷落后国家，也不是科技和教育竞争力不足的弱势国家，而是一个正争取全面胜利的国家。那么——中国到底是谁？从哪里来？要到哪里去？

来到70周年这个历史时间点上的中国，不仅自己在问自己这几个问题，整个世界也都在问。

习近平同志说，"当代中国是历史中国的延续和发展"，这句话在一个合适的时机以一种合适的方式说出来，意义重大。就像是海上的冰山，当人们围着它水面以上的部分争论不休时，这句话提醒人们：冰山的一角只是冰山整体的一部分，要认识露出来的这一部分，必须理解这一座冰山形成的过程和全部的体量。

就像冰山这个比喻，70年时间，之于冰山一角的当代中国是一种意义，之于整座冰山的历史中国又是另一种意义。之于当代中国，70年不算很短，可视为一段相对完整的历史，还可以再细分为几个阶段。但若放在历史长河中以长久王朝或伟大帝国的尺度看，70年只是一个"初期"。例如享国长达427年的汉朝，到70年时才进入武帝时代，强汉气象刚刚出现；再例如绵延319年的宋朝，到70年时刚刚进入"仁宗盛治"，国势仍在上升期，其时全国人户总数是宋太祖开国之初的十倍①，经济和科技接近历史高峰。

"初期"和"长期"这两个概念，会带来两种不同的"过去感"。

从1917年俄国的"十月革命"到当今的世界，这个一百年可以算是一个"长期"概念。20世纪以来，世界发生了多次重大变化，一战、二战、冷战、"9·11"事件、全球金融危机的爆发，在世界当代历史中都属于"断裂性"的事件，也就是事件发生之后的世界与之前完全不同了。

但在考察中国的历史时，更多的却是"连续性"，从一个方面看，1949年中华人民共和国的成立是20世纪国际共产主义运动的一部分，从另一方面看，也是中国自身百年"现代国家建国"的产物，而且连接着1840年鸦片战争之后中国"民族救亡图存"的脉络，中间没有断。

再往前追溯，还连接着更早更长的历史脉络。整整180年前的1839年，林则徐奉命为钦差大臣南下广州查禁英国商人输入中国的鸦片；整整330年前的1689年，索额图奉命为全权使臣北上尼布楚与俄罗斯签订了《尼布楚条约》。纵贯千里的一南一北，事事关乎国运兴衰、疆域大小，虽说是两三百年前的国之大

---

① 〔宋〕张邦基《墨庄漫录》卷二记载：仁宗尝问孝肃包公拯历代编户多少之数，公悉考以对：……太祖建隆之初，有户九十六万七千三百五十三；开宝九年，渐加至三百九万五百四户；太宗至道二年，增至四百五十一万四千二百五十七；真宗天禧五年，又增至八百六十七万七千六百七十七。陛下御宇以来，天圣七年，户一千一十六万二千六百八十九；庆历二年，增至一千三十万七千六百四十；八年，又增至一千九十六万四千四百三十四。拯以谓自三代以降，跨唐越汉，未有若今之盛者。

事，今日观之，却好像完全是为了当代中国所完成的大事一样。

如果说明清时期的国之大事与当代中国直接相关，其间虽有巨变却仍然保持着延续，那么再之前的唐宋、魏晋、秦汉、夏商周，当然也是节节相关，也是虽有巨变却仍然保持着延续。

尤其当人们立足于当代中国作为世界大国的国势高度上，就像是站在高山的顶峰回望来时的登山之路，当然是高度越高，回望的长度越长，而回望的长度越长，路上那些小的方向转弯、道路消失甚至原地绕圈之处，就模糊不见了，只见到从天边到脚下连绵蜿蜒，一路迤逦。

以一种演化主义的观点看，一条从起点出发的道路，无论路上发生了什么，哪怕走了弯路、岔路、回头路，但只要最后胜利地到达终点，则所有历经的路径就都带有了某种迭代的意义，都需要从胜利者的角度重新加以阐释。

这就是为什么在21世纪第二个十年即将结束的今天，中国和世界同时提出了"中国到底是谁"的问题。

世界历史上曾经出现过很多的胜利者，特别是在近现代世界历史上崛起的西方社会。18、19世纪的西方历史学家们，为了说明西方的伟大胜利是全部过去的必然结果，便重新建构了一个只属于胜利者的"哲学的历史"。

据刘小枫教授的讲述，伏尔泰的《论诸民族的道德风习和精神》于1753年出版，史称第一部"世界史"，从此，"普遍历史""历史哲学"等世界史概念开始出现。半个多世纪后，黑格尔的《世界史哲学讲演录》问世，其主题是"自由"理念得以实现的世界历史进程，属于地道的政治哲学的世界史，风头盖过了伏尔泰。紧随黑格尔的世界历史哲学之后，史称现代史学奠基人的兰克（Leopold von Ranke, 1795—1886）接踵而至，除了有众多著作问世，他还于1880年以85岁的高龄口述《世界史》。

刘小枫教授评说："尽管有种种差异，以至于伏尔泰和黑格尔的普遍历史很难相提并论，两者毕竟有一个共同之处：他们的普遍历史都给中国这个文明古国安排了一个明确位置。——令人费解的是，在兰克的多卷本《世界史》中，竟然见不到中国的历史身影。"对此，刘教授的解释是：

> 如果兰克对"世界史"的理解让我们感到奇怪，当我们看到卷十三的标题时就应该感到惊讶了。这卷的标题直接就是"世界历史"，题下有这样一个副标题："向现代世界过渡的诸时代：14—15世纪。"这个标题未必出自兰克本人，却初步解答了我们的困惑：兰克很有可能仅仅把"现代世界"的历史视为"世界历史"。此前的历史与这个"现代世界"有直接或间接的关系，才会被纳入"世界史"的框架。兰克的《世界史》没有提到中国，仅仅因为古老的中国与作为真正的"世界历史"的"现代世界"连间接关系也没有。[1]

在今天看来，无论是伏尔泰和黑格尔在"世界历史"里给中国安排了某个位置，还是兰克根本就没给中国留位置，已经不重要了。把欧洲历史视为"世界历史"，把欧洲社会视为"现代世界"，这种极端的"西方中心论"立场，在今天已经没有价值了。当中国大踏步地回归到世界历史舞台的中心，西方社会自制

---

[1] 刘小枫：《兰克的〈世界史〉为何没有中国》，《中国文化》2016年春季号。

的那些曾经煞有介事的"哲学的历史"也会自动破产。

但是，新的情况又出现了，中国还是必须要说些什么。

中华人民共和国70周年大庆时来自美国的"贺礼"之一，是名叫凯润·斯金纳（Kiron Skinner）的美国黑人女高官于4月30日以国务院政策规划主任的身份发表的一通言论。她说：美中之间的竞争是真正的两个文明和两个人种间的斗争，"这是美国从来没有经历过的情况"，因为"这是第一次我们面临一个非高加索人种的强大竞争对手"。

在中国人努力回望并理解自己的历史道路时，这位美国官员提醒全世界：中国的历史之路代表的是一个文明，是与西方文明完全不同的中华文明，今天的道路之争、地位之争、利益之争，归根结底是两个文明甚至是两个人种之间的斗争。

这番话有对有错。对的部分是：同样指出了冰山一角与冰山整体之间的关系；错的部分是：这位斯金纳主任显然还陷在传统的"斗争哲学"的泥淖里，说到文明，就一定有高下优劣，是斗争，是非此即彼。

时隔半个月的5月15日，中国在北京主办了"亚洲文明对话大会"。在会上，习近平同志代表中国和亚洲提出了"文明互鉴"论和"文明平等"论。他在大会的主旨演讲中说："文明只有姹紫嫣红之别，但绝无高低优劣之分"，"认为自己的人种和文明高人一等，执意改造甚至取代其他文明，在认识上是愚蠢的，在做法上是灾难性的"。

2014年3月27日，习近平同志在联合国教科文组织总部的演讲中就曾指出："中华文明是在中国大地上产生的文明，也是同其他文明不断交流互鉴而形成的文明。""中国人民……将按照时代的新进步，推动中华文明创造性转化和创新性发展"，"让中华文明同世界各国人民创造的丰富多彩的文明一道，为人类提供正确的精神指引和强大的精神动力。"

本书的主旨也正是如此。

长期以来，西方文明被视为是高人一等的主导文明，所有其他文明都被置于附属或边缘的位置上。在这种"西方中心论"的文明史观中，典型的非西方文明，例如中华文明，实际上无法被正确地认识和理解。"中华文明是在中国大地上产生的文明，也是同其他文明不断交流互鉴而形成的"，这毫无疑问是个正确的论述。

梁启超曾经将中国的历史分为"中国的中国""亚洲的中国"和"世界的中国"三个阶段。只是到了第三个阶段（自乾隆末年开始至今），中华文明才真正进入了与西方文明交流互鉴的历史。那么，关于此前的中华文明史，应该怎样建构呢？

了解西方"世界史"主流叙事的人们都会同意，以下这些重大历史事实，在"西方中心论"的理论当中，往往被视而不见：

一、中华文明自起源到今天，是唯一延续至今不曾中断的文明。人类文明史上出现过的所有文明，第一代的文明中，除了中华文明之外都已经灭亡；第二代的文明中，除了印度文明外都已经灭亡，而中华文明还在；今天的西方文明、东正教文明、伊斯兰文明都属于第三代文明，而中华文明还在。环顾世界，与之比肩的文明，没有第二个。

二、两千多年前的秦朝，在世界上第一个建立起冲破血缘和亲缘关系束缚、以土地和人民为基础的现代政治制度①。秦汉之后，历史上几度异族入侵，几度中原易主，但大一统文化不灭，国脉不断，大一统局面每一次都能在崩溃之后迅速重建，两千多年来是一个周期性再造的过程，不断巩固和完备，到了人民共和国时期，郡县制实施更加彻底，大一统措施更加有力，民族融合更加深入。环顾世界，与之并肩的国家，没有第二个。

三、中国历史上出现过数以百计的民族，但在共同创造的社会制度和思想文化的作用下，通过长期的杂处和交流，也通过战争和迁徙，形成了大量的共性，促成了持久不断的民族大融合。成长到今天，聚合成了中华民族这个巨族，人口规模接近欧洲与非洲总人口之和。环顾世界，与之比肩的民族，没有第二个。

这样一个独一无二的广土巨族国家，一个从文明发展、政治制度、民族融合等几个方面都早已是世界第一的国家，却在"西方中心论"的影响下，长期被认为是远离世界文明、处在"世界历史的局外"、必须等待先进文明的冲击和改造，这难道不需要拨乱反正吗？

从这个基本问题出发，排除掉"西方中心论"的影响，推倒"西方版世界文明史"的预设，通过对照比较的方式，探讨中华文明和中国政治传统的独特性。这就是本书的出发点。

①　〔美〕弗朗西斯·福山在《政治秩序的起源》一书中表达了这样的观点：政治方面的发展和政府制度的进化，是相对独立于经济发展的。当政治制度基于土地与人民、政府官员通过才能选拔而不是由血缘和亲缘关系所决定时，这种制度就被认为是告别了古代、进入了现代的。据此，福山认为，现代政治制度在历史上的出现，远早于工业革命和现代资本主义经济；人们现在理解的现代国家元素，在公元前3世纪的中国秦朝业已到位，比欧洲早了整整1800年。

第一章 广土巨族

一、几个基本概念

从基本概念开始展开一个新的理论，作为一种论述方式有利有弊：不好之处在于枯燥的概念定义和关系建构容易使读者感到厌倦，没有兴趣读下去；好处在于后续章节不必每次都重新开头，频繁引入新概念。为了尽可能让行文保持流畅，本书采取折中的办法，在定义部分尽量简化，余下的内容放在后面的论述中。

近年来，本人在观察者网等媒体上发表的文章，一直在交替使用以下几个概念来说明中华文明的唯一性：一个是唯一延续的文明，另一个是"广土巨族"，再一个是天下型定居文明。第一个概念是流行已久并流传很广的定论，第二和第三个概念是本人近几年创造出来并尝试用于理论建构的。需要说明的是，虽然在论述中三个概念会交替使用，但在逻辑上这三者却不是并列的。在我的概念体系中，前两个其实是后一个的结果——"广土巨族"是中华文明的空间特征，五千年延续未中断是中华文明的时间特征,它们归根结底都源于天下型定居文明这个本质。因为是天下型定居,所以最终形成了广土巨族;因为是天下型定居,所以生存下来并发展至今。

概言之,天下型定居文明是中华文明区别于所有其他文明的一个本质性的特征。

为了清楚地论述这个问题,需要界定以下一些基本概念:

1. 定居与游居

在人类学和考古学意义上,定居(sedentism或sedentariness)一词的定义,可以指一种状态,即"在一个地方长时间群体居住的生活方式";也可指一个过程,即"从游居社会向永久留在一个地方的生活方式的转变过渡"。在英文里,相关概念有sedentary settlements, sedentarization, fixed habitat, sedentary lifestyle等。

与定居(sedentism)相对的英文词是nomad。这个词本来的定义是指所有"没有固定居住地的人群社团",并不专指游牧社会,也指沿贸易路线游走的商队或过着流浪生活的吉卜赛手艺人等,所以应该相对于汉语的"定居"翻译为"游居"。实际上,根据人类学和考古学的研究,原始人类社会最早的状态都是游居的,也就是通常所说的狩猎采集部落。从追随动植物变迁一起游居的狩猎采集的生产生活方式,转变为永久留在一个地方从事农耕和养殖的生产生活方式,是一个很重大的转变,也是文明朝向复杂性发展的一个大的跨越。关于这个跨越对于人类文明的重大意义已有大量研究,在此不再赘述。重要的是,游牧这种生产生活方式，实际上出现在定居农耕生产生活方式之后，是由于地理环境和气候等原因从后者分离出来的。因此，游居并不等同于游牧，游牧社会只是游居社会中的一种，而且还是文明演化中相对于狩猎采集社会更为成熟和精细的一种。在英文中，与nomadic概念相关的有hunter-gatherers, pastoral nomads, tinker, trader nomads等，而游牧则专指沿着固定迁徙路线随季节往返于同一个区域内并且拥有固定畜群的游居社会。

需要说明的是，并非所有游居社会都可以转变为定居社会。由于从游居转为定居需要一系列外部和内部条件以及必需的资源，因此对于那些人口规模较小、所处自然环境较差的游居社会来说，很可能在相当长的时间甚至永远都不能过渡到定居社会。正如人类学和历史学所确认的，在人类文明史的大部分时间里，定居社会并不是人类社会的主流，游居社会的数量和总体人口规模在相当长的时间内都大大超过定居社会。人类的大部分乃至绝大部分都转为定居、进入城市，是很晚近的变化。实际上，直到今天，世界上仍存在着不同形式的游居社会。

2. 文明与野蛮

据考证，英文中的文明（civilization）一词的出现，最初就是作为"野蛮"一词的反义词。18世纪英国著名文人塞缪尔·约翰逊从1747年开始花了九年时间编辑《英文词典》（也称《约翰逊词典》）。此人早年曾经身无分文且疾病缠身，后来找到了一份为杂志撰稿的工作，开始享受伦敦舒适的城市生活，于是使用了源于"citizen"和拉丁语"civilitas"的"civility"一词来表示"文明"的城市生活，与他自己经历过的那种赤贫的乡下生活状态相对。

在中华文化中，也有类似的起源，如孔子《论语·雍也》中"质胜文则野，文胜质则史。文质彬彬，然后君子"一语。时代与文化的差距暂且不提，两者共同之处在于都在"文明"的含义中加入了城市与乡野的区别，也都包括了文化修养和行为举止方面的区别。"彬彬"的原意，是匀称的意思。孔子想表达的是：一个君子，既要品格质朴，也要有文采，两者应该平衡兼有，而不可以相胜。若质朴有余而华采不足，就会粗鲁；若专尚文采而丧失质朴，就会虚浮粉饰，也不是君子之所贵。

两者的不同之处在于，西方语境中的文明概念是与当时的进化论思潮一起应运而生的。18—19世纪的西方社会，基于科学的现代考古学、人类学、语言学、历史学等学科取得了大量新的进展，人类历史开始被理解为一个从低级到高级的演化过程，一个进步的阶梯。于是，文明成了一个不断向前发展的社会进程，与自身早期历史的野蛮状态相对。

这是一种截然有别于过去的新思维。受进化论影响的思想者们，从今天巨大的城市，倒推出没有城市或城市很小的古代社会；从今天复杂的社会分层，倒推出没有阶级或简单分层的古代社会；从今天强大的政治组织，倒推出没有统治集团或很少首领的古代社会……还有语言文字、艺术作品等方面，都是这样。作为这种"上溯"思维的逻辑结果，文明就被定义为出现了城市、政治组织、社会分层、语言文字的人类社会，区别于那些从来没有创造出这些东西的"原始社会"。

价值判断也随之产生，文明化是好的，非文明化、野蛮的、蒙昧的是坏的。在19世纪，一些欧洲人直接根据自己所处的社会制定出一套标准，以此评判其他非欧洲人的社会是否充分"文明化"，是否可以被接受为国际体系的成员。即使他们也承认多元文明的概念，但这种多元是一种被嵌入等级体系中的多元，当然，欧洲文明处在这个等级体系的金字塔顶端。摩尔根在他的名著《古代社会》中写道：

> 我所设想的文化发展阶段——（一）低级蒙昧社会；（二）中级蒙昧社会；（三）高级蒙昧社会；（四）低级野蛮社会；（五）中级野蛮社会；（六）高级野蛮社会；（七）文明社会。[①]

综上所述，文明的概念可以从纵向的时间和横向的空间两个维度界定。在时间上，文明被理解为人类历史甚至宇宙历史在演化到某个时期出现的一个突变现象，它以定居的出现、农业的出现、"真社会性"的出现、城市和国家的出现为起点，以社会不断发生变化、复杂性逐渐增加、能量流和信息流大规模聚集为特征，并与那些停滞的或发展极为缓慢的、长期保持在居无定所的游团状态的野蛮社会或蒙昧社会相对。

在空间上，全新世气候到来之后，文明在地球表面不同地区先后出现。由于不同地区的人类社会面临不同的气候变迁、地质变迁和动植物变迁，文明的演化在不同的地理区域呈现出

[①] 〔美〕路易斯·亨利·摩尔根著，杨东莼等译：《古代社会》，商务印书馆1981年，第3页。

完全不同的历史过程。如黑格尔所说的，各民族历史都有自己的"地理基础"，或杜兰特所说的"地理是历史的子宫"。于是，不同文明被理解为与不同种族、不同民族或不同文化紧密相关的一个概念，与不同文化的盛衰兴亡保持同步，相互之间有了对照和比较的意义。

当文明的概念同时带有时间上的"进化"和空间上的"他者"含义时，文明与野蛮这一个对立概念就出现了。由于定居社会的农业生产生活方式直接促进了人口规模的增长、人际交往的增加、交易活动的产生、社会分工的细化、等级制度的出现、文字的发明和使用以及城市和国家的形成，因此定居社会的发展总是代表着与文明演化更为一致的方向。相比之下，尽管游居社会可能在人种上与相毗邻的定居社会没有差别，但随着文化差异逐渐加大，文明与野蛮的划分也开始出现。定居社会自认为是文明的，而游居社会则被定义为野蛮的。自有文字以来，基于定居文明的中国就将四周的游居社会定义为蛮夷戎狄，从文化上和种族上将其与自己区别开来。在地中海地区，亚述人和希腊人的古代文献都记录了在他们定居区周边游动的蛮族部落。罗马时代也是如此，他们将所有的非罗马人都称为野蛮人（Barbarians）。因此，游居社会或历史学家所说的游团（bands），往往就是蛮族的同义语。定居等于文明，游居等于野蛮，这组恒等式在文明史上长期存在。如果考虑到在定居农耕社会的文明进程开始前，并无所谓文明和野蛮，那么所谓蛮族，不过就是文明社会眼中那些文明程度尚不及自己的其他氏族，甚至就是自己多少年前的同源兄弟。所以，没有文明，也就无所谓蛮族；没有蛮族，也就无所谓文明。两者互为他者，互为镜像。

3. 秩序与运动

定居是固定的，游居是移动的。最典型的定居社会，如中原汉地，也称"中国本部"。最典型的游居社会，一种是欧亚大草原上逐水草而居的游猎、游牧社会，或称"骑马民族"；一种是居住在沿海或岛屿上但主要活动在海洋上的社会，也称"海上民族"。

人类对于宇宙万物产生的认知，有两种来自于感觉经验归纳的最重要的认知，即秩序和运动——天体是运动的，但也是有秩序的；生物是运动的，但也是有秩序的；万物莫不如此。秩序感的产生和运动感的产生，都是自然发生的，不存在应该不应该产生，或哪种感觉正确、哪种感觉错误的问题。司马谈《论六家要指》曾说：

> 夫阴阳，四时、八位、十二度、二十四节各有教令，曰顺之者昌，逆之者亡，未必然也，故曰"使人拘而多畏"。夫春生、夏长、秋收、冬藏，此天道之大经也，弗顺则无以为天下纪纲。故曰"四时之大顺，不可失也"。

可见，在中国古人的头脑中，秩序与运动是天道的一体两面，所以一方面说"天不变，道亦不变"（《汉书·董仲舒传》），"五服五章，天秩所作"（《后汉书·胡广传》）；一方面又说"为道也屡迁，变动不居，周流六虚，上下无常，刚柔相易，不可为典要，唯变所适"（《周易·系辞下》）。

但是，毕竟存在决定意识，物质基础决定上层建筑，定居的生产生活方式，决定了对秩序的重视；而游居的生产生活方式，则决定了对运动的重视。在早期文明阶段，定居社会一旦没有了秩序就难免要发生崩溃，游居社会一旦失去了运动也难免要发生崩溃。古人的生产生活方式与所处的自然环境密不可分，对于定居所要求的秩序和游居所要求的运动，都有极深切的体认，无论是否升华出抽象的理论归纳。

古人中也产生过高度抽象思维，如《荀子·王制》记载：

> 水火有气而无生，草木有生而无知，禽兽有知而无义，人有气有生有知亦且有义，故最为天下贵也。力不若牛，走不若马，而牛马为用，何也？曰：人能群，彼不能群也。人何以能群？曰：分。分何以能行？曰：义。故义以分则和，和则一，一则多力，多力则强，强则胜物。

这是从本原上讲人类何以能组成社会，无论是定居还是游居，都遵循同一个道理。荀子所说的"义"，就是社会的黏合剂，义以分则和，不义以分则乱。无论是种地的农民，还是骑马的牧民，还是海上的渔民，都是一样。但《荀子·礼论》又载：

> 礼起于何也？曰：人生而有欲，欲而不得，则不能无求，求而无度量分界，则不能不争，争则乱，乱则穷。先王恶其乱也，故制礼义以分之，以养人之欲，给人之求。使欲必不穷乎物，物必不屈于欲，两者相持而长，是礼之所起也。

这是一个更高的层次，从这个层次开始，定居社会和游居社会就有了分歧。在定居社会，"求而无度量分界，则不能不争，争则乱，乱则穷"。这个规律是个铁律，因为生存空间是固定的，一争一乱，生产秩序被破坏，生产力下降，一切都完了；但是在游居社会里就不一定了，因为游居社会的生存空间不是固定的，生存资源可以通过抢劫、勒索等方式从外部获得，所以争并不一定乱自己，很有可能是乱别人，这反而大有好处。

不争、安定就是秩序，先王制礼义，确立秩序；而争就是运动，竞争乃至战争，都是运动；从这里就有了文明路径的分岔。定居文明沿着"定"的路径演化，乱了之后又回到治，一治一乱，曲折发展；而游居文明则沿着"争"的路径演化，内部争，外部争，在竞争中获得发展。据此，前者可以称之为秩序主义，后者可以称之为运动主义，两者都属于从世界文明本原引申出来的最根本性的路径。

由是观之，中国的儒、道、释传统，无论有多少内部分殊，却一致信奉"任天者定，任人者争；定之以天，争乃不生"[1]，所以归根结底是关于定居文明的，是秩序主义的，而不是关于游居文明和运动主义的。一旦离开了定居文明圈，仁义礼智信、温良恭俭让，也就都失去了适用性，沦为空谈，甚至谬论。

4. 共生与竞争

作为一个生物学术语的"共生"（symbiosis），最早由德国植物学家、医生、著名的真菌学奠基人安东·德·巴里（Anton de Bary）于1879年提出，用来描述物种之间的相互依存，或"不同生物的共同生活"。生物学家中有一种观点认为，共生与竞争同为生物演化的主要推动力或称互利共生。《辞海》中的解

---

[1]　王国维：《观堂集林·殷周制度论》，中华书局1959年，第457—458页。

释是：

> 共生或"互利共生"。种间关系之一。泛指两个或两个以上有机体生活在一起的相互关系。一般指一种生物生活于另一种生物的体内或体外相互有利的关系。有些生态学家把共生概念作为凡生活在一起的两种生物之间不同程度利害的相互关系。

将这个概念应用于人类社会，指的是一个社会与不同文化的社会或异质文明之间通过相互作用和相互依赖共同演化、共同发展。

共生的概念提出后，生物学家中出现一种观点认为，达尔文关于竞争驱动演化的理论是不完整的，共生也是演化历史背后的一个主要推动力量，演化在很大程度上建立在有机物的合作、互动、相互依赖基础之上。研究共生现象的生物学家Margulis和她的儿子Dorion Sagan的名言是："生命覆盖整个地球不是通过战斗，而是通过联网。"

也可以认为共生进化说与自然选择进化说形成了一个互补——适者生存、优胜劣汰的选择机制是竞争机制，共生则是合作机制，两种机制在生物体的进化中都起着十分重要的作用，甚至可以说后者比前者更为基础，因为整体上有共生关系的生物在自然选择中更占优势，能更好地在自然选择中处于有利地位。而自然选择又进一步强化了具有共生关系的生物在竞争中的优势地位，从而形成一种良性循环。

5. 天下与列国

中国人的"天下"观念，从商朝时开始萌生，到西周初期建构完成，至今已有三千多年的历史了。

从观念史的角度看，"天下"观念之诞生实际上是一个特殊现象，而不是普遍现象。因为该现象的发生需要多个外部环境条件，包括大量氏族从游居转为定居、定居地点分布在一个广阔且相对平坦的地理区域内、定居区域构成了一个中心—四方的地理格局等。这些条件在中华文明发育的早期阶段正好都具备，如黄河中下游和长江中下游地区。而那些始终处在游居状态的，或居住在高山、海岛、河谷、森林等破碎狭小地理环境中的，或处于众多蛮族包围之中的古代社会，都难以形成天下的观念。

北宋时的石介写道：

> 夫天处乎上，地处乎下，居天地之中者曰中国，居天地之偏者曰四夷。四夷外也，中国内也。天地为之乎内外，所以限也。[①]

直到"世界是圆的"这个科学认识普及之前，石介所代表的世界观始终成立，中国始终被想当然地认为就是天地之中。不仅是因为中国正好占据了一个特殊的地理位置，还因为中国是最早的、最连续的天下型定居文明。可以说，是天下型定居文明让中国产生了"天下"这个观念，并发展成为一个天下型国家。

天下的共主即被呼为天子，而诸侯则以"国"作为封号。

---

① 〔宋〕石介：《徂徕石先生文集》，中华书局1984年，第116页。

在殷墟甲骨卜辞中，"中商""四方""四土"等词频繁出现，表示商朝人认为自己位于被东土、西土、南土和北土所环绕的中土。

西周早期，"天下"一词大量见于器物典籍中，与之相关的"四方""万邦"等被反复使用，将洛阳等地所处的平原作为天下之中的"中国"概念也开始出现。"天子居中国，受天命，治天下"的理论逐渐成形。

列国与天下相对。列国既可以专指华夏各诸侯国，也可以包括蛮夷戎狄各国，由此"天下"也有了广义和狭义两种含义。狭义的"天下"等同于"九州"，即所有诸侯封土建国所立之国家全部合起来的那个最大的疆域范围。广义的"天下"则是"九州+四夷"，是指被普遍的秩序原则所支配的人类全体。如《礼记·中庸》所述"天下至圣"之"配天"：

> 是以声名洋溢乎中国，施及蛮貊，舟车所至，人力所通，天之所覆，地之所载，日月所照，霜露所队（同"坠"），凡有血气者，莫不尊亲，故曰配天。

列国从氏族和酋邦演化而来，属于一种政治演化的自然状态。但是，一旦天下的观念被创制出来，列国就不再是独立的政治单元，而成了天下体系之内的政治单元。从此以后，整个天下被理解为一个完整的政治存在，于是在国家政治之外，不仅有国际政治，还有天下政治，政治首先从天下问题开始。

这是人类文明史中的一个天才创造。由于天下政治的存在，天下的列国便具有了与自然状态的列国完全不同的国家政治与国际政治。管仲曰："以家为乡，乡不可为也；以乡为国，国不可为也；以国为天下，天下不可为也。以家为家，以乡为乡，以国为国，以天下为天下。"（《管子·牧民》）老子也说："以身观身，以家观家，以乡观乡，以邦观邦，以天下观天下。"（《道德经》第五十四章）都是关于天下的列国之独特性的说明。当代学者赵汀阳在解释"天下—国—家"这个政治结构时说：

> 在天下—国—家的政治框架里，天下不仅是尺度最大的政治单位，而且是整个框架的最终解释原则。这意味着，天下定义了政治全语境，一切政治问题都在天下概念中被解释。在这个政治空间里，政治解释形成了"天下—国—家"的包含秩序（inclusive order），而其伦理解释则形成"家—国—天下"的外推秩序（extending order），两者形成互相解释的内在循环。[①]

秦朝的大一统带来了一个新的局面。一方面，在狭义的天下之内，秦朝消灭了列国，完成了"九州"范围的天下大一统；另一方面，在广义的天下之内，秦朝将"中国"的疆域扩大到了比列国"九州"更大的范围，"中国"开始大于"九州"，成为了真正的天下型国家，或称"内含了天下结构的国家"。

始皇帝想当然地认为他的圣德超过了五帝，他治下的"中国"等于是"天下"。《史记·秦始皇本纪》记载的琅琊石刻颂秦德：

> 器械一量，同书文字。日月所照，舟舆所载。皆终其命，

[①] 赵汀阳：《天下的当代性：世界秩序的实践与想象》，中信出版社2016年，第31页。

莫不得意。……六合之内，皇帝之土。西涉流沙，南尽北户。东有东海，北过大夏。人迹所至，无不臣者。功盖五帝，泽及牛马。……

"人迹所至"当然就是广义的天下，所谓"天下无外""王者无外"，意思是只要中国之外还有外，天下就不是完整的，平天下的事业就还要继续，直到所有的夷狄都被纳入中华秩序，达到天下归一。梁惠王问孟子"天下恶乎定"，孟子答曰"定于一"，朱熹《四书集注》云："必合于一然后定。"

然而，历史上，中国从来未能全取天下、将四夷全部纳入大一统。无论中国将天下的疆域扩大到多么大，如西汉的昭宣中兴时期，唐朝的贞观、开元时期和清朝的太平一统之盛，中国的概念也没能等于广义的天下，而且每次都会遭遇到其他的对等天下，例如西汉时的匈奴，唐朝时的天竺和大食，清朝时的俄罗斯和欧美列强等。

这就意味着，自秦以后，中国的疆域始终在狭义和广义的两个天下之间伸缩变化。最接近于中国全取天下的时期，也就是中国对外扩张同时四夷宾服的时期。而其他时期的中国实际上都是"小天下"，有时比"九州"还小，有时则完全是四分五裂的多极天下。前者如两宋时期，后者如五胡十六国时期和五代十国时期。

综上所述，定居与游居、文明与野蛮、秩序与运动、共生与竞争、天下与列国等对偶概念，都可以作为关于中华文明理论体系中的基本概念。下面以这些基本概念为基础，针对中华文明这个天下型定居文明的独特性，以及其政治和经济传统的独特性，进行讨论。

二、中国人的“广土”

论者每当谈及中华文明，一定会首先联系到中华文明赖以诞生和发展的这块土地。但人类的世界地理知识是晚近才开始变得准确起来的，在世界历史与世界地图发生了对应、每一段特定的历史都与特定的地理环境发生了关联之后，各个民族国家才开始重新审视自己所处的这个地理环境，并开始在相互比较中得出优势和劣势的判断。梁启超在1902年写成的《论中国学术思想变迁之大势》总论中有一段话，今天读来仍令人不胜感慨：

> 西人称世界文明之祖国有五，曰中华，曰印度，曰安息，曰埃及，曰墨西哥。然彼四地者，其国亡，其文明与之俱亡。今试一游其墟，但有摩诃末遗裔铁骑蹂躏之迹，与高加索强族金粉歌舞之场耳。而我中华者屹然独立，继继绳绳，增长光大，以迄今日。此后且将汇万流而剂之，合一炉而冶之。於戏，美哉我国。於戏，伟大哉我国民。吾当草此论之始，吾不得不三熏三沐，仰天百拜。谢其生我于此至美之国，而为此伟大国民之一分子也。……此至美之国，至伟大之国民，其学术思想所磅礴郁积，又岂彼崎岖山谷中之犷族，生息弹丸上之岛夷，所能梦见者。故合世界史通观之，上世史时代之学术思想，我中华第一也。[①]

---

① 梁启超：《论中国学术思想变迁之大势》，见《饮冰室文集之七》，第1—2页，《饮冰室合集》（第1册），中华书局1989年。

以前的中国人，不知道整个世界是什么样，也不知道其他民族的历史是什么样，等到有机会都看清楚了才发现，原来崎岖山谷里的蛮族也可以称大，弹丸海岛上的夷民也可以逞强。相比之下，本国、本民族、本文明的生息之地竟是如此得天独厚，难道不要三熏三沐，仰天百拜，感谢列祖列宗吗？

下面看看关于这块神奇土地的几种地理观念。

1. "六大块""八大块"

中国考古学家苏秉琦将中国的考古学文化划分为六大区系：1. 以燕山、长城南北地带为中心的北方；2. 以山东为中心的东方；3. 以关中、晋南、豫西为中心的中原；4. 以环太湖为中心的东南部；5. 以环洞庭湖与四川盆地为中心的西南部；6. 以鄱阳湖—珠江三角洲一线为中轴的南方。

这就是所谓的"六大块"划分。苏秉琦的区系划分，根据的是中国新石器文化遗址分布的密集程度。他把历年发掘的新石器文化遗址标在地图上，越标越多，就看出区系轮廓了。由于资料比较丰富，线索也比较清楚，所以就成了一个可以大体反映中国新石器文化聚合和文明发育过程的理论。

但如果将今日中国疆域内的新石器文化遗址都包括进来，在"六大块"之外，蒙藏、中亚、西南山地及沿海岛屿也都有自己的文化圈[①]。

新石器文化遗址就是定居农业点，密集成片的地区就是定

---

① 周膺：《良渚文化与中国文明的起源》，浙江大学出版社，2010年，第9页。

居农业区。苏秉琦分的"六大块"，黄河流域有三大块，长江流
域有三大块，覆盖了整个中原。李零教授写道：

> 这六大块，由龙山文化作总结，发展出夏商；夏商由西
> 周大一统作总结，发展出秦汉大一统。线索非常清晰。中国北
> 方（黄河流域），先是周、夏、商三大块并列，后是秦、晋、齐
> 三大块并列。中国南方（长江流域），先是蜀、楚、吴三大块
> 并列，后是蜀、楚、越三大块并列。……（探源工程）分七大
> 块，加了北方边疆。其实，如果把南方的纵深也加上，就是八
> 大块。[①]

无论是"六大块"，还是"八大块"，其实就是一个个成片的
定居农业区。所以才如李零教授所说，从新石器时期的龙山文
化，到早期国家时期的夏商周，再到春秋战国时期北方和南方
的几大诸侯国，分布的位置没有动。这就是定居。

2019年7月6日，良渚古城申遗成功，世界遗产委员会对良渚
古城的概要描述是：

> 位于中国东南沿海长江三角洲的良渚古城遗址（约公元
> 前3300—前2300年）向人们展示了新石器时代晚期一个以稻
> 作农业为支撑、具有统一信仰的早期区域性国家。该遗址由
> 4个部分组成：瑶山遗址区、谷口高坝区、平原低坝区和城址
> 区。通过大型土质建筑、城市规划、水利系统以及不同墓葬
> 形式所体现的社会等级制度，这些遗址成为大型土质建筑、
> 城市规划、水利系统以及不同墓葬形式所体现的社会等级制

---

① 李零：《我们的中国·茫茫禹迹》，生活·读书·新知三联书店2016
年，第26页。

度的杰出范例。

"新石器时代晚期"这个时间概念与"早期区域性国家"这个国家概念、"以稻作农业为支撑"这个生产概念、"早期城市文明"这个城市概念联系在一起，极不简单，因为这足以让世界上大多数早期国家失去对比资格。实际上，由中心都城加上四周广阔农地共同构成的区域性国家，正是定居农耕文明最典型的文明形态，也正是中华文明区别于其他文明最主要的特征之一。

2. "岳镇海渎"

凡是与农耕有关的活动和事物，古代中国人都要祭祀，以求能有好收成。这叫祭四方百物，如先稼神农、司稼后稷、田畯井畔、邮亭屋宇、猫虎昆虫、防所水塘，凡是有利于稼穑的，都要祭祀。除此之外，因为要求雨，所以还要在规定的日子祭祀大山大川。杜佑《通典·吉礼三》曰：

> 索鬼神而致百物，（百物者，谓五方岳镇、海渎、山林、川泽、丘陵、坟衍、原隰、井泉等，以其能兴云致雨，有功而益于人者……）用六奏之乐。

将天下的大山大川归在"岳镇海渎"的名称之下，当作能够带来风调雨顺好年景的百物来祭祀，从先秦时期开始一直传下来，成为了历朝历代不变的礼制内容。"岳镇海渎"最初是五岳四镇、四海四渎，唐代时又加了一个镇，成了五岳五镇、四海四渎。具体如下：

五岳：东岳泰山、西岳华山、南岳衡山、北岳恒山、中岳嵩山。

五镇：东镇沂山、西镇吴山、南镇会稽山、北镇医巫闾山、中镇霍山。

四海：北海、东海、南海、西海。

四渎：江、河、淮、济。

这是定居农耕社会独有的一种地理观。

如果考虑到气候因素，上古时期风调雨顺的条件甚至比现在更好。根据贾兰坡、周本雄等先生的研究，距今8000—2500年的"全新世中期"，中华大地的气候条件比今天还要温暖湿润，更适合大面积的农耕。"当时华北地区的年平均气温比现在高得多，阔叶林的植物群落向北扩展，曾分布到了现在的蒙古高原"，当时的长江中下游地区，年平均气温比今日高3—4摄氏度，降雨量比今日多800毫米。

> 我国的黄土高原直到"历史时期初期"还分布着广大的森林，森林之间，间杂着草原。应该说是属于森林草原地带。当时黄土高原的森林地区相当广大，所有的山地几乎无处没有森林。渭河中上游的森林直到隋唐时还保持着一定的规模。尤其值得称道的是现在所谓干旱地带，史前时期都长期为森林繁茂的地区；七八千年前的太行山脉及其以东的山地丘陵都为森林灌丛，而且有较大的竹林；豫中和豫西一带的山地丘陵也布满了树木，当时太行山和泰山之间的华北平原是一个湖泊区域，在其上点缀着许许多多的小丘，山东河济之间《禹贡》兖州地区，因森林草木繁盛，土壤中腐殖质增多，使这里的土壤显得带有黑色。[1]

---

[1] 王震中：《中国文明起源的比较研究（增订本）》，中国社会科学出版社2013年，第56页。

3. "小九州" "大九州"

夏朝被认为是中国第一个王朝国家，《史记·夏本纪》里记载大禹"左准绳，右规矩，载四时，以开九州，通九道，陂九泽，度九山"。

从龙山文化的六大块，到夏朝时候的"禹别九州，随山浚川，任土作贡"，反映出氏族部落界限逐渐被打破，开始按地缘组成社会，并出现了依据各地出产向共主纳贡的制度这样一个过程。《周礼·夏官·司马》中记载：

> 职方氏掌天下之图，以掌天下之地，辨其邦国、都鄙、四夷、八蛮、七闽、九貉、五戎、六狄之人民与其财用九谷、六畜之数要，周知其利害。乃辨九州之国，使同贯利。

《禹贡》中的九州是冀、兖、青、徐、扬、荆、豫、梁、雍，《容成氏》竹简中记载的九州是夹、涂、竞、莒、藕、荆、阳、叙、虘。到周朝时，九州是冀、兖、青、扬、荆、豫、雍、幽、并，或者冀、兖、青、并、徐、扬、荆、豫、凉。

九块合起来，是个近乎圆形的区域，这是此后中国历史发展最核心的那个"历史的地理基础"，也是最初的那个"广土"。中国历史上一次次的地域扩张，都是以这一块最初的圆形"广土"为"根据地"而扩大到更大的"广土"。九州之外，加了益、幽、朔方、交阯四州，就是十三州。至汉武帝时，已出现了传统九州根据地再加上周边扩张地域之后的"大天下"形状。

与九州的地域扩张相一致的，是所谓"五服"贡赋制度，甸服、侯服、绥服、要服、荒服，各五百里，从中央向周边夷狄世界扩展开来。"甸"是天子周边生产谷物田园地带的可以参加祭祀之地，"侯"是诸侯国，"绥"是由王者政治安抚之地，"要"是蛮夷隶属之地，"荒"是荒芜远方的戎狄之地。

这是中华文明呈巨大漩涡状从中心根据地向外扩展，并吸收融合周边其他文化这一历史运动的开始。鹤间和幸写道：

> 《汉书·地理志》所载郡国相当于甸、侯之地，是从中央向远方扩展的顺序：京兆尹、左冯翊、右扶风的三辅是畿内，以此为中心向右旋转、涡流状扩展开、由内向外排列。①

但是，向外扩展的"外面"是哪里呢？有多大呢？是不是夷狄之外再无夷狄，九州之外再无九州呢？

最早想到这个问题的人，是战国时期齐国人驺衍，也写作邹衍，他曾去稷下学习，是儒家的信徒。但因为"睹有国者益淫侈，不能尚德"，对现实政治失望，"乃深观阴阳消息而作怪迂之变"，写成了"《终始》《大圣》之篇十余万言"（《史记·孟子荀卿列传》）。可惜大都亡佚，没有流传下来，不然，中国古代科技思想史的内容会更丰富一些。

司马迁评论"其语闳大不经，必先验小物，推而大之，至于无垠"。无垠到了哪里呢？时间上，"推而远之，至天地未生，窈冥不可考而原也"；空间上，"先列中国名山大川，通谷禽兽，水土所殖，物类所珍，因而推之，及海外人之所不能睹"（《史记·孟子荀卿列传》）。

最后，邹衍得出了两个结论：

一是天地很久——自天地混沌初开，始终按照"五德转移，

---

① 〔日〕鹤间和幸著，马彪译：《始皇帝的遗产：秦汉帝国》，广西师范大学出版社2012年，第327页。

治各有宜"的规律在变化。这就是所谓五德终始说或五行相胜相克说，认为天地人间都是依照土、木、金、火、水的顺序，"终始"循环"转移"，所以历史也是依五行运转而有王者代兴。

二是天下很大——并不仅限于目前看到的九州，"以为儒者所谓中国者，于天下乃八十一分居其一分耳"。按照这个地理观，邹衍将中国命名为"赤县神州"，认为赤县神州内的九州，就是大禹划分的九州，它只能算"小九州"。而在中国之外，如"小九州"这样大小的地方，共有九个，合起来是一个"中九州"，被大海所环绕，"人民禽兽莫能相通"。然后在"中九州"之外，如"中九州"这样大小的地方，还有九个，合起来是"大九州"。"大九州"就到头了，"乃有大瀛海环其外，天地之际焉"。

邹衍是齐国人，在当时的中国，齐国开化最早，学术最发达，又是临海区域，所以产生出很多开阔宏大的思想。司马迁说邹衍"其术皆此类也"，但是"王公大人初见其术，惧然顾化，其后不能行之"（《史记·孟子荀卿列传》）。这很可惜，否则中国很可能比欧洲早两千年就产生出科学了。

4. 黄河和长江

岳镇海渎、九州五服、王畿四方、大小九州，这些宏大的地理观念，必定是因为居住在一望无际的广阔土地上而自然产生出来的，不能指望山沟或海岛中的人也能有此创造。到了视野大开、科学昌明的今天，现代人重新审视中国古人的地理认识，应该会觉得这一点很可以理解。

中国北方的大平原，从北方的北京到南方的淮河，从西部洛阳的通衢大道到东部山东的崇山峻岭，覆盖范围差不多可以放下一个英格兰。如果说埃及是"尼罗河的馈赠"，那么中原就是黄河及其支流的馈赠。这块平原在地质学相对晚期的时候还是一片海湾，今天的山东半岛当时是一座岛屿，大海与大陆的交界是山西的太行山。正是黄河从西部黄土高原带来巨量泥土，堆积到这一区域，于是创造出一片非常肥沃的冲积土地。

而从中原向西，层层叠叠的黄土高原，覆盖面积超过26万平方公里，差不多可以放下一个新西兰。从更新世早期开始，定向的西北风把蒙古高原的沙尘吹向整个华北大地，形成世界上黄土面积最大、堆积最厚的黄土高原，中心地区的堆积厚达100—200米。一般地区也有50—100米。华北平原则主要是从黄土高原冲刷下来的黄土的再造堆积，但在山丘地带也有原生的黄土堆积。

中华文明就是从这一黄河贯穿全境、黄土广泛分布的地区与农业一起兴起的，也是在与黄河的斗争中成长起来的。关于黄河，严文明教授论述道：

> 据有历史记载的2000多年中，黄河决口泛滥就有1500多次，大幅度的改道有26次。向北的决口破坏了海河的水系，甚至夺海河从天津注入渤海；向南的决口破坏了淮河水系，有时甚至夺淮入江。这是在有堤防时出现的情况，在史前时期更可以自由摆动。这样就造成了以郑州西北的沁河口为起点，北至天津、南到淮阴大约25万平方公里的平原地带，都是黄河泥沙淤积的范围。换句话说，整个华北大平原主要就是由黄河的泥沙淤积而成的。本区土壤发育较好，含矿物养分较高，适于发

展旱地农业，水洼地带也可以发展水田农业。①

随着良渚考古发现不断取得进展，人们对于中华文明的多元起源有了新的认识，越来越倾向于长江下游地区也是中华文明的一个重要起源地。

长江下游包括西部苏皖平原和东部长江三角洲平原两个亚区。前者西起鄂、赣、皖交界处的九江或湖口，东至镇江和扬州一线。后者概指镇江、扬州以东地区，包括江苏南部、浙江北部和上海等区域范围。虽然总体上属于以平原为主体的自然区域，但各平原之间的相对差异仍然存在。

根据竺可桢等学者的研究，良渚文化存在的距今5000—4000年前后，地球大部分时间的年平均温度比现在高2℃左右，属于全新世大暖期中气候逐渐向干凉转变的时期，但大部分时段仍略比今天暖湿，非常适宜发展农业和畜牧业。所以在环太湖流域这一较大的成陆区域，出现了分布很广的定居先民。周膺教授写道：

> 可以认为，当时的环太湖流域和今天一样，拥有中华大地最佳之生态地理。这一区域地势平坦，雨量丰沛，水资源呈半开放状态，河水、湖水将诸自然环境生态因子有机联系，组成一个上下游既联系又制约的统一的生态系统。特别是在密如蛛网的水网地带，水的运作转化有非常独特的规律，形成世界上独一无二的绝佳之水田作业环境。自然植被非常好的丘陵地带又是天然的安居之地，所形成的早期人类的生活体系与水

---

① 袁行霈、严文明等主编：《中华文明史》（第一卷）"绪论"，北京大学出版社2006年，第3—4页。

网平原生产体系相得益彰,也构成最佳循环。①

将黄河和长江流域的自然地理环境与其他古文明所处的地理环境相比,是有意义的。这个对照比较,哪怕是在直观上,也会得出中华文明所处的地理环境的主要特点,就是在河流的流域面积上要大很多。詹姆斯·费尔格里夫是一个世纪以前最早进行这种地理环境对比的学者之一,他发现,若用中国做标准,古埃及和古苏美尔就没法比了:

> 在埃及,可以定居的土地面积很小,而且有非常明确的边界。两河流域的土地虽然面积较大,适宜于一个新生的国家,但也并不是十分广阔。对一个原始的种族来说,这也许是一种优势。然而在中国,渭河流域及其延伸出去的黄河中段,与世界上最肥沃的三角洲平原之一相通。当某个民族原来的居住地变得过于狭小时,这片辽阔的平原就成了极好的迁徙地,如果已经有民族迁徙到此地,这里就是有待文明化的地区。②

为什么说到中华文明,首先强调的是广土?对于这一点,很多人往往会忽略。他们在将中华文明与其他文明进行对比的时候,或者强调起源更早,或者强调成就更多。但其实定居面积最大才是最根本的,因为这是持久发展和持续扩展的最大保障。中华文明几乎从一开始就是在一个很广阔的、近乎圆形的地理区域内,以多元一体的"巨大丛体"形式发展起来的。这是独一无二的。

① 周膺:《良渚文化与中国文明的起源》,浙江大学出版社2010年,第14—15页。

② 〔英〕詹姆斯·费尔格里夫著,胡坚译:《地理与世界霸权》,浙江人民出版社2016年,第208页。

5. 大历史与大地理

1904年，哈尔福德·麦金德在英国皇家地理学会上宣读他的《历史的地理枢纽》这篇论文时，告诫他的欧洲同胞们：

> 正是在外来的野蛮人的压力下，欧洲才实现了它的文明。因此，我请求你们暂时地把欧洲和欧洲的历史看作隶属于亚洲和亚洲的历史，因为在非常真实的意义上说，欧洲文明是反抗亚洲人入侵的长期斗争的成果。[①]

这是一个典型的大历史观，但也是一个典型的欧洲中心论历史观。其中正确的部分在于，指出了欧洲历史的从属性和次生性，因为欧洲历史相对来说开始得很晚，不仅从属于东方的历史，也从属于南方的历史。而其中错误的部分在于：（1）没有承认欧洲在"文明化"之前实际上比"外来的野蛮人"文明程度更低；（2）"亚洲人入侵"指的是中亚和西亚各个马上民族的入侵，与东亚的定居农耕社会虽然有一些间接关系，但却没有直接关系。

麦金德的大历史观来源于他著名的大地理观——将整个地球分为欧亚大陆"心脏地区"的"枢纽地区"，和包括大西洋、印度洋、太平洋三大洋的"外新月形地带"以及两者之间部分为大陆、部分为海洋的"内新月形地带"。

有人说，所有历史都是当代史，意思是各种历史观都会受到作者当下世界观的影响。其实地理观也一样，也都是作者世界观的反映。正如刘小枫教授在评论麦金德时所说：

---

① 〔英〕哈尔福德·麦金德著，林尔蔚、陈江译：《历史的地理枢纽》，商务印书馆2017年，第52页。

麦金德提出所谓心脏地带与新月形地带的二元对立这一政治地缘的历史模式，不过旨在为陆上强权与海上强权的对立提供政治史学证明，以守护大英帝国的殖民扩张所得，这种思维明显只有在航海大发现之后才有可能。20世纪的太平洋战争爆发后，荷兰裔的美国地缘政治学家斯皮克曼（1893—1943）以所谓"边缘地带"威胁论取代麦金德的"心脏地带"威胁论，不外乎把大英帝国的政治地缘视角置换成了当时正在崛起的美帝国的政治地缘视角。[①]

此后一百多年来，以"世界岛"为中心思想的地理观又发展出一些不同版本，但基本内容始终没变，因为西方帝国在其中找到了"外新月形地带"这个"本部"位置，俄罗斯在其中找到了"枢纽区"或"心脏地带"这个"本部"位置，它们都很安心舒适，无意做出根本性的改变。

但是，中国却不可能对此感到安心舒适，因为在这种欧洲中心的大地理观中，只要在欧亚大陆的中心确定一个"枢纽地区"，中国的疆土就必然成为依附于该"枢纽地区"的"边缘地带"，正如麦金德所说"枢纽以外地区，在一个巨大的内新月形地区中，有德国、奥地利、土耳其、印度和中国……"[②]而且这里的中国还会被沿着传统的农业—牧业交界线一分为二，西半部为"枢纽地区"的一部分，东半部则是"边缘地带"的一部分。

---

① 刘小枫：《何谓世界历史的中国时刻》，《武帝文教与史家笔法》序言，华东师范大学出版社，2019年。

② 〔英〕哈尔福德·麦金德著，林尔蔚、陈江译：《历史的地理枢纽》，商务印书馆2017年，第68页。

可以说，麦金德这个三层结构的大地理观，根本就是在忽略不计中国历史的前提下建构起来的，无论是汉、唐还是元、明、清，在这个结构中完全看不出来。

正如黑格尔所说，每个民族的历史都有自己特有的地理基础。而属于中华文明的"历史的地理基础"，决不可能纳入麦金德这种"世界岛"的大地理观当中。

根据中华五千年文明史，属于中华文明历史的地理基础，毫无疑问应该是葱岭以东、西伯利亚以南、印度以东以北、太平洋以西的这样一个同样是近乎圆形的区域。值得注意的是，这个近现代形成的更大的圆形区域，正是中华文明从起源时期的"禹贡九州"那个小的圆形区域开始，在数千年历史中以漩涡的形式向四周持续扩展而得到的。在这个可以称之为"中华文明地理基础"的圆形区域内部，可以分为中原、南方、东北森林、北方草原、西域、西南高原等几个不同部分。还可以按照平均海拔高程分为西南部的西藏、北部的蒙古高原、东南部的平原和丘陵三个层级。而在"中华文明地理基础"的圆形区域外部，则与印度文明、波斯文明、阿拉伯文明、东正教文明、日本文明相邻。

无论是大圆形，还是小圆形，总之"中华文明地理基础"自古以来就是自成一体的，并不是哪个"心脏地带"或"枢纽地区"的附属，也不在任何"新月形地带"之内。在中华文明产生出大、小九州这种思想之时，在麦金德所描述的"枢纽地区"和"内新月地带"的大部分地区，文明还没有发生。在中华文明开始以九州的定居文明为中心呈现出漩涡状的从内向外的扩展运动时，欧亚大陆其他的第一代古文明都在蛮族入侵的浪潮中挣扎，不要说对外扩展，就连自身生存都成问题。而欧亚大陆出现以大草原为中心的骑马民族草原文明漩涡，则是蒙古大军建立起来之后的事，距离"禹贡九州"时代已有三千多年。

黄仁宇先生在形成其"中国大历史"观时，同样是以中国独特的地理环境作为起点的。他也注意到：

> 中国在公元之前统一，而且自嬴秦之后，以统一为正轨，实有天候和地理的力量支撑着。[①]

根据他的大历史观，历史学家只有放宽视野，综合考察决定历史走向的各种因素，才能发现其中"历史之长期的合理性"。而各种因素中，地理因素是最重要的因素之一。他从"中国大历史"中归纳出了秦汉、隋唐、明清三个大一统时期，分别命名为"第一帝国""第二帝国"和"第三帝国"，实际上，这三个帝国是以同一个较小的圆形地理区域为地理基础并逐渐扩大的。这正是与"中国大历史"相对应的"中国大地理"。

三、中国人的"巨族"

1. 五千年长成的巨族

关于中华民族，习近平同志有个描述："生生不息绵延发展、饱受挫折又不断浴火重生。"

这是中华文明区别于西方文明的一个重大特点。早在半个多世纪前的冷战之初，西方政治家莱斯特·皮尔逊就曾预言：

---

① 〔美〕黄仁宇：《赫逊河畔谈中国历史》，生活·读书·新知三联书店2004年，第10页。

设想这些诞生于东方的新的政治社会将复制那些我们西方人所熟悉的政治社会是荒谬的。这些东方文明的复兴将采取新的形式。……最广泛的问题不再出现在同一文明的国家之间，而是出现在各文明之间。[①]

皮尔逊的观点是对的。西方文明虽然是一个整体，但这个文明内部各个民族之间是分裂的，文化是分裂的，政治单位更是分裂的。相比之下，当中华文明走上自己的复兴之路时，却一定会采取统一的形式。

2017年1月，中共中央办公厅、国务院办公厅印发了《关于实施中华优秀传统文化传承发展工程的意见》，其中说："在五千多年文明发展中孕育的中华优秀传统文化，积淀着中华民族最深沉的精神追求，代表着中华民族独特的精神标识，是中华民族生生不息、发展壮大的丰厚滋养，是中国特色社会主义植根的文化沃土，是当代中国发展的突出优势，对延续和发展中华文明、促进人类文明进步，发挥着重要作用。"民族、文化和文明，三者是合在一起说的。

今天人们这样说是没有问题的，但实际上，中华民族作为"国族"的建构是近代之后才发生的事。

众所周知，在中华历史的绝大部分时间里，并没有"中华民族"这个总体观念。自古以来，生活在东亚大陆这块广袤土地上的人们，区分成非常多的民族，相互之间不仅没有认同，而且坚信"非我族类，其心必异"，征伐不断，冲突不断。

---

① 转引自〔美〕塞缪尔·亨廷顿著，周琪等译：《文明的冲突与世界秩序的重建》，新华出版社2010年，第16页。

民族不是种族，按照中国史学大师吕思勉的区分：

> 种族论肤色，论骨骼，其同异一望可知。然杂居稍久，遂不免于混合。民族则论言文，论信仰，论风俗，其同异不能别之以外观。[①]

在中华文明的早期，这块土地上到底有过多少不同的民族，这个问题的破解有待于考古学与分子遗传学的结合，但可以肯定其数量是巨大的。在南方，东南一带有"百越"，西南一带有"百濮"。而围绕着黄河中下游华夏族居住地的四周，有笼统按照方位区分的蛮夷戎狄四部，每一部又细分为很多，分别称为"百蛮""百夷""百戎""百狄"也没问题。这是最初的情况。

而随着文明的发展，语言、信仰、风俗等渐渐形成，开始出现了今人所说的"文化软实力"，于是在不同民族杂处的地区，开始发生民族的兼并融合。一些开化较早、文化较高、人口较多，也就是"文化软实力"较强的民族，逐步融合了周围的其他民族，共享同一种语言、信仰和风俗，这就成为了共同的民族。

但是，即使不断发生强势民族融合弱小民族的情况，较大民族的数量仍然很多。黄河中下游地区的华夏族经历了夏商周一千多年的发展之后，所占据的范围已经很大了，中原地区基本上已连成一片，而四周的其他民族有些也在发展扩大。秦汉以来，新一轮的民族竞争和融合又轰轰烈烈地展开了。葛剑雄教授写道：

> 从秦汉以来，由北方进入黄河流域的非华夏民族至少有

---

① 吕思勉：《中国民族史》，中国大百科全书出版社1987年，第6页。

匈奴、乌桓、鲜卑、羌、氐、羯、丁零、突厥、高丽、回纥、契丹、党项、女真、蒙古、维吾尔、回、满等，其中有的来自遥远的中亚和西亚。这些民族中，一部分又迁回了原地或迁到中国以外去了，但相当大一部分加入了汉族，有的整个民族都已经消失在汉人之中了。在南方，随着汉人的南迁，原来人数众多、种族繁杂的夷、蛮、越、巴、僰、僚、俚等等，有的已经完全消失，有的后裔的居住区已大大缩小，原来他们的聚居区大多已成为汉人聚居区。南方的汉人事实上有相当大一部分是他们的子孙。所以，在今天的十亿汉人中，地道的炎黄子孙反而是"少数民族"。即使是汉人，如果只认炎帝、黄帝这两位老祖宗的话，也有点对不起自己的亲祖宗了。①

夏是大禹的天下之号，《说文》云："夏，中国之人也。"如战国时的秦、楚、齐、燕、赵、魏、韩同称"诸夏"，区别于四周边缘的蛮夷戎狄。可是古书上从未使用过"夏族"二字，而"华族"却是贵族的意思，不专指一个民族。在古书上，华、夏两个字又可以互换使用，如《左传》曰"裔不谋夏，夷不乱华"，可见华、夏二字意同辞异，都指"中国之人"。

汉族这一名称，始于刘邦取得天下之后，由于疆域广大、人口众多、文化璀璨，为其他民族所仰望，故而直接用了王朝的名称，代替了过去的华夏。

北方胡族融合入汉族，是广土巨族形成过程的一个主要部分。历史上共有八次较大的冲突融合，分别是匈奴、鲜卑、突

---

① 葛剑雄：《统一与分裂》，中华书局2008年，第18—19页。

厥、回鹘、契丹、女真、蒙古和满洲，每一次都在最终结果上体现为疆土和民族两方面的扩大。融合的过程大体分为如下几种情况：

一是原本已是半游牧半农耕的胡族在汉族定居文明向外生长扩张时被大批同化。例如春秋战国时期秦、晋、燕、齐等国在崛起的过程中对杂居错处在"九州"之内或边缘的蛮夷戎狄的融合同化。再如汉武帝元狩二年（前121）"河西归汉"，匈奴部众被悉数迁出，汉朝向当地大量移民，设置郡县、驻军戍守，进行大规模的屯垦经营，当地的原住民如月氏、乌孙等"与匈奴同俗"的游牧民族，逐渐被同化。

二是长期与汉族农耕社会毗邻，且自身经济文化发展水平较高的胡族，首先在文化上逐渐融合于汉族，接受了汉族的典章制度、风俗习惯和语言文字等，继而在血缘上日益接近，难分彼此。例如最初活动于大兴安岭东麓、后逐渐南迁的鲜卑族，汉桓帝时，檀石槐统一鲜卑各部，"尽据匈奴故地"，"从上谷以西至敦煌，西接乌孙为西部，二十余邑"（《三国志·魏书·乌丸鲜卑东夷传》裴松之注引《魏书》）。曹魏正元三年（256），有数万鲜卑南下雍、凉二州，与汉民杂处，被称为"河西鲜卑"。

三是先期已经部分进入汉族定居农耕区或分布在农牧分界线的胡族，在遭遇来自北方新的胡族入侵时，会大批南逃或随军南迁，进入汉人居住区。例如金元之交，契丹辽国的抗金余部南走投宋，与南宋并肩抗金，最终完全融合到汉人中；还有被女真和蒙古贵族调往中原驻守和参加南征的契丹人，因长期生活在汉人居住区，原有的民族特色逐渐消失，成了汉人的一部分，金亡后，蒙古人将其看作汉人，表明其已与汉人融合；蒙古人在灭金和西夏后大举南征，归附蒙古的契丹人大多随往，据说今天云南省保山地区施甸、保山、龙陵等县的蒋姓人就来自耶律氏。

四是胡族统治者在汉族聚居区建立起区域性或全国性的政权，成为统治阶层，从而使该胡族最终整体上融合于汉族。典型的例子如满洲，清朝入关之后迁都北京，原居关外的满洲除一少部分留居辽沈，绝大多数人举家移居关内；而八旗兵丁则驻防在全国各地，形成了满洲与汉族大范围的杂居错处；与此同时，官方语言也从满文逐渐过渡到了汉文，乾隆时，京旗满人"清语生疏，音韵错谬"，大都忘却了本民族语言，关内各地驻防的八旗满洲也已经通用汉语；在文化与血缘两方面融合同时进行的情况下，汉化的满族统治者对保留满文化统一体已没有了兴趣；到了19世纪中叶，太平天国起义客观上终结了满汉之间最后一点界限。

但无论胡汉融合情况如何，自从汉朝之后，汉这一名称即专指"中国之人"，这就意味着汉族在"中国之人"这一名称之下通过对异族的吸收融合而不断扩大，并在新的边疆与新的异族相对。唐朝时有汉、蕃之分，清朝时有满、汉之别，中华民国成立后，曾有汉、满、蒙、回、藏"五族共和"之说。中华人民共和国成立后，叫作以汉族为主体、包括五十六个兄弟民族的多民族统一国家。

值得一提的是，在大部分时间里，汉、中国和中华等名称在表达民族和地域的同时，也是礼义文化的同义语，所谓"所以为中国者，以礼义也；所谓夷狄者，无礼义也"。在前述的各种融合情况中，无论是哪一族征服哪一族，都有因仰慕汉族礼义文化而主动接受同化的这种情况，典型者如北魏孝文帝的唯汉是尊、唯汉是从的"全盘汉化"改革。

正是汉族这一主体民族的形成以及礼义文化的延续，为"中华民族"这一伟大的观念建构奠定了坚实的基础。

学者们现在基本确定，梁启超是最早使用"中华民族"一词的人。他在《论中国学术思想变迁之大势》一文中写道："齐，海国也。上古时代，我中华民族之有海思想者厥惟齐。故于其间产出两种观念焉：一曰国家观，二曰世界观。"在《历史上中国民族之观察》一文中，他又多次使用了"中华民族"一词（简称为"华族"），并明确指出："今之中华民族，即普通俗称所谓汉族者"，是"我中国主族，即所谓炎黄遗胄"；同时，他还叙述了先秦时中国除了华夏族之外的其他八个民族，以及它们最后大多都融合进华夏族的史实，以说明"中华民族"的混合过程。在文中，他"悍然下一断案曰：中华民族自始本非一族，实由多数民族混合而成"①。

当然，他并不是一时冲动胡乱"悍然下一断案"的，根据后人的研究，他在这个问题上有过一段心路历程。

梁启超首先清醒地意识到，新的中国不可以通过汉人排满这种运动建立起来。他在1903年写的一篇文章中向国人提出了三个问题：其一，"汉人果已有新立国之资格乎？"其二，"排满

---

① 刘晓洲：《梁启超的国家主义思想与晚清的中国认同问题》，《西南交通大学学报（社会科学版）》，2014年第15卷第6期，第85—94页。

者以其为满人而排之乎？抑以其为恶政府而排之乎？"其三，"必离满洲民族，然后可以建国乎？抑融满洲民族乃至蒙苗回藏诸民族，而亦可以建国乎？"[①]

在当时的局势下问出这三个问题，可谓振聋发聩。历史上，中东之所以统一无望，欧洲之所以统一无望，归根结底是没能回答好这三个问题。抽象成现代政治理论，第一个问题，就是关于任何一个单一的民族，无论大小，是否有资格单独建国，同时把其他民族排除在外。第二个问题，就是关于国体和政体等政治问题，是否应该与民族问题和宗教问题区分开，单独考虑。第三个问题，就是关于新的国家是否可以是一个多民族的统一体，而不一定是单一的民族国家。

得益于中国数千年来的民族融合和大一统国家的历史传统，最终，中国人选择了建立多民族统一体的道路。从"晚明汉地十八省"独立（铁血十八星旗），到"五族共和"（五色旗），再到"中华民国"（青天白日旗），又到"中华人民共和国"（五星红旗），一条民族复兴的光明之路，从20世纪的风云世界中赫然而出。

在梁启超的理论建设中，他分两步推出了"中华民族"的概念。第一步，他区分出"小民族主义"和"大民族主义"。他写道："吾中国言民族主义者，当于小民族主义之外，更提倡大民族主义。小民族主义者何？汉族对于国内他族是也。大民族主义者何？合国内本部属部之诸族以对于国外之诸族是也。"

---

① 梁启超：《政治学大家伯伦知理之学说》，见《饮冰室文集之十三》，第74—75页，《饮冰室合集》（第2册），中华书局1989年。

他提出的方案是："合汉，合满，合蒙，合回，合苗，合藏，组成一大民族，提全球三分有一之人类，以高掌远跖于五大陆之上。此有志之士所同心醉也。果有此事，则此大民族必以汉人为中心点，且其组织之者，必成于汉人之手，又事势之不可争者也。"

关于满人的问题，他写道：但以外形论之，则满洲与我，实不见其有相异之点，即有之亦其细已甚。以之与日本人与我之异点相比较，其多寡之比例，轩然可见，而欧美更无论矣。然则即云异族，亦极近系之异族，……畴昔虽不能认为同族，而今后则实已有构成一混同民族之资格也①。

没有对于中国历史和世界大势的深刻洞察，是不可能产生这种深刻思想的。实际上，民族的本质就是逐级扩大，是一个历史的动态的概念，先是融合基于血缘的各不同种族而成一个基于地缘的民族，随着地缘格局的扩大，又进一步融合各个小的民族而成一个大的民族。所以，当中国自成一个天下时，天下之内分布着汉、满、蒙、回、苗、藏等众多民族。而当全球贯通，天下变成整个世界时，中华大地上的所有民族就必须合并成一个更大的民族来面对五洲四海的其他各大民族。这就是"小民族主义"和"大民族主义"的理论意义。

1911年辛亥革命爆发，中华民国建立，政治理念上的最大变化，就是彻底抛弃了以前提出的驱除满族的思想，国家的性质被规定为多民族统一的中华国家。《清帝退位诏书》宣告：

① 转引自刘晓洲：《梁启超的国家主义思想与晚清的中国认同问题》，《西南交通大学学报（社会科学版）》2014年11月第15卷第6期，第91页。

"人心所向，天命可知。予亦何忍因一姓之尊荣，拂兆民之好恶。……近慰海内厌乱望治之心，远协古圣天下为公之义。……总期人民安堵，海宇乂安，仍合满、蒙、汉、回、藏五族完全领土为一大中华民国。"1912年孙中山在《临时大总统宣言书》中明确宣布："国家之本，在于人民。合汉、满、蒙、回、藏诸地为一国，即合汉、满、蒙、回、藏为一人，是曰民族之统一。"

1922年，中华民国成立十余年后，梁启超在一篇题为《五十年中国进化概论》的演讲中慨然说道：

有一件大事，是我们五千年来祖宗的继续努力，从没有间断过的，近五十年，依然猛烈进行，而且很有成绩。是件什么事呢？我起他一个名，叫做"中华民族之扩大"。原来我们中华民族，起初不过小小几个部落，在山东、河南等处地方得些根据地，几千年间，慢慢地长……长……，长成一个硕大无朋的巨族，建设这泱泱雄风的大国。他长的方法有两途：第一是把境内境外无数的异族叫他同化于我，第二是本族的人年年向边境移殖，把领土扩大了。五千年来的历史，都是向这条路线进行，我也不必搬多少故事来作证了。[①]

这是以"中华民族"为主角讲出来的故事，这是环顾宇内发现原来自己竟是唯一的巨族后发出的感想。

2. 世界上唯一的巨族

中华民族这个巨族，是中国人以清帝国疆域上的多民族

①　梁启超：《五十年中国进化概论》，见《饮冰室文集之三十九》，第40—41页，《饮冰室合集》（第5册），中华书局1989年。

共同体为基础，顺应19—20世纪民族国家建国潮流而建构起来的。当时的世界，很多民族都被迫接受欧美列强所确立的威斯特伐利亚主权国家模式。当时绝大多数的国家，都是以单一民族或少数几个民族为基础建立起来的所谓民族国家（nation-state）。但是中国却不同，这一方面归因于中华文明历史本身的特殊性，另一方面可以归因于建国者们对于中华文明历史演进逻辑的顺应，最终实现了难度最高的建国——以多民族合成的巨族为基础的建国。正如欧立德给"中华民族"下的定义："曾经过去是清朝疆域内的人们。"

历史记录下了至关重要的那十年：

1902年，梁启超提出："中华民族自始本非一族，实由多民族混合而成"；

1907年，《大同报》提出："满汉人民平等，统合满、汉、蒙、回、藏为一大国民"；

1911年，《清帝逊位诏书》写道："仍合满、蒙、汉、回、藏五族完全领土为一大中华民国。"

从清帝国到中华民国再到中华人民共和国，今天的人们尽可以对1840年以来这一段曲折的历史进行各方面的检讨，评判其中的是非对错。但是以巨族为基础建立起来的现代国家，中国是最成功的一个。

在欧亚大陆，19—20世纪能够和中国相提并论的大型帝国，一个是奥斯曼帝国，一个是俄罗斯帝国，但两者都无法和中华帝国相比。首先就是历史太短，前者起源于拜占庭帝国边区的一个半游牧半定居的部落，从苏丹穆拉德一世向欧洲的扩张开始算起，也不过六百年；后者更短，俄罗斯作为一个文化出现，始于公元988年"罗斯受洗"，而彼得一世改国号为俄罗斯帝国的时间是1721年。二是两者主要由强大王朝快速的军事扩张而成，并没有发生过上千年的文明同化和民族融合。所以，这两个帝国都只有广土，而不是巨族。

西欧的二十多个民族国家，按中国的标准，既无广土，也无巨族。

至于其他大洲，非洲大陆大部分完全谈不上广土巨族。而南、北美洲和大洋洲，都是新大陆，欧洲移民抢占了原住民的土地，不属于原生文明，即使建立了拥有广土的国家，其国民也不是原生的巨族。

可见，只有中华民族这一支堪称真正的广土巨族，用了五千年不间断的努力，才终于逐渐长成，世间独一无二。

帝国阶段是广土巨族的必经阶段。从历史上看，如今并立于世的几大文明——远东文明、印度文明、东正教文明、伊斯兰文明和西方文明，都曾有过在广大的疆域内不同形式和程度的统一宗教、统一文化、统一国土、统一民族等大一统帝国阶段，如果没有这些帝国阶段作为文明的基础，也不可能成为留存至今的文明。

广土巨族必然经过帝国阶段，否则不可能在疆域和人口上有足够的规模，但并不是每一个帝国都能发展成为广土巨族。这是因为帝国虽然在广大的疆域内实现了政治上的统一，建立了强大的中央政府，但大多数没能像中华民族这样通过数千年的同化和融合实现巨族的成长。也就是说，大多数帝国的政治统一局面并未伴随宗教和文化统一的发生，由少数族群组成的统治者集团没有力量同化占人口多数的其他被统治民族，使之成为一个多民族融合的巨族。一旦发生危机，必然四分五裂，重回帝国之前的状态，很难复原。

在欧亚大陆中部的大中东地区，几千年来先后出现过几十个帝国，埃及、阿卡德、吾珥、亚述、巴比伦、米底亚、阿契美尼德、马其顿、波斯、塞琉古、托勒密、罗马、安息、拜占庭、萨珊、阿拉伯、倭马亚、阿尤布、马木留克、阿拔斯、塞尔柱、奥斯曼，都有过不同形式和程度的统一宗教、统一文化、统一国土、统一民族。但若按照秦汉帝国的标准来衡量，它们都远远没有达到真正的大一统。所以，尽管奥斯曼帝国持续了六百年，成为历史上最强大、最成功的伊斯兰帝国，但还是以各民族的分崩离析而告终。

广土巨族代表了政治发展的精细和成熟阶段，这一点有多方面社会科学理论上的解释。例如罗伯特·赖特在《非零年代》一书中认为："非零和的持续成长和持续实践，在从原始生物时代发源到今天的互联网络的过程中，决定了生命历史的方向。"就是说，在"生命历史"这种时间尺度上，演化的规律是清晰可见的，其实就是规模的增加和复杂性的增加。如他所说：

世界古代史就像一片文明和民族在兴废更替的模糊景象。但是，如果我们放松自己的眼力，让这些细节变得模糊，那么一幅巨大的图景就落入了我们的视野：世纪转瞬即逝，文明兴衰更替，但是文明达到了鼎盛，其范围和复杂性都有所增加。

Ⅰ·G·西蒙斯提供的数据，描绘了"巨大的图景"的基本面目[1]：

	能量投入 （千兆焦耳/公顷）	食物收获 （千兆焦耳/公顷）	人口密度 （千兆焦耳/公顷）
采集	0.001	0.003—0.006	0.01—0.9
游牧	0.01	0.03—0.05	0.8—2.7
轮作	0.04—1.5	10.0—25	1—60
传统农业	0.5—2	10—35	100—950
现代农业	5—60	29—100	800—2000

事实很清楚，广土巨族的形成，就是规模增加和复杂性增加的自然结果，就是人类社会在从氏族部落发源，经过长时期非零和合作互动，其正值总和累积的自然结果，与自然界的演化方向和人类历史的演化方向一致。

那么，关于为什么只有中华文明不仅发展出成熟的帝国，而且最终诞生出广土巨族的纯理论解释就是：中华文明的非零和合作互动最为成功，时间持续最长，正值总和积累最大。

据历史学家考证，公元1500年前后，世界上有六千多个自主政体，如今只有二百个左右主权国家。欧洲近代早期有四百五十个小邦国，到第一次世界大战前只有二十五个民族国家。由此可见，作为一个整体的人类文明，正是按非零和逻辑朝着合作规模不断扩大的方向发展，并无例外。

显然，这是一种与流行的基于"西方中心论"的世界历史观明显不同的历史观，它以广土巨族为人类历史的方向（而不是西

---

① 转引自〔美〕大卫·克里斯蒂安著，晏可佳等译：《时间地图：大历史，130亿年前至今》，中信出版社2017年，第299页。

方的自由民主），以非零和合作互动的文化为演化机制（而不是个人私利最大化），以氏族、部落、王国、帝国、巨族共和国为几个主要的演化阶段（而不是所谓的"到达丹麦"），最终通向世界大同（而不是金字塔霸权体系）。

3. 西方世界史观不承认广土巨族

中国人在很长的历史时间里没有"世界历史"这个概念，当然也没有发展出像黑格尔创造的那种将人类所有民族和文化都连贯成一个分阶段进化的、线性发展的"世界历史"理论。

这让中国在后来吃了很大的亏。"西方中心论"的史学家们将世界历史串成一个以古代东方为起点、以近代西方为终点的大事件逻辑链，于是大多数非西方文明就被排除出世界历史的"主线"，成了边缘。从此以后，一个教科书版本的世界历史开始流行于世，希腊、罗马、西欧和北美等白种人国家统统登堂入室，成了天然伟大光荣正确的"文明"，而所有东方和南方国家，无论是波斯、阿拉伯，还是印度和中国，都成了"文明"的对立面，即使不是野蛮的，至少也是黑暗的。

在这个扭曲的"世界历史"图景中，中国的广土巨族不仅不代表文明的演化方向，反而还被孟德斯鸠戴上了一顶"专制政体"的黑帽子，成了落后国家，并被黑格尔安排到了"世界历史的局外"，且言之凿凿地断言："中国的历史从本质上看是没有历史的，它只是君主覆灭的一再重复而已。任何进步都不可能从中产生。""只是预期着、等待着若干因素的结合，然后才能够得到活泼生动的进步。"①

对于以下这些历史事实，在"西方中心论"的理论当中，竟统统视而不见：

一、中华文明自起源到今天，是唯一延续至今不曾中断的文明。人类文明史上出现过的所有文明，第一代的文明中，除了中华文明之外都已经灭亡；第二代的文明中，除了印度文明外都已经灭亡，而中华文明还在；今天的西方文明、东正教文明、伊斯兰文明都属于第三代文明，而中华文明还在。环顾世界，时间长度上能够与之相提并论的文明，没有第二个。

二、两千多年前的秦朝，在世界上第一个建立起冲破血缘和亲缘关系束缚、以土地和人民为基础的现代政治制度。秦汉之后，历史上几多异族入侵，几多中原易主，但大一统文化不灭，国脉不断，大一统局面每一次都能在崩溃之后重建，两千多年来是一个周期性再造的过程，不断巩固和完备。到了人民共和国时期，郡县制实施更加彻底，大一统措施更加有力，民族融合更加深入。环顾世界，能够与之相提并论的国家，没有第二个。

三、中国历史上出现过数以百计的民族，但在共同创造的社会制度和思想文化的作用下，通过长期的杂处和交流，通过战争和迁徙，形成了大量的共性，促成了持久不断的民族大融合。成长到今天，聚合成了中华民族这个巨族；人口规模接近欧洲与非洲总人口之和。环顾世界，能够与之相提并论的民族，没有第

---

① 〔德〕黑格尔著，王造时译：《历史哲学》，上海书店出版社2001年，第117页。

二个。

这样一个独一无二的广土巨族国家，为什么反被认为远离世界文明，处在"世界历史的局外"呢？

以中国为参照，欧洲的大一统远远没有实现，历史上多次接近完成统一又都功亏一篑。美国由移民建立国家，享受天然国土屏障和海洋通道，按说有最好的条件建成大一统国家，但直到今天它连最基本的国民身份认同问题都没解决，种族冲突不断，阶级矛盾尖锐，"美国到底是谁的美国"这个基本问题每一年都会被追问。

伊斯兰世界的大一统国家建设同样未完成。由于历史和宗教的原因，阿拉伯世界部落势力的威权远大于国家的威权。查希里叶时代的阿拉伯游居社会与地中海定居社会之间的差距，类似于中国早期历史上北方戎狄与中原王朝之间的差距。徙志之后的伊斯兰时代，实现了宗教上的统一，但仍以氏族部落作为基本的政治单位，国家因伊斯兰教义号召而起，并服务于教法的实施和巩固。直到今天，阿拉伯人的身份认同也是将穆罕默德传教的使命置于阿拉伯王国和语言文化遗产认同之前。

南美国家和非洲国家的情况就不必多说了，普遍的情况是国家建设的未完成状态，最坏的情况其实是越来越失败，是国家政治濒于解体。不要说大一统国家的建设进程，有些国家还在继续分裂。

最说明问题的例证，是人类定居文明起源地在今天的状况。

位于约旦河西岸今天巴勒斯坦境内的杰里科，曾于2010年

10月10日举行庆祝活动,纪念该城"建城10000年"。这还真不是胡说,而且很可能还少算了。考古学家在杰里科总计挖掘出二十多个连续定居点的遗迹,其中第一个定居点可以追溯到距今11000年。该城的防御工事可追溯到公元前7000年,比埃及金字塔早4000年。最早的定居村落、最早的定居农业、最早的国家雏形,都出现在今天的东地中海,这一地区被称为"侧翼丘陵区",即古埃及、古苏美尔、古黎凡特、古安纳托利亚等早期文明被发现的地方。杰里科当时的人口就达到了1—2千人;青铜时代的苏美尔人在两河地区建立的一系列城邦,人口达到了4—5万;到铁器时代,出现了新巴比伦这样人口超过10万的大城市。通过对1968年发现的约两万件"艾布拉泥版"的破译研读,人们发现,公元前3千纪这里曾有一个控制着六十余个附属国和城邦国家的强大王国,26万人口和巨大的贸易网络通过一万多名行政官僚管理,这些官僚大部分不是国王的宗亲,而是由首席大臣(维齐尔)选拔指定的。这意味着当时这一地区的古代城邦国家已经发展出了很现代的政治组织。

也就是说,非血缘的、非氏族的、现代化的国家行政组织,在古黎凡特地区早在公元前3500—前2500年间就出现了,比中国的早期国家还要早上千年。然而,这个地区并未提前中国上千年建成大一统国家,更没有出现天下型国家。五千年后的今天,这一地区反而更加四分五裂,反而离现代国家的发展水平越来越远了。实际上,这个艾布拉王国就是今天的叙利亚东北部,都城就靠近今天的阿勒颇。

提到阿勒颇,人们头脑中首先会出现什么画面呢?居住在全人类最早定居文明发祥地的人们，今天陷入了家园被毁、人民流徙、国家破碎、文明倒退的苦难当中。1万年前的古人是为了今天的阿勒颇战火和废墟而开始其定居生活的吗？

定居文明开始的意义体现在哪里？对于今天的中国人，回答这个问题是最没有障碍的。从龙山文化和良渚文化时期的定居村落、早期区域性国家，到夏商周早期国家，到秦汉大一统国家、隋唐大一统国家、明清大一统国家，再到今天的中华人民共和国，一个持续发展的现代化国家。五千多年的定居文明一路走下来，而且还将继续走下去。

这样一部精彩的定居文明胜利史、广土巨族成长史，中国人自己不讲，谁来替我们讲呢？

广土巨族的形成和成长，是中国人自己的精彩故事，要讲好这个故事，需要先从定居文明这个根本问题说起。

四、定居文明

若只是面对当代世界，谈论定居文明没有什么意义，因为今天全球人口中绝大多数都过着定居的生活，有多达超过一半的人口居住在城市地区，其中大约10%的人口居住在有1000万或以上居民的特大城市当中。城市地区之外的另一半农村人口的绝大多数也居住在定居村落当中，即使是为数很少的游牧或游商民族，也大都转变为半定居的生活方式。完全未受到定居生活影响的非定居游动生活方式，可以说已经没有了。

但是，一旦面对整个人类历史，情况就完全不同了。在全部长度的现代人类历史上，从个别地方零星出现定居生活方式，到今天绝大多数人口都以定居的方式生活在地球上，这个时间的比例连5%都不到。换句话说，人类的定居——每个家庭和个人都有固定在某个位置上的住所，都有一个家园，而不是四处迁徙并频繁进入陌生的新环境，只是刚刚出现的新形态。

定居形态是随着农业的出现而固定下来的。现代人类历史开始于20万年前智人的出现，而农业的出现最早可追溯到大约1万年前，这就意味着人类历史95%的时间并不从事农业，而是从事狩猎采集（Hunter-gathering），人类过上依靠驯化动植物维持生计的农业生活，也是人类历史最近5%的时间里才发生的事。

好比一个活了100岁的人，95岁之前从来没有固定的住所，最近5年才相对稳定下来，不再四处迁徙了。而95岁之前的他，还经历过两次漫长的冰川期。第一次大约从他不满1岁的时候开始，一直持续到他不到40岁的那年。刚刚暖和了几年，第二次冰川期又来了，从他45岁那年开始，一直持续到他92岁半。这就意味着，他在95年四处流浪狩猎采集生活中，大约90%左右的时间还是在严酷的冰川环境中度过的。重要的是，95年来各种环境通过压力和刺激所引起的所有基因突变，都在他今天100岁的身体里。

这是理解定居农耕社会出现的一个关键点。简言之，从个体来讲，现代人类不像是为了当上安土重迁、每日耕作的农民才演化成今天这个样子的。那些自由自在地四处迁徙，杀气腾腾地围捕大型猎物，所到之处天当被、地当床、万物皆备于我的这种豪放粗犷生活方式的狩猎采集者，不是与此前95%生命历史里的演化逻辑更为一致吗？

认清这个历史背景，对于理解定居文明的出现意义重大。因为这同一个时间尺度比例还意味着：人类基因的适应性变异的历史，也是95%的时间发生在包括90%冰川时期的狩猎采集环境中，只有从大约11500年前新仙女木时期（the Younger Dryas）冰期结束之后至今的5%时间，是在温暖湿润、植被茂盛的全新世气候条件下的农业和最近的工业环境中。

那么，作为一个生物物种的现代人类，绝大多数的基因突变，就都是在漫长的旧石器时期为适应迁徙—狩猎采集生活方式而发生的，在演化基本完成后，才开始转入定居和农耕生活方式。有学者认为，人类在四五万年中没有任何生物学上的变化，我们以这"万年不变"的头脑和身体创建了所有我们称之为文化或文明的东西[1]。虽然也有学者认为人类演化并未停止，反而在文明进程开始之后继续进行[2]，但毕竟这一万多年在生物演化史上时间太短，在人属演化史上只占不到1%的时间。要想证明今天的我们与公元前4000年的埃及法老们不仅有文化上的差别，而且还有基因上的变异，能够拿出来的证据还是太少。

无论如何，各种新学科的结合还是让重建旧石器晚期人类在地球上迁徙历史的工作有了突破性进展。其大致图景是：在

---

① 转引自〔美〕格雷戈里·柯克伦、〔美〕亨利·哈本丁著，彭李菁译：《一万年的爆发：文明如何加速人类进化》，中信出版社2017年，第1页。
② 同上。

大约10万年前现代人类离开非洲移居到西亚和地中海地区时，全新世气候还没有到来。人类在大约6万年前移居东亚和澳大利亚、3.5万年前到达乌克兰和俄国、2万年前到达西伯利亚、1.5万年前进入美洲的这几万年大迁徙的历史中，大部分时间是在冰川期而不是气候变暖的间冰期。尤其令人惊叹的是，有一个亚群竟然是在大约2万年前的末次盛冰期（Last Glacial Maximum）迁徙到荒凉寒冷的西伯利亚的。另一个值得注意的事件是，从东亚进入美洲的同一个亚群，在大约1.4万年前全球开始变暖时，由于海平面的上升，被阻隔在了美洲。

总的来说，到了旧石器时代晚期，人类已经遍布在了除南极洲之外的地球上的大部分地区。在这段长达数万年的历史中，人类随着气候的变迁和动植物的变迁而四处迁徙。每一个进入新环境的亚群，都在相当长的时间里处在一种与其他亚群相分离的"与世隔绝"状态，并在环境的压力下发生基因变异，成为了体貌各异的不同种族。当这些原本是同源兄弟的不同种族再次相遇时，就相互视为"非我族类"。

但是，相对于地球生物演化史的那些巨变，现代人类的基因突变和种族的产生仍然属于物种内部的小幅度变异。直到距今1万年前，人类总人口的数量虽有较大增加，也许达到了数百万人，但是社会的规模和复杂性都没有发生显著增长。因为据人类学家估计，狩猎采集的生活方式下，每个人所需要的土地面积平均在20平方公里以上，所以人口数量的增加主要依靠在陆地上的面积扩展，而不是依靠在某一个地区内的密度增加。

这种情况的改变，直到最早的定居部落在西亚出现。

1. 定居生活方式的诞生

考古证据显示，从大约1.5万年前开始，世界部分地区出现了定居部落。最早的一批定居部落出现在西南亚。

西南亚成为最早出现定居部落的地区，除了气候和动植物分布的原因，还有移民的因素，因为这里是人类在非洲和欧亚大陆之间来回迁移的主要通道。同样道理，在南、北美洲两块大陆之间的移民活动都要经过中美洲，那里也出现过密集的定居人口。

一部分人类群体终于放弃了亘古未变的迁徙生活，转而采纳定居生活，这种人群被人类学者称为"富裕采集民族"。因为在开始的时候他们并未发展农业，而是继续着他们狩猎采集的生活方式。澳大利亚东南部的贡第杰玛若人（Gunditjimara people）数千年来一直定居在大型的永久性村庄，有强有力的首领，也有政治组织，但却不是农民，没有固定的动植物驯化。这种或者依靠捕鱼，或者依靠狩猎和采集维持生计的"富裕采集民族"，除了在西亚新月沃地，在中美洲、波罗的海沿岸、埃及和苏丹、东地中海地区，也都有发现。

直到20世纪，人类学家们还能够在中美洲和南美洲的一些偏远地区找到这些"演进中的'残货'"。克洛德·列维-斯特劳斯写道：

> ……只要不受到外部的威胁，它们便可以很好地生存发展下去。

那么，让我们试着更好地勾勒出它们的轮廓吧。

这些社会由一些几十人到几百人不等的小社群组成，这些小社群之间彼此远离，需要步行好几日才能到达，其人口密度大约为1平方公里内0.1个居民。这些社会的人口增长率非常低，明显低于1%，即新出生的人口刚刚能够抵补死去的人数而已。因此，它们的人数变化不大。它们有意无意地运用各种方法来维持人口数量的稳定：分娩后禁欲，为了延缓女人生理节律的恢复而延长哺乳期。惊人的是，在所有这些被观察到的情况中，人口的增长并不会促使社群在新的基础上重组；而是随着人口的增多，社群会分裂开来，形成两个与之前社群大小相同的小型社会。

这些小社群拥有一种天生的能力，可以祛除社群内部的传染性疾病。……①

一个需要解释的现象是，有些"富裕采集民族"社会长期以来与农耕社会比邻而居，相安无事。比如，南部非洲卡拉哈里沙漠和澳大利亚北部约克角那些与农耕社会相距很近的采集社会，几千年来始终没有采纳农业。这似乎说明农耕生活方式并非一种必然。由于人属这个物种数百万年来都是狩猎采集的生活方式，现代人类在出现之后的绝大多数时间里也都是狩猎采集者。

所以，这些天生的狩猎采集者，在某个时候最终转变成了固定居住在某个小地域内、一般不再接触新环境、终日弯腰驼

---

① 〔法〕克洛德·列维–斯特劳斯著，栾曦译：《面对现代世界问题的人类学》，中国人民大学出版社2017年，第15页。

背从事单调的耕作或养殖活动的农耕—养殖者，这实际上是一种具有演化意义的"突变"。

在地球上多个地区独立发生的这种突变，到底是必然还是偶然？到底是进化还是退化？关于这个问题，学者们有很多争论。从游走的狩猎采集者转变成定居的农耕养殖者，看起来并不符合人属这个物种的演化目的。自由自在变成了被迫约束，纵横驰骋变成了偏安一隅，冒险狩猎变成了驯养禽畜，冲锋战斗变成了弯腰耕作，开疆拓土变成了安土重迁。总之，战士变成了农民。

仅从个体演化上看，这更像是一种退化的表现，除了身体从野兽般的矫健强壮变得越来越柔弱乏力，随之引起的性格变化是勇敢变成了胆怯，豪爽变成了拘谨，大度变成了狭隘，质朴变成了造作，阳刚变成了阴柔……很不像是"造物主"的安排，或"天道"的逻辑。

尤瓦尔·赫拉利就此问题写道：

> 智人的身体演化目的并不是为了从事这些活动，我们适应的活动是爬爬果树、追追瞪羚，而不是弯腰清石块、努力挑水桶。于是，人类的脊椎、膝盖、脖子和脚底就得付出代价。研究古代骨骼发现，人类进到农业时代后出现了大量疾病，例如椎间盘突出、关节炎和疝气。此外，新的农业活动得花上大把时间，人类就只能被迫永久定居在麦田旁边。这彻底改变了人类的生活方式。其实不是我们驯化了小麦，而是小麦驯化了我们。

"驯化"（domesticate）一词来自拉丁文"domus"，意思就是

"房子"。但现在关在房子里的可不是小麦，而是智人。①

学者们用"史上最大的骗局""定居陷阱"等词语描述这个难以给出合理解释的"农业革命"，认为可能发生了因某种偶然因素导致的正反馈循环，造成了这个意外的结果。毕竟，定居文明的出现，必须同时满足多个前提条件：（1）成功实现了野生动植物的驯化；（2）夏秋季的收获物留有足够的剩余可以维持过冬；（3）掌握了使用种子在春天播种和保留幼畜以维持畜群数量的技术；（4）耕作带来的土壤消耗很快得到大自然的补充，使地力得以恢复。

只要上述条件有任何一个不能满足，人群就不得不时时迁居，要么完全靠狩猎和采集为生，要么不断寻找新的开垦地或放牧区。

然而，后续的历史发展才是人类文明进程的开始。而正是开创出地球"人类纪"（Anthropocene）的人类文明这个真正具有重大意义的演化事件，赋予了定居农耕生活方式最充分的合理性和必然性。

归根结底，定居农耕生活方式，是通过每个个体的相对退化甚至牺牲，启动了整个社会的复杂性发展和不同于个体进化的群体进化。

首先，定居农耕生活方式提供了多个有利于人口增加的条件，如增加了男女婚配的机会，缩短了妇女的生育间隔并方便了生育和哺养，提高了婴儿的存活率，等等。与此相对，狩猎采集

---

① 〔以〕尤瓦尔·赫拉利著，林俊宏译：《人类简史：从动物到上帝》，中信出版社2014，第80—81页。

者必须随季节变化而四处迁徙，而仅仅为了确保迁移生活方式的进行，就不得不采取自然节育、杀婴和杀死老年人等控制人口数量的措施，因为迁徙群体的流动性是生存的第一需要。一位研究者称，史前社会的杀婴率高达50%。这些活动带来的一个结果，就是迁徙型采集民族的人口增长十分缓慢①。

根据贾雷德·戴蒙德在波利尼西亚这个"历史的自然实验"社会的人类学调查研究，在查塔姆群岛和新西兰南岛上继续保持狩猎采集生活方式的人群，人口密度低到每平方英里仅5人，而汤加、萨摩亚和社会群岛等从事集约型农业的岛屿，其人口密度则达到每平方英里210—250人，夏威夷每平方英里300人。在阿努塔这个高地岛，所有土地都被改造成了集约型农业，人口密度甚至达到了每平方英里1100人，几乎超过了现代荷兰②。

而人口密度的增加和规模的增大，被证明是群体进化的一个最重要的因素。密集的人口意味着信息交换的频繁发生和传播媒介的产生。以一种媒介决定论的观点看，媒介构成了社会得以形成的必要条件，社会通过媒介的演变而发展——抽象语言、抽象思维、文字符号、精确交流、集体学习，当然也包括错误信息和故意撒谎，都通过信息交换和传播媒介发展起来。而这正是文明历史变化逐步加快的根本原因。在那些继续保持狩猎采集生活方式、人口稀少且分散的地区，即使出现了社会，但

① 参见〔美〕大卫·克里斯蒂安等著，刘耀辉译：《大历史：虚无与万物之间》，北京联合出版公司2016年，第137页。

② 〔美〕贾雷德·戴蒙德著，谢延光译：《枪炮、病菌与钢铁：人类社会的命运》，上海译文出版社2016年，第32页。

变化要缓慢许多。所以，人口密度和规模这个因素本身，就导致了世界上不同地区的社会走上了差别很大的文明发展道路。

另外，定居农耕生活方式使得一个社会与一块固定的"家园"土地紧密联系在了一起，这是一个具有重大意义的突变。

在狩猎采集社会中，人与土地之间没有复杂联系。根据学者的调查研究，在阿拉斯加的狩猎采集社会，帐篷每年移动的距离超过400公里，覆盖的地理范围大概有8万平方公里。南美哥伦比亚的狩猎采集社会，一年内帐篷移动的距离约280公里，覆盖的地理范围是3000平方公里。这种差距完全因为植物的生长季长短不同而产生，一般来说，生长季越长，游动部落覆盖的范围越小[①]。

固定在一块"家园"土地上的定居社会，相较于"往来无定所，逐水草而居"的游居社会，重要的不同在于各自的社会组织形式：由于有了"家园"，就有了"家园"的秩序问题、治理问题、发展问题，也有了"家园"的生存和防御问题，这就是定居农耕社会政治和军事问题的由来。为什么早期定居农耕社会的出现都会与某些被奉为"圣王"之类的领袖人物相联系？因为这些人物是伴随农业的出现而诞生的新型领袖，他承担起了新型的历史任务——不再率领整个社会远征其他社会，而是动员整个社会捍卫"家园"，抵御或者同化外来入侵者；不再代表神灵与人间作对，而是代表人间与天地协调；不是只追求私人或小集团的利益，而是致力于维护整体的公共秩序。以文明史观之，

----

① 〔英〕亚历山大·H·哈考特著，李虎等译：《我们人类的进化：从走出非洲到主宰地球》，中信出版社2017年，第191—192页。

相较于永远都在迁徙和远征活动中、只崇拜凶猛野兽和怪力乱神、没有仁爱之心、将人群与待捕猎物等量齐观的狩猎采集社会，定居农耕社会显然是与历史演化方向、文明发展方向更为一致的人类社会。

最后，定居农耕社会一旦建立了稳定秩序，文明便快速发展并开始向外扩大范围，就与周围那些尚未转为定居农耕社会的游居社会形成一种相互对立：前者为文明社会，后者则被前者称为蛮族。

中国社会科学院学部委员王震中教授总结道：

> 总之，农业的起源，是人类历史上的巨大进步，以农耕畜牧为基础的定居聚落的出现，是人类通向文明社会的共同的起点。从此，由村落到都邑，由部落到国家，人类一步步由史前走向文明。[1]

2. 大历史理论

考古学家们认为，大型社会是伴随着定居生活而出现的，并且随着定居文明的成长而不断扩大。从大约1万年前开始的几千年里，定居村落和城市在各个不同的大陆先后出现。除了"新月沃地"这一人类文明的摇篮地之外，乌克兰的城市如塔连基（Talianki）等从大约六千年前开始出现。随后数百年，欧亚多个文明中心进入了被哲学家卡尔·雅斯贝尔斯（Karl Jaspers）称为"轴心时代"的繁荣期，地中海世界、印度和中国都涌现出了

---

① 王震中：《中国文明起源的比较研究（增订本）》，中国社会科学出版社2013年，第54页。

一批和巴比伦规模相当的城市。

为了方便叙述，不至于陷入"列国志"般的烦琐罗列，在此借助近几十年来很热门的"大历史"（Big History）理论框架，来理解这一段重要的文明突变期。"大历史"框架将一万多年的人类文明视为整个宇宙演化历史的一部分，将人类遍布地球的今天视为自地球诞生以来刚刚出现的最新地质学纪元"人类纪"（Anthropocene）。于是，人类文明进程的阶段性发展，如社会的出现、城市的出现、国家的出现、万物互联的出现等，就与宇宙演化历史上恒星的出现、生命的出现、智人的出现等重大事件之间有了某种一致性，例如规模的扩大、复杂性的逐步增加、能量流和信息流的聚集方式等，从而可以被置于统一的"普遍起源论"中并列作为"复杂性渐增门槛"系列事件之一进行考察①。

大卫·克里斯蒂安在《时间地图》一书中这样描述恒星与城市变化模式的相似性：

> 在早期宇宙中，引力抓住了原子云，将它们塑造成恒星和银河系。在本章所描述的时代里，我们将会看到，通过某种社会引力，分散的农业共同体是如何形成城市和国家的。随着农业人口集聚在更大的、密度更高的共同体里，不同团体之间的相互交往有所增加，社会压力也随之增加，突然之间，新的结构和新的复杂性便一同出现了，这与恒星的构成过程惊人地相似。与恒星一样，城市和国家重新组合并且为其引力场内部

---

① 参见〔美〕大卫·克里斯蒂安等著，刘耀辉译：《大历史：虚无与万物之间》，北京联合出版公司2016年，第10页。

的小型物体提供能量。[①]

"大历史"理论在21世纪初刚刚开始流行，2011年4月成立了国际大历史协会，2012年8月召开了第一届国际大历史会议（IHBA），但在短短的十几年时间里，该学科的学术影响力却迅速增长，而且带来了很多观念上的突破。"在'大历史'中，人类第一次被视为一个单一物种"，因此为关于国家、关于文明各种新的叙述开辟出可能性——完全不受文明和种族偏见影响的全球性叙述。

这一点值得引起中国学者特别关注，因为中华文明不仅仅是人类的主要文明之一，而且具有唯一性，因此也具有代表性。既然是唯一的延续文明，唯一的天下型定居文明，那么研究文明的延续性和定居形态，主要就是研究中华文明。从早期定居的出现，到早期农业的出现，出现后如何度过了生存危机和发展危机，如何形成了持续的发展，如何逐步扩大规模，直到延续至今成为唯一的广土巨族，这一系列问题，既可以视为中华文明的特殊问题，也可以视为人类大历史中的普遍问题。

对这些最根本的问题给出合理的解释，既可以解释历史中国和当代中国的大部分问题，也可以为解决当代世界的很多问题提供思路。

将人类历史视为整个宇宙历史的一部分，相当于建立了一个"关于时间的全部历史"的宏大坐标，全部长度是所谓"宇宙年龄"，科学家们估计大约有130亿年。在如此宏阔的历史尺度之

---

① 〔美〕大卫·克里斯蒂安著，晏可佳等译：《时间地图：大历史，130亿年前至今》，中信出版社2017年，第289页。

下，到目前为止只有一万年左右的人类文明史，被缩微成了一个瞬间单元。正如那个据说是出自马克·吐温的著名比喻：若用埃菲尔铁塔代表地球的年龄，那么，塔尖小圆球上的那层漆皮就代表人类的年龄①。

当然，历史学家们所研究的绝大多数历史问题，都不需要这样一种超大的时间尺度。因为在宇宙的无限时空当中，人类与蚍蜉无异，属于绝对的渺小，这种时间尺度大到与人类没有直接关系。比如人类历史当中的"五百年必有王者出""三千年未有之大变局"之类，在追求严谨和专业化的历史学家眼中，就已经是超长时间尺度了，使用比这更大的尺度描绘一般的历史现象，统统属于大而无当。

然而，具有这种"大历史"的观念，保持关于超大时间尺度的意识，对于研究历史的人并非不重要。毕竟，在大的历史框架中仍然可以描述小的历史事件，反之，用小时间尺度描述较大的历史事件却不可能。例如，假如人类从来没有突破《圣经》宣称的世界只有六千年的时间尺度，那么进化论、遗传学、地质学包括人类学，就统统没有出现的可能。在科学发现的早期，正是因为产生了几十亿年甚至更长时间这种历史长度的意识，达尔文才可能猜测到今天的生物圈是极漫长自然选择过程的结果，莱伊尔才可能猜测到今天的地壳岩石记录了地球亿万年的历史。

关于定居文明的问题也是如此。如果只在中华文明五千年这个框架内讨论，就很难充分理解定居文明、农耕文明、天下型

---

① 参见〔美〕大卫·克里斯蒂安著，晏可佳等译：《时间地图：大历史，130亿年前至今》，中信出版社2017年，第6页。

定居文明等概念的真实意义，因为这个历史框架并不能涵盖定居和农耕社会如何从无以计数的狩猎采集社会中脱颖而出，又如何在狩猎采集社会以及日后那些"马背上的民族"的重重包围和频频入侵的恶劣环境中生存下来等问题。只有从更早的旧石器时代开始追根溯源，将五千年中华文明置于一万多年人类文明史的"大历史"框架中进行综合的、对比性的考察，才可能得出有价值的观察。

在"大历史"思维中，人类文明最重要的发展，是与城市和国家这些复杂组织形式的出现相联系的，城市和国家又都是与定居农耕社会这种复杂文明的出现相联系的。而定居农业文明，特别是大规模定居农业文明的出现，则可以被理解为宇宙演化历史上一系列"复杂性渐增门槛"之一[1]，与智人的出现、生命的出现、恒星的出现等并列为"普遍起源论"中的重大"门槛"事件。

像其他几个重大"门槛"事件一样，这种文明发生的真实原因，其发展的内在机制，未来的演化方向等，直到今天仍是没有最终定论的悬疑问题。

3. 真社会性

通过与狩猎采集游团的漫长历史进行对比，人们发现，从定居农耕社会出现的那一刻起，人类历史一种新的演化逻辑便开始了。虽然到今天为止，这段时间才只占5%，但表现出来的特

---

① 参见〔美〕大卫·克里斯蒂安等著，刘耀辉译：《大历史：虚无与万物之间》，北京联合出版公司2016年，第10页。

征已经足够明显了。

一些学者使用了"真社会性"的概念来归纳，并且发现只有真社会性动物才能发展出最复杂的社会。"大历史"的研究表明，地球四十多亿年历史进化出的无数物种中，可以确定为"真社会性"的动物极为稀少，到目前为止只发现了19种，分散在昆虫、海洋甲壳类动物和地下啮齿类动物中，加上人类，总数是20种；而且出现得非常晚，直到发现白蚁以及蚂蚁的进化证据，人们才找到了真社会性动物出现的证据。在经历了大约1亿年的灵长类动物的进化历程之后，人类在最近的几百万年中才开始出现①。很少和很晚，说明它的诞生和存续都非常艰难。

"真社会性"可以理解为与"真个体性"相对，个体的演化逻辑从此开始让位于群体的演化逻辑。爱德华·威尔逊写道：

> 通俗来讲，真社会性就是真实的社会情境。根据定义，在完全社会性的群体中，成员之间互相合作养育后代，群体中的成熟个体可分为两个以上的世代。它们也存在劳动分工，这种分工是通过许多繁殖能力低的个体自动放弃繁殖机会实现的，目的是给那些繁殖成功率高的个体更多机会去提高群体的繁殖率。②

一般来说，"真社会性"总是意味着个体为了群体而做出某方面的牺牲。这种牺牲所换来的，就是"真社会性"群体内部发

---

① 参见〔美〕爱德华·威尔逊著，钱静、魏薇译：《人类存在的意义：社会进化的源动力》，浙江人民出版社2018年，第16页。

② 同上，第15页。

展出来的高级社会行为，让这一物种在生态上占据很大优势。例如白蚁和蚂蚁这两种具有"真社会性"的昆虫，虽然它们在已发现的数以百万计的昆虫种类中只有不足两万种，但是世界上所有白蚁和蚂蚁的总重量占全世界昆虫体重总和的一半还要多。这显然意味着能量流的一种超常聚集。

这样来理解人类定居农耕社会的诞生，很多问题都可以得到解释。定居之后，个体的自由度换成了群体的一致性，个体的攻击性换成了群体的稳定性，个体的排他性换成了群体的共生性。总的来说，个体对于环境的适应能力普遍降低了，但群体通过发展出更复杂的社会行为，不仅具有了更强的适应环境的能力，而且具有了改造环境的能力。

作为结果，定居社会里人口规模开始增加，生产力开始增加，资源和财富开始增加，对内的整合能力和对外的防御能力都开始增加，一种远远超出最有力量的个体超人的群体力量建立起来，形成了相对于其他物种或同类群体的竞争优势。

与此相对，继续狩猎采集生活方式的游居社会必须随季节变化而四处迁徙，而仅仅为了确保迁移生活方式的进行，就不得不采取自然节育、杀婴和杀死老年人等控制人口数量的措施，因为迁徙群体的流动性是生存的第一需要。

通过对真社会性动物的分析研究，学者们发现，真社会性形成之前的最后一步，正是构筑安全的巢穴。动物从巢穴出发外出觅食，在巢穴中养育幼崽直至它们发育成熟[1]。这进一步证

---

① 〔美〕爱德华·威尔逊著，钱静等译：《人类存在的意义：社会进化的源动力》，浙江人民出版社2018年，第16页。

明了家园土地是对于群体演化至关重要的一个因素。

巢穴的安全问题基本上是和建设问题同时出现的，这也是"真社会性"的一个体现——为了集体的生存，必须要进行农民和战士两种职能的分工。人类学家辉格指出，早期农业定居点大多数都是设防的。杰里科遗址围有一道六百米长的石墙，墙外挖了壕沟；乌克兰发现的几个五六千年前的万人大城，包括涅伯利夫卡（Nebelivka）、多布罗沃迪（Dobrovody）和之前提到的塔连基，都是设防城市；新几内亚高地巴布亚人……会在村边高树上搭建瞭望塔，由族人轮流值守。……安纳托利亚的加泰土丘（Çatalhöyük），由一群砖石房屋相互紧贴组成一个蜂窝状结构，没有侧面的门窗，也没有街道，只能靠梯子由天窗出入。……科罗拉多著名的印第安农业村寨梅萨维德（Mesa Verde），修建在一整块巨大石崖下面，这块向外伸出的巨石像一个罩子，保护了村庄的三个方向；在西北欧，许多新石器时代的村庄都坐落于湖泊或沼泽中间，通过可开关的桥廊与外界相通；在没有山崖、河湾、江心洲等有利地势可依凭的地方，城墙与壕沟便是标准配置①。

总之，定居农耕生活方式导致了人口规模的扩大和密度的增加，同时导致了与家园土地之间的固定联系。这两个因素都是一个群体"真社会性"形成的必要条件。而群体的"真社会性"一旦形成，群体的演化逻辑就超越了个体的演化逻辑，分工协作、市场交换、集体学习等过程相继开始，整个群体组织朝更大

---

① 辉格：《群居的艺术：人类作为一种物种的生存策略》，山西人民出版社2017年，第23—24页。

规模和更大的复杂性方向演化。

4. 两种共生

然而，定居农耕社会虽然代表了"真社会性"物种的演化方向，可是在早期阶段却并未取得明显的竞争优势，尤其是远远没有建立起相对于狩猎采集社会的竞争优势。恰恰相反，由于在群体层次上环境适应性需要相当长的时间逐渐形成，定居农耕社会从诞生之初就一直面临着严重的生存问题。而最大的生存威胁，恰恰来源于那些没有转变为定居农耕生活方式的游居社会，或历史学家们所说的"蛮族游团"。

农业正是演化分叉的重要催化剂。在一种高度抽象的理论中，农业本身即可以被定义为通过共生形式增加人类社会的能量和资源利用的一系列方法。例如非洲的栽培蚁与真菌、蜜罐蚁与蚜虫等都是这样，前者会悉心照料后者，并收获作为食物的一部分。没有前者的干预，后者就会死亡，反之亦然。与此类似，人类学者也观察到，定居农耕社会中的农民，实际上与该定居地所在的整个环境处在一种共生关系中。随着时间的推移，这种共生关系主导了相互联系的每一个物种的演化方式——农民驯化稻谷和家畜，稻谷和家畜反过来也驯化了农民；游居社会掠夺了定居社会，定居社会反过来也同化了游居社会，各个部分在演化过程中变得越来越相互依赖，最终它们都变得无法独自存活。这就是共生现象，这种例子在整个自然界中不胜枚举。

而与此同时，仍然四处迁徙的游居社会也在发展自己的农业和相应的共生关系。欧亚大陆的干旱带（arid belt）西起撒哈拉沙漠,东穿阿拉伯半岛和伊朗高原,从阿富汗北上,经中亚五国,最后折向中国的新疆、青藏高原和蒙古高原。历史学家们确信,最早的农业是在这条干旱带上的不同地区先后独立发生的。和定居农耕社会类似,那些处在欧亚大陆干旱带上的狩猎采集社会也在距今1万多年前后独立实现了对牛和羊的驯化。有所不同的是,由于牛和羊都是天生就逐水草而移动的,所以这种驯化并没有影响到游居社会的移动性。

牛和羊被驯化为家畜和小麦被培育为农作物大约是在同一时期,比狗的驯化晚数万年,但是比马的驯化早数千年。考古学家在俄罗斯南部草原地带的德瑞夫卡遗址(前4200—前3700年)发现了大量马匹的遗骸,这说明马匹的驯养并且用于坐骑大约在公元前5—前4千纪,时间在车轮发明之前。在哈萨克斯坦北部,在公元前4—前3千纪的一个村落里挖掘出的所有动物遗骸中,有99%属于马的遗骸,这表明那里的人们曾专门进行马的培育[1]。

第一个成功驯化马匹的部落到底是哪一个,已经无法考证了,但回顾历史,这个部落却是最早打开人类历史潘多拉魔盒的人群之一。可以说,游居社会的农业发展到了马的驯化和使用这个阶段,不仅与自己过去徒步进行狩猎采集的历史拉开了距离,而且反过来形成了相对于定居农耕社会的竞争优势。

在整个欧亚大草原,对马的驯化,让这一地区从东部到西部成为了一个覆盖面积巨大的文化整体,考古学家在相距遥远

---

[1] 参见〔美〕狄宇宙著,贺严等译:《古代中国与其强邻:东亚历史上游牧力量的兴起》,中国社会科学出版社2010年,第29—30页。

的不同地区发现了具有惊人相似性的文化遗存。它们有些是定居农耕部落，有些是狩猎采集部落，有些则是赶着牧群、依季节的变化作定期巡回流动的早期游牧部落。但是，自从实现了对马的驯化之后，出现了一种文化统一的趋势，过去是那一种生活方式变得不重要了，马、大草原、弓弩和金属刀剑共同造就出来一种新型人类——具有高度机动性的、好战的"骑马民族"。到了青铜器时代晚期和铁器时代早期，这些被考古学家们统称为"斯基泰—西伯利亚民族"的新型人类在中欧亚地区的势力急剧膨胀，四处出击。亚述人和希腊人的古代文献中记录了这些四处游动的蛮族部落，并分别命名为"辛梅里安人"（Cimmerians）、"斯基泰人"（Scythians）、"塞种人"（Sakas）[①]。狄宇宙写道：

> 希罗多德（Herodotus）对于斯基泰人的描述向我们展现了早期畜牧游牧者们的社会等级制度：王室在等级制度的最上层；其下是"农耕的""游牧的"或者是"自由的"斯基泰人，他们都是平民。在这样一个尚武的社会中，生产了大量的武器，这些武器在武士下葬时就成为了随葬品。马不仅在放牧、作战中具有关键的地位，而且对游牧部落工艺技术的发展也发生着重大的影响。对于游牧文化来说，各种马具产品成为其冶金业生产的重要组成部分。马也是游牧民族信仰体系

---

① 参见〔美〕狄宇宙著，贺严等译：《古代中国及其强邻：东亚历史上游牧力量的兴起》，中国社会科学出版社2010年，第35页。

的组成部分，马牲在殡丧中扮演了突出的角色①。

草原上的民族驯化了马匹，制造了弓弩，反过来马匹和弓弩造就了"骑马民族"。正如罗马史家马西林那斯（Ammianus Marcellinus）所记录的那些于公元4世纪长驱直入扫荡欧洲东部的匈奴人，他们不会耕种，从来没有摸过犁柄，没有固定的住宅，经常坐在马背上，在马背上做买卖，在马背上饮食，甚至在马背上睡觉②。日久天长，人与马成了一个共生体，一个离开了马的草原人等于废人，而一旦坐到了马背上，废人就变身成了超人。"骑马民族"相对于所有徒步的民族在战争中的优势，贯穿了整个古代历史，一直持续到20世纪第一次世界大战坦克车和卡车的出现才宣告结束。历史上先后出现的那些大的征服，如匈奴人对欧洲的征服、蒙古人对欧亚大陆的征服、欧洲人对南、北美洲大陆的征服，无不是建立在马上战士相对于徒步战士的战斗力优势基础之上的。

在漫长的古代历史中，拥有固定住宅、依靠犁柄生活的定居农耕人群，就与没有固定的住宅、从未摸过犁柄的马背上的人群长期处在一个互为他者、互为镜像的对立之中。而且，后者的崛起，正是前者所面临的最大生存威胁。

前面说过，定居农耕社会将自己与一块固定位置的"家园"合为一体，从此以后，整个社会的演化就保持在了人口规模持续扩大、组织的复杂性逐步增加以及与整个周围环境保持共生关

---

① 〔美〕狄宇宙著，贺严等译：《古代中国及其强邻：东亚历史上游牧力量的兴起》，中国社会科学出版社2010年，第36页。

② 陈序经：《匈奴史稿》，北京联合出版公司2018年，第16页。

系的方向上, 而永远脱离了那种没有固定居所和"家园"、人口
规模基本不变、组织的复杂程度也基本不变、通过排他性的抢
夺和榨取维持生存的传统历史轨道。但是, 问题在于, 固定位置
的"家园"却不是那么容易守住的, 因人口增长和生产力发展而
创造出的财富也不是那么容易守住的, 每一个定居农耕社会在
诞生之后的早期阶段, 都如孤岛一样陷在游动的狩猎采集社会
的汪洋大海之中。而随着定居者越来越朝向偃武修文的方向演
化, 游居者越来越朝向尚武抑文的方向演化, 两者之间的差距也
就越来越大, 直到后者终于演化成人人都是马背上的弓箭手, 而
前者终于演化成全社会男耕女织, 对立也就越来越大, 融合也
就越来越难。

5. 早期的生存危机

　　然而, 对于定居农耕社会来说, 内部的问题已经够复杂了。
最新的研究表明, 古人从狩猎采集活动转到积累知识逐渐熟悉
一部分动植物, 培育、驯化它们, 是一个漫长而曲折的过程, 远
比人们以往认为的时间要长。另外, 还有对于定居地各种水源的
利用, 包括应对水患, 适应气候变化和四季变化, 抵抗被驯化动
物传给人类的新的疾病等。当然还有最重要的, 因为人口增加而
带来的整个社会的政治经济秩序问题。

　　很多学者认为, 在早期阶段, 与狩猎采集者尤其是"富裕采
集社会"中的人相比, 最早的农民的生活更为艰辛和不易, 因为
农业生活方式通常更需要体力, 更不利于健康, 压力也更大。而
且有证据显示, 在某些早期农业社会中, 人类寿命缩短, 婴儿死

亡率上升。这甚至暗示了新仙女木时期那一次短暂的寒冷期消灭了大量野生谷物作物,迫使人们不得不培育黑麦来应付食物的短缺。一些考古学家令人信服地指出,只有更加稳定的全新世取代新仙女木时期之后,农耕才出现在大多数定居文明遗址的考古记录中①。

大卫·克里斯蒂安用"5个步骤"描述了农业成为不得已的一种选择的过程:

步骤1(前提条件1):人类已经掌握了与农业相关的大量必不可少的知识和技能;

步骤2(前提条件2):作为潜在的"驯化物种",一些植物和动物物种已经"预先适应";

步骤3:在世界上一些重要地区,人类已经采取一种不太显著的流动生活方式,至少开始了"部分时间"的定居生活;

步骤4:由于气候变化和人口压力,这些社会发现他们陷入到"定居陷阱"(trap of sedentism)之中。为了避免在日益增长的人口中出现饥荒,他们的定居生活方式,或者一年大部分时间居住在同一个地方的生活方式,致使进一步的集约化变得完全必要。由此导向步骤5;

步骤5:农业成为唯一的选择。②

事情的另一面是,如前所述,大量的狩猎采集部落也在发生着内部的某种演化。除了马匹这个农耕时代的"坦克

---

① 参见〔美〕大卫·克里斯蒂安等著,刘耀辉译:《大历史:虚无与万物之间》,北京联合出版公司2016年,第152—153页。
② 同上,第154页。

车"，还有弓弩这个农耕时代的"大炮"。考古证据显示，最早的狩猎者在猎取大型野兽的时候，所依靠的是近距离攻击和手中的长矛。这类攻击显然既危险又费力，所以在那个时候，猎人必须有强健的肌肉和粗壮的骨骼。当然这就需要更多的食物——在高获取与高消耗之间达到的能量平衡。而在弓箭和梭镖投射器等新式武器被发明后，猎人们不必非有宽厚的肱二头肌和强健的骨骼也可以杀死大猎物。在这种情况下，更轻捷善跑、不需太多食物的人们就成了更有竞争力的优胜者——在低获取与低消耗之间达到新的能量平衡。格雷戈里·柯克伦和亨利·哈本丁观察到，南非的布须曼人都是矮小、坚韧、极瘦的，身高不到1.5米，他们几千年来都在那一地区用弓和带毒的箭射杀猎物。"这看起来就像工具造就了人——弓弩造就了布须曼人。"[1]

这样，一个世界是在适合农业的那些地区犹如岛屿一样星星点点的设防城市，另一个世界是继续远古生活方式的犹如大海一样的狩猎采集游团。但是，由于不同的共生模式导致了不同的演化路径，久而久之，在战斗力上的差距就越来越大，就好像一方是小米加步枪、一方是坦克加大炮。

麦金德在概述欧亚大陆历史时所列举的入侵欧洲的"亚洲人"，不是东亚定居文明中的亚洲人，而是"图兰语系的游牧民族——匈奴人、阿瓦尔人、保加利亚人、马扎尔人、哈扎尔人、

---

① 〔美〕格雷戈里·柯克伦、亨利·哈本丁著，彭李菁译：《一万年的爆发：文明如何加速人类进化》，中信出版社2017年，第3页。

帕济纳克人（Patzinak）、库曼人、蒙古人和卡尔梅克人"①，这是一个分布在欧亚大陆干旱带中心部分的自成一体的游居民族世界。麦金德提到的这些骑马民族，没有一个能说清楚本民族的起源和早期历史，就像俄罗斯文化史学家C. 别列维坚采夫的那个比喻：民族的起源可以与一个孩子的诞生相比。受孕是个秘密，婴儿要在母亲的肚子里好长时间，但肚里的孩子已经有了，他在成长，他的心脏在跳动——他有生命，只不过没有来到世上而已。……这些民族的产生就像其最初几个世纪的存在一样，是神秘莫测的，因为它们处在历史的肚子里，但是他们已经生活着、劳动着、打仗作战、追求某些目标。可每个民族登上历史舞台的时候已经是一个成型的、独具一格的机体②。

与这些不知何时出现又不知何时出场的骑马民族相对的，就是沿着欧亚大草原的南部边缘自西向东分布的各个定居文明区，包括东地中海地区、安纳托利亚半岛、印度半岛、伊朗高原、中国史书上记载的西域和中国的中原和南方。

宏观上看，草原上的游居社会，与大草原南方边缘的这些定居农耕社会之间，也是一种共生关系。通过将狩猎采集游团与游牧社会区别开，人们发现，游牧民族的社会结构高度依赖于他们和邻近定居农耕社会的关系，以及这些农耕社会本身的结构特征。一般来说，距离定居农耕区较远，或者相邻的农耕

---

① 〔英〕哈尔福德·麦金德著，林尔蔚、陈江译：《历史的地理枢纽》，商务印书馆2017年，第56页。

② 转引自任光宣著：《俄罗斯文化十五讲》，北京大学出版社2007年，第2页。

社会较小，游牧者的社会结构便与狩猎采集游团相似。例如中国历史上北匈奴与南匈奴之间的分化，归根结底就是这个原因。历史学家辉格说道：

> 地处草原腹地的哈萨克和北部蒙古，一个典型的牧团规模大约五六帐，最多十几帐（一帐相当于一个家户），由于过冬草场相对稀缺，冬季会有几十帐聚在一起；在资源贫瘠、人口稀疏的牧区，比如阿拉伯和北非的沙漠贝都因人，牧团规模更可小至两三帐。只有当他们频繁接触较大规模的农耕定居社会，与之发展出勒索、贡奉、庇护、军事雇佣等关系，并因大额贡奉的分配和劫掠行动的协调等问题而引发内部冲突时，才会发展出更大更复杂的社会结构。①

"勒索、贡奉、庇护、军事雇佣等关系"，其实就是游牧社会与定居农耕社会之间的共生关系。后者往往面临"不进贡就灭亡"的困境。当然，还有更积极的出路：一是拼死抵抗，把这些蛮族们在外部消灭掉；二是文化反攻，把这些蛮族们在内部同化掉。

麦金德所描述的欧洲历史从"上帝之鞭"阿提拉在公元5世纪对欧洲的广泛袭击开始：

> 近代史的很大一部分，可以看成是对这些袭击所直接或间接引起的变化的注释。盎格罗—撒克逊人很可能是在那时被驱赶过海，在不列颠岛上建立英格兰的。法兰克人、哥特人和罗马帝国各省的居民被迫第一次在夏龙战场并肩战斗，进行反

---

① 辉格：《群居的艺术：人类作为一种物种的生存策略》，山西人民出版社2017年，第16页。

对亚洲人的共同事业；他们不自觉地结合成近代的法国。威尼斯是从阿奎利亚和帕多瓦的废墟上建立起来的。甚至教皇统治的决定性威望，也得自教皇利奥与阿提拉在米兰的调停成功。[①]

另外，"为了抵抗这些入侵，在边境地区诞生了奥地利，要塞化的维也纳则是查理大帝的战役的结果"。"在最后，新的游牧民族从蒙古国来到了北部森林带的俄国，作为蒙古钦察汗国或'草原汗国'（the Steppe）的属国达两个世纪之久。"[②]也就是说，这些主要的欧洲国家的诞生，归根结底都是"亚洲大锤随意越过虚空实施的一击"的结果。

中国的情况与欧洲有所不同。在匈奴最为强盛的几百年里，包括更早的山戎、猃狁、獯鬻等北方戎狄，虽然也是频频入侵中原定居农耕区，但并没有出现像"大锤"击溃欧洲那样将中原各个击破，并变成各自为战的独立国家的情况。中国历史上没有发生过"齐鲁人被驱赶过海，在某某列岛上建立了齐国"或"燕国人、赵国人、魏国人被迫第一次并肩战斗，从事抗击戎狄的共同事业，并在不知不觉中结合成近代的某国"或"皇帝统治的决定性声望，也得益于高祖与单于在长安的成功调停"这种与欧洲类似的历史。

之所以有如此之大的不同，最重要的原因之一是，中华大地上与定居文明一起发生的还有一个特殊的观念——"天下"。

---

① 〔英〕哈尔福德·麦金德著，林尔蔚、陈江译：《历史的地理枢纽》，商务印书馆2017年，第56页。

② 同上，第57页。

第二章　天下型定居文明

今天的中华人民共和国，坐拥960多万平方公里的领土，这是共和国开国者及其继承者们的一个伟业。其重大意义在于：五千年前中华民族的先祖们开创出的定居农耕文明的这块土地，一代又一代的后人连续不断地定居下来，还持续不断地扩大自身的定居文明覆盖范围，融合四周的游居民族，直到成为一个广土巨族！

当今世界，完成了这一伟业的，在大的民族中只有中华民族一个。

所有的新世界土地——北美洲、南美洲、大洋洲的大部分，其古文明都已经被外来文明所完全覆盖。也就是说，原初的定居者没有守住自己祖先定居的土地，被外来者占据了，而外来者则是丢弃了自己祖先的土地来到新世界占据了他人的土地。

所有除中国之外的古文明——埃及、两河流域、安纳托利亚、印度都先后发生了中断，也就是说，今天占据这些土地并成立现代国家的民族与在这些土地上创造出早期定居文明的民族，两者之间没有直接的继承关系，中间变更了多次，或完全被外来文明所覆盖。

所有那些很晚才转入定居文明的地区——欧洲和俄罗斯的大部分，其定居文明的开创者，大都来自于居无定所的游居社会。定居下来并建立了民族国家的现代民族，都不是创造出早期定居文明的民族，或者是丢弃了自己祖先土地的迁徙者，或者是占据了其他民族土地的入侵者。

撒哈拉以南的非洲、南太平洋诸岛上发生的文明，或者演化太慢，或者规模太小，或者历史不清，不具有与古文明进行对比的意义。

五千年前开始发生的中华古文明绵延至今，只有新的发展而没有大的中断，若从人民的概念上说，就是温铁军教授所说的：中国是一个原住民国家，也可以叫作"世界上最大的原住民大陆国家"。他说："这个世界上由此至少可以有一个三分天下的感觉。殖民地宗主国在哪儿？欧洲。殖民化大陆在哪儿？美洲、澳洲、半个非洲。原住民大陆在哪儿？亚洲。"

的确，今日中国仅凭这个唯一性，就足以独步全球。

一、巨大的"文明丛体"

2018年5月，中国国务院新闻办举行了"中华文明起源与早期发展综合研究"（简称"中华文明探源工程"）成果发布会。探源工程负责人之一、北京大学考古文博学院教授赵辉在会上说："中华文明实际是在黄河、长江和西辽河流域等地理范围内展开并结成的一个巨大丛体。""这个丛体内部，各地方文明都在各自发展。在彼此竞争、相对独立的发展过程中，又相互交流、借鉴，逐渐显现出'一体化'趋势，并于中原地区出现了一个兼收并蓄的核心，我们将之概括为'中华文明的多元一体'。"①项目执行专家组组长、中国社会科学院学部委员王巍表示：

> 截至目前，我们认为，距今5800年前后，黄河、长江中下游以及西辽河等区域出现了文明起源迹象；距今5300年前后，中华大地各地区陆续进入了文明阶段；距今3800年前后，中原地区形成了更为成熟的文明形态，并向四方辐射文化影响力，成为中华文明总进程的核心与引领者。②

到目前为止，考古学家们在中国发掘出来的新石器时代遗址已有六七千处之多，大体上分为以渭水为中心的大地湾·老官台—仰韶文化系列群，太行山东侧、华北中部的磁山·裴李岗—后岗—大司空仰韶文化系列群，以泰沂为中心的北辛—大汶口文化系列群，长江中游的彭头山—皂市下层—大溪—屈家岭文化系列群，长江下游的上山—河姆渡·罗家角—马家浜—崧泽文化系列群。王震中教授写道：

> 在目前已能确认的距今八九千年的源头中，都发现有农作物，除上山文化和彭头山文化因其年代更早的缘故外，其余的大地湾·老官台文化、磁山·裴李岗文化、北辛文化、河姆渡文化都具有相当水平的种植农耕技术。这就使得黄河流域和长

① 史一棋：《重大科研项目"探源工程"成果发布——考古实证：中华文明五千年!》，《人民日报》2018年5月29日。
② 杨阳：《考古实证中华五千年文明》，《中国社会科学报》2018年5月31日。

江中下游地区的农耕起源如同这里的新石器文化的出现一样，是依赖自然生态条件而广泛发生的一种区域现象。[①]

总之，由于自然生态条件非常好，最早期的定居农耕生活方式，就在这一区域内以"巨大丛体"的形式广泛发生了。这就意味着，在黄河和长江中下游流域出现的早期定居农耕区，从形成之初就是同时期世界范围内规模最大的。

当然，即使是多地分别的、广泛的发生，但在诞生之初，这些定居农耕区就犹如星星点点的孤岛一样处在四处游动的狩猎采集部落的汪洋大海之中。这样一个古代世界的真实图景，最容易被现代人所忽略。因为狩猎采集部落留下的考古遗存很少，所以后人只能辨认当时的小岛，无法复原当时的海洋。然而，一旦想到现代人类历史95%的时间都不是从事定居农耕，直到当代仍有从未经历过农耕时代的民族，还有不久前刚刚从游居转为定居的民族，就能够想象出真实的古代世界是什么样了。由此也可推想，八九千年那些定居下来从事农业的农民，是多么不寻常，处境是多么危险！

伟大的中华先祖，就是这样勇敢无畏地开启了自己民族的定居农耕时代，建立起了一个个定居农耕村落。而伟大的中华文明，也就在这些星星点点的早期村落中开始了自己持续数千年至今未曾中断的发展进程。

考古学家们的发现，为了解这些早期村落的规模提供了一些线索。距今七八千年前仰韶时期占地面积3万多平方米的姜寨，据

① 王震中：《中国文明起源的比较研究（增订本）》，中国社会科学出版社2013年，第24页。

估计人口总数可达400—500人。河北武安磁山遗址面积8万平方米，有9万余斤储粮，据估计聚落的人口当在250—300人。类似规模甚至更大规模的村落，还有面积达12万平方米的陕西临潼白家村、河南漯河翟庄、舞阳贾湖村、鄢陵刘庄、古城、长葛石固、许昌丁集、中牟业王和冯庄以及郑州南阳寨等①。

古代文献中或多或少也反映了当时的情况。最早的帝王，所谓巢、燧、羲、农。有巢氏教民构木为巢，燧人氏教民取火熟食，伏羲氏作网罟以佃以渔，之后是神农氏，都确定无疑是农耕社会的酋长，其根据地都在今河南、山东的黄河以南。

身份比较可疑的是黄帝这个酋长。史载"黄帝邑于涿鹿之阿"，这是在今河北涿州，距离巢燧羲农们建立的定居根据地很远，而且很靠北方。史学大师吕思勉据此猜测：

> 大约古代山东半岛之地，有一个从渔猎进化到农耕的民族，便是巢燧羲农；而黄帝则为河北游牧之族。阪泉涿鹿之战，便是这个农耕民族为游牧民族所征服的事迹。②

吕思勉并未严格区分规律性迁徙的游牧氏族和随处游居的狩猎采集氏族，而黄帝一族到底属于哪一类，这个差别今天也无法考证了。据《史记》记载，轩辕氏"迁徙往来无常处，以师兵为营卫"，"习用干戈，以征不享"，可确定是没有固定居住地的尚武的游居氏族。

钱穆区分了"氏"和"族"，他说"氏"是住在较高坡地上的

---

① 参见王震中：《中国文明起源的比较研究（增订本）》，中国社会科学出版社2013年，第63页。

② 吕思勉：《中国政治思想史》，中华书局2012年，第13页。

耕稼之民，而"族"字表示一群手持弓矢的人站在旗子下，是游居之民。他认为当时的"华夏"和"戎狄"其实就是根据定居或游居而区分的：

> 中国古代之城散开而并不毗连。"国"与"国"之间为游牧之人所居，谓之"戎狄"。古代封建时期，农、牧之民兼有，直至战国时土地大加开发后，大部分人民才以农业为主。
>
> 游牧之民无官室城郭，便是戎狄，其他则为耕织之民。华夏为防御游牧人入侵，故筑沟建墙以居。此耕织之民便是华夏。其实，华夏与游牧，均为中国人，不过游牧是流动四方的牧民，华夏是固定居住的农民而已。其不同只在文化生活方面。[①]

《史记》说"神农氏世衰，诸侯相侵伐，暴虐百姓，而神农氏弗能征"，看起来应该是指定居农耕社会发生了内乱。而轩辕"修德振兵，治五气，艺五种，抚万民，度四方"，先与炎帝战于阪泉之野，后与蚩尤战于涿鹿之野，连连得胜之后，"代神农氏，是为黄帝"。总的来说，是讲了一个农耕民族为游牧民族所征服的过程。

当时的世界，定居社会被游居社会所征服，应该是必然发生的一种常态。游居社会都是"习用干戈"的精壮战士，又是马队，而农耕社会都是守在一块田地上男耕女织的农民，双方战斗力应该有绝对的差距。后者如果团结一致依靠人口数量的优势也许还能抵挡一阵子；若发生内乱，则一点胜算也没有。所以

---

① 钱穆口述，叶龙整理：《中国经济史》，北京联合出版公司2016年，第13页。

说，真正重要的不是免于被征服，因为根本无法避免；而是被征服之后又发生了什么，因为无论如何，生活还要继续。

中华文明的独特之处和中华政治的独特之处正是在这里，而且几乎是从黄帝时期开始，就体现了出来。《史记·五帝本纪》写道：

> （轩辕）时播百谷草木，淳化鸟兽虫蛾，旁罗日月星辰水波土石金玉，劳勤心力耳目，节用水火材物。有土德之瑞，故号黄帝。

这是说，来自北方游居社会的首领黄帝，征服了中原地区的农耕社会之后，并不是劫掠一番而去，而是重建中原的定居农耕社会：

> 帝画野分州，得百里之国万区。……使八家为井，井开四道，而分八宅。井一为邻，邻三为朋，朋三为里，里五为邑，邑十为都，都十为师，师十为州。分之于井而计于州，则地著而数详。（《纲鉴易知录·五帝纪·黄帝有熊氏》）

夏朝之前，中原的定居农耕社会到底有多大规模，难以准确估计。根据考古学家的观点，文献中"五帝"时期所对应的是夏商周"王国时期"之前的"邦国时期"或"酋邦时期"，文献中"万国""万邦"等记载所对应的，就是众多以都城为中心而与四域的农村结合在一起的定居区域，如《周礼·地官·司徒》所说"惟王建国，辨方正位，体国经野"，也就是一个个可称为"都邑国家"的政治实体。之所以是酋邦而不是部落联盟，是因为发生了大规模的武力征服，并出现了以酋长为中心的金字塔权力结构①。

那么这些"都邑国家"有多大呢？如果根据近年来考古方面的研究成果，会发现总体上的趋势是越来越多地纠正过去对中国新石器时代发展程度普遍低估的倾向。例如发掘陶寺遗址，本来是去找夏文化，结果却意外发现了很可能是夏文化之前的尧都，面积约400万平方米，绝对年代主体为公元前2300年至公元前1900年之间。所发现的宫城，东西长约470米，南北宽约270米，面积近13万平方米。墓地面积在3万平方米以上，估计墓葬总数当在五六千座，甚至更多。最大的甲种大墓的墓主人就是处于金字塔顶端的最高统治者，墓主人使用木棺，棺内撒朱砂，随葬品可达一二百件，其中包括蟠龙陶盘、鼍鼓、特磬、"土鼓"、玉钺等象征特权的成套礼器。综合宫城、观象台、礼器、乐器、冶金制品和带文字的器皿等文物来看，更是一个王国②。

对长江下游地区良渚文化遗址的研究，更是屡屡突破人们的认识。学者们早已认为这个以良渚古城为中心的"中央"联系各"地方"中心的网络结构就是一个王国，而不是酋邦；联合国教科文组织世界遗产委员会的官方结论则是"早期区域性国家"。良渚古城面积290万平方米，如果包括外城，面积则达到800万平方米。贵族墓如果堆土以2米高计算，可达15000立方米，需要上万个劳动力来营造。最大的浙江余姚反山堆的土台有

①　王和：《中国早期国家史话》，社会科学文献出版社2011年，第12—14页。

②　杨珉、李建斌：《陶寺考古40年：层层打开的秘密》，《光明日报》2018年7月15日。

4—5米高，工程量难以想象。贵族墓葬中，也包括随葬品丰富，玉琮、玉璧和玉钺齐备的大墓，墓主人明显具有集祭祀与征伐之权于一身的王者身份[①]。

还有位于今天济南市章丘区西北的焦家遗址。2016年之后对该遗址的重新考察，让一个具有王城性质的都邑"横空出世"。都邑总面积超过100万平方米，目前已发掘出116座大汶口文化房址和215座大汶口文化墓葬，年代约在公元前3300—前2600年，比陶寺更早。房址中的夯土城墙、护城壕沟和高等级墓葬，以及玉钺、玉刀等王权象征物，昭示着焦家古城是距今五千年前后鲁北地区的中心聚落[②]。

到目前为止，全国发现的史前城址已达五十多座。单独看，这些"都邑国家"普遍比过去认为的规模更大，其中一些已接近于王国。总体看，这些"都邑国家"比过去认为的分布范围更广、相互之间联系更多。考古发现证明这段时期战争频繁，专门用作武器的石钺、军事指挥者专用的玉钺等从一般的狩猎工具中分离出来，被杀死者的乱葬坑也到处可见。这些地下证据与古史传说中共工、黄帝、炎帝、蚩尤之间的几次大战、尧舜禹时期征讨三苗的几次大战的情况似乎也能对得上。

总而言之，我们有充分的理由认为，早在夏商周王国出现之前，中原各个文化区块的定居农耕社会，已经出现了越来越

---

① 参见王震中：《中国文明起源的比较研究（增订本）》，中国社会科学出版社2013年，第328—330页。

② 邢贺扬：《礼出东方——山东焦家遗址考古发现》，新华网2018年7月12日。

趋同的定居农耕文化。在礼器方面，玉璧和玉琮是礼天地的重器，《周礼》有"苍璧礼天""黄琮礼地"之说，郑玄注："璧圜象天，琮八方象地。"礼天地的本质，就是定居人群与所定居的土地的订约，就是立足在所定居的土地上确立天地人的结合。而玉钺则是王权与兵权的象征，《说文》："钺，大斧也。"追根溯源，钺应该是从开垦山林用的农具转为武器的。《史记·殷本纪》有"汤自把钺"之说，《尚书·牧誓》也有"（武）王左杖黄钺"的记载。考古证明，玉璧、玉琮、玉钺似乎都起源于良渚文化，但在黄河流域各文化区块中也都有发现，可见定居农耕文化的同质性。

在占卜方面，根据殷墟甲骨文的占卜记录，包括战争、祭祀、农业、天气、未来十天的吉凶、生育、疾病等方面，主要是定居农耕生活方式中的内容。值得注意的是，除了普遍采用的牛和鹿的肩胛骨，使用龟背的龟灵崇拜，是从长江与淮河中下游各部落起源的，但很快传到了西部和北方。有人认为：在文字方面，学者们根据对史前陶器上刻画符号的分析认为，在距今约6800—6300年的半坡时代已有"六""七""八""九"等属于假借的记数字，这证明在那以前，汉字应已经历了相当长的一段发展历程。目前考古发现的新石器时代各种符号，其分布范围几乎遍及全国，从陕西、青海到东南沿海，从黄河流域到长江流域，都有发现。以几何形为主的甲类符号，主要出现在西安半坡、临潼姜寨等地的仰韶文化早期陶器上；以象形符号为主的乙类符号，主要出现在莒县陵阳河、大朱村等地的大汶口文化晚期陶器上。在一些良渚文化的玉器上，也刻有跟大汶口文化相似的乙类符号。

从契刻符号—原始文字—文字系统这一演进阶段上看，在距今约八千年的贾湖遗址发现的十六种契刻符号，不仅接近于距今4800—4500年大汶口文化晚期的原始文字，其中有个别符号如"目"，竟然与更晚的殷商晚期甲骨文文字系统的汉字高度相似，这充分说明汉字演化的"多元一体"和连续性。

文化的一体化，先于文明和王国的开始，并贯穿于整个文明史。这应该是中原定居农耕社会所独有的特征。

这就是今日中国人站在新的高度回望历史之路时在起点处看到的那个景象：五千多年前，一个多元一体的巨大"丛体"在"黄河、长江和西辽河流域"这一广阔的土地范围内同时发生，并启动了"中华文明总进程"。

那么，同一时期或者更早的世界其他文明，也是这样吗？也是多元一体、"丛体"巨大，然后汇聚成一个总进程吗？当然不是。实际上，在距今五千年前后，多元一体的中华文明总进程的赫然发生，不仅是中华历史上的重大事件，也是世界人类历史上的重大事件。

如前所述，文明可以被理解为一个向着规模不断增长、复杂性不断增加的连续演化进程，那么，以"丛体"形式开始的文明"总进程"，当然是一个高起点的演化进程。

如果单看文明演进之路，早期中国从"古国"时代或"邦国"时代向王国和帝国演进，与世界上其他地区的文明并无不同。大约与中国黄河流域的"炎帝""黄帝"部落联盟同时期，上埃及统治者美尼斯征服了下埃及，出现了统一国家，进入了法老的早王朝时期；在两河流域也出现了乌鲁克等城市国家；在印度河流域出现了哈拉帕和摩亨佐—达罗两个大型城市国家。

《史记·五帝本纪》载尧帝"能明驯德,以亲九族。九族既睦,便章百姓。百姓昭明,合和万国"。文中九族—百姓—万国这种表达,无论是在埃及、两河流域还是在安纳托利亚地区,包括印度河地区,都不太可能出现。

按照英国历史学家阿诺德·汤因比的观点,从数量巨大的原始社会中脱颖而出的第一代文明社会,只有六个,即古代埃及、苏美尔、米诺斯、玛雅、安第斯、古代中国社会①。毫无疑问,其中只有古代中国社会,是一个从"巨大丛体"汇聚成一个"总进程"的文明。所以当2018年5月中国政府宣称中华文明实际是"一个巨大丛体"并可以概括为"中华文明的多元一体"时,也就相当于向全世界宣布了中华文明在起源上的唯一性。

良渚古城申遗成功,被世界遗产委员会确认为五千年前"以稻作农业为支撑"的"早期区域性国家",这也从另一个侧面说明了这个唯一性。

有个流行语叫作"赢在起跑线上",若以今天的国际竞争或文明竞争的视角看,说中华文明在滥觞之时就占了先机、享有天生优势,其实并不为过。

今日的中华人民共和国,虽然从领土面积上看不是世界上最大的国家,但是如果只从原住民和当前人口规模上看,中国实际上就是世界上最大的国家。更重要的是,无论是人民还是疆域,都是从分布地域广阔、数量众多的早期古国或邦国不断融

---

① 〔英〕阿诺德·汤因比著,〔英〕D·C·萨默维尔编,郭小凌等译《历史研究》(上卷),上海人民出版社2010年,第53页。

合、聚集、扩大而来的。五千年前的每一个早期文化遗址，都保留在今天的国土范围内。

当然，目前还有一个美中不足。东南方向上还有一块不大不小的海岛，岛上有一群人，明明是同一祖先、同一血脉，却背对中国的历史，幻想分裂的未来。不过，这个问题不足为虑，统一大业只是时间早晚之事。

二、从"丛体"到"天下"

古代埃及是第一个实现向定居文明跃升的社会，并在古代世界创造了最早、最辉煌的文明。原因很简单，因为"尼罗河的馈赠"实在是太好了。每年的7到8月，尼罗河都会发生周期性的洪水泛滥，为河谷低地覆盖上肥沃的淤泥层，等到10月进入减水期，人们就可以在上面耕作。每年周而复始，古代埃及人就不必迁居了，世界上最早的一块定居文明也就自然而然地出现了。

但若与中华大地相比，这个区域还是太小了，只有一条河流，文明只发生在河流两岸的狭长河谷和下游的三角洲中。

两河流域的情况也属于得天独厚，希腊语"美索不达米亚"的意思就是"河流之间的土地"。在北部的上游地区，许多支流形成了一个三角形网状地区，冬季降雨量较丰沛，成为无需人工灌溉的定居农业区。中下游地区是平坦的冲积土地，缓慢流动的河水使泥沙沉淀，导致河床升高，经常漫过河堤甚至改变河道，成为了可以通过人工灌溉维持的定居农业区[①]。

但两河流域这个区域更小了，合计不过40多万平方公里，不过是今天中国的四川省大小。尽管它也有高度发达的区域文明，但终究未能抵抗蛮族迁徙浪潮的冲击，亡于公元前17世纪前后骑马民族喜克索斯人的南下浪潮。

印度河流域和中美洲等其他几个独立发展出定居农业的地区，也都具备得天独厚的条件。因为当时的人类凭借自身的能力仅够勉强维持生存，而想要获得更多的收获物，必须依靠充沛的雨量，至于地力的恢复，则全赖河流的周期性泛滥。

然而，一旦将目光移出西亚和南亚，转到喜马拉雅山脉以东直到西太平洋海岸的这一广阔的东亚地区时，一切都不一样了。因为这里分布着现在被称为"三江四河"的多个巨大的水系，而且还有充沛适度的降水量和非常适合农耕的肥沃土壤。

这就是中华文明"巨大丛体"形态的世界历史意义：巨大面积的优越地理环境，孕育出了文明的"巨大丛体"，而文明的"巨大丛体"确保了规模足够巨大、数量足够众多的、遍布当时"天下"范围的定居农耕聚落，使之能够在较短的时间内形成部落联盟，抵抗周围蛮族游团的入侵，守护住第一代文明的仅存硕果。

到底从什么时候开始，定居部落逐渐连成一片，形成了足以抵抗狩猎采集或游牧部落劫掠和攻击的人口规模，并具有了使文明得以快速发展的社会基础？这一问题今天已难以确切考

---

① 参见刘文鹏主编：《古代西亚北非文明》，中国社会科学出版社1999年，第203—204页。

证。但可以肯定的是，的确存在这样一个类似于"临界点"的时期，否则就没有后来的历史了。过了这个"临界点"之后，基于农耕—养殖活动的定居文明就一直在持续发展，中国自此有了作为一个整体的历史，文明自此有了以定居农耕社会为基础的快速发展。

西方学界一直有一个所谓的"中国历史起源悖论"，即是说中国历史找不到一个明确的起源，"早在黄帝之前，就已经有了中国。在历史意识中，中国是一个只需复原，而无须创建的既有国家"①。

这个悖论所指的就是那个"临界点"时期。从传说上看，黄帝之前是共工氏霸有九州，然后是蚩尤氏、有苗氏逐鹿中原，直到黄帝的子孙们入冀豫，迁三苗，再霸九州。好像这个神秘的"九州"一直就在那里。

虽然迟至周朝才开始正式使用"天下"命名这一近乎圆形的区域，但史书上讲述有夏一代，就有"当禹之时，天下万国"（《吕氏春秋·用民》）"（禹）沐甚雨，栉疾风，置万国"（《庄子·天下》）等说法。甚至在讲述更早的始祖黄帝时，也有"抚万民，度四方，……置左右大监，监于万国"（《史记·五帝本纪》）之说。

18—19世纪的西方学者，在惊奇地发现古代埃及和苏美尔那些神秘的文字符号的同时，也绝望地发现，在当地已找不到任何一个能读懂这些符号的人。于是埃及学、苏美尔学，包括古

---

① 〔美〕亨利·基辛格著，胡利平等译：《论中国》，中信出版社2012年，第1页。

印度学、玛雅学、安第斯学等都先后成为西学体系之下的历史和考古学科，与今天那些土地上的居民们毫无关系了。而伟大的中国先祖们，不仅捍卫了自己的文明，也在事实上捍卫了全人类的第一代原生文明。

对于这一点，西方历史学家们一向视而不见，从未公开承认。恰恰相反，他们最热衷的是给自己的晚近文明嫁接上古代文明的起源，同时将东方文明整体上贬损为停滞文明。

如果中国学者们不特别强调这一点，就没有人主动提出了。其实，中外所有历史学家都应该意识到：五千多年前的中华先祖，几乎从一开始就开创了一个巨大的天下型定居文明。这在世界上是独一无二的，而这个定论，应该促成人类文明史和世界历史的改写。

近二十年来，生命科学分子人类学领域的发展，在通过基因遗传研究描绘史前人类的迁徙和扩散路径方面，为中华天下型定居文明的形成，提供了某种佐证。

根据复旦大学跨学科研究项目"中华民族形成及其遗传基础"的研究成果，可以归纳出如下几个结论：（1）东亚地区最早的智人，主要是两支，一支是距今三四万年前从南方的中南半岛先后穿过中国的云南、广西一带进入长江和黄河流域，另一支则于更早一些时间抵达渤海湾西部各地[1]；（2）大约距今六千年前，一部分人群离开原来的"仰韶文化"群体，从今天的黄河河套地区向西南迁徙进入高原，成为今天藏族的祖先；（3）东亚

---

① 姚大力：《谁来决定我们是谁：关于中国民族研究的三把钥匙（上）》，《东方早报·上海书评》，2011年3月20日。

人最主要的类型是O型，占到了70%到80%。O型下面分很多亚型，分O_1、O_2、O_3这三大支。中国大部分民族里面都有O_3，而且O_3在大部分中国群体中占多数，在汉族人里面更是多数，占到了大概60%[①]。

基于上述几点比较明确的遗传学结论，可以推定：在距今三四万年前进入东亚的智人，首先在南方地区扩散开来，而在数万年向北方和东方迁徙的过程中，由于不断发现适合生存的好地方，所以又频繁发生分裂和隔离，逐渐转变成体貌和文化都有所不同的族群，例如史书上记载的南方地区的"百濮""百越"等。而从"仰韶文化"群体分离出来向西迁徙的那一群，由于遇到了完全不同的自然环境，逐渐放弃了原始灌溉农业，发展出半农半牧的流动畜牧生活方式，最终变成了被泛称为"胡"的诸多北方族群。

最终，向东发展的仰韶文化与由东向西扩展的龙山文化，在充分的交流中间产生逐渐融合的趋势。在公元前2000年之后，从华北的原始文化中间，终于产生了由原始的史前文化跨越早期文明门槛的突破，中国早期国家就这样从成百上千的一大群酋邦社会中诞生了"[②]。

[①] 在分子遗传学中，一组类似的单倍型组成的单倍群，通过字母来标示，并用数字和其他字母做补充，例如O_3e_1。人类Y染色体脱氧核糖核酸单倍群（Y-DNA单倍群）和人类线粒体脱氧核糖核酸单倍群（mtDNA单倍群），都可以被用来定义遗传群体。Y-DNA单倍群仅仅被从父系线遗传，同时mtDNA仅仅被从母系线遗传。

[②] 姚大力：《谁来决定我们是谁：关于中国民族研究的三把钥匙（上）》，《东方早报·上海书评》，2011年3月20日。

从文明的"丛体",到文明的"天下",中华文明在世界文明史早期阶段的唯一性和超前性,一直都被大大低估。因为在"西方中心论"的文明理论和历史理论中,根本找不到中华文明真实的身份和地位。

只有对定居文明这个基本概念进行分类——首先区分出天下型定居文明、非天下型定居文明和分散狭小的定居文明;再在非定居文明中,区别出游猎文明、游牧文明、游商文明、游盗文明,中华文明的真实身份和地位,才可以清楚地凸显出来。

只有确定了中华文明是唯一的天下型定居文明,才能真正理解:中华古代哲学思想、政治思想、经济思想、军事思想等,本质上都只是关于这个文明的,而不是关于其他文明的,尤其不是关于游牧、游商、游盗这些游居文明的。

《周易》:"天地交而万物通也,上下交而其志同也。"《礼记·礼运》:"大道之行也,天下为公。"《公羊传·成公十五年》:"王者欲一乎天下。"《论语·颜渊》:"一日克己复礼,天下归仁焉。"《道德经》第七十七章:"天之道,损有余而补不足;人之道则不然,损不足以奉有余。"《孟子·公孙丑上》:"以不忍人之心,行不忍人之政,治天下可运之掌上。"《管子·霸言》:"以天下之财,利天下之人。"《韩非子·因情》:"凡治天下,必因人情。人情者有好恶,故赏罚可用;赏罚可用,则禁令可立,而治道具矣。"……无论是儒家、道家、法家还是其他学派,都是以天下而不是以一国为考虑范围的,而且只能在天下型定居文明中产生。这个区别很大,正如约瑟夫·列文森所说:

> 早期的"国"是一个权力体,与此相比较,"天下"则是一

个价值体。①

权力之间当然就是斗争，因为这是权力的本质，所以只有列国而没有天下的世界，就是一个战争的世界。战争是必然，是常态，而和平是偶然，是战争的间隙。而一旦有了天下的观念，在主观上，天下就是整个世界，而不再是列国，主观上就会追求全世界的稳定和安宁，就是天下太平的观念。天下太平，不只是各国和平，天下太平局面被认为是必然的、永久的，战乱只是偶然的，是太平的意外。这就是为什么一旦形成了天下的观念，天下的范围就一定会越扩越大。

中华文明史上，从秦汉到隋唐，再到明清，天下的范围就是越来越扩大的，在天下太平的实现上，没有能和中华文明相提并论者。这是人类文明史上的一个奇观。

20世纪的人类学家们在发现了世界上众多从来没有发明过文字和机械工具的原始社会之后，不由得对那些起点很高、发展很快的发达文明社会感到惊讶并产生新的认识。克洛德·列维-斯特劳斯在深入研究了中美洲的狩猎采集社会之后写道：

> 我们不该忘记最初的一些事实：这些社会是我们了解人类以前的生活方式的唯一一个模型，从人类文明伊始至今的99%的时间段里，人们共同生活在地球上有人居住的3/4的土地上。这些社会带给我们的意义并不在于它们可能展现了我们遥远过去的某些阶段。更确切地说，它们展现的是一种普遍现象、一个人类状况的共同点。从这个角度来看，东、西方

---

① 〔美〕约瑟夫·列文森著，郑大华、任菁译：《儒教中国及其现代命运》，中国社会科学出版社2000年，第84页。

的高等文明才是例外。[①]

西方文明的故事，下面还要讲到。在中国的早期国家出现的时期，中华文明这个天下型定居文明成为当时整个古代世界的一个例外，这是毫无疑问的。

1. 定居文明圈的扩大

大禹治水被很多人认为是中华定居文明区域开始连成一片的那个起点。《左传》中有记载："宋、郑之间有隙地焉，曰弥作、顷丘、玉畅、嵒、戈、钖。"将"隙地"当作特殊情况，而不是将都邑当作特殊情况，这就说明，从大禹治水到春秋战国的这一千多年里，各个定居文明区一直随着大国对小国的兼并而扩大，相连的部分越来越大，但还没有完全连成片，一些小的古国和蛮族游团还散落其间，形成"隙地"。而到了春秋末年，最迟至战国时期，就已经完全连成片了。秦朝统一时，这个完整的经济体已达300多万平方公里之广，约3000万人口之众。

"天下"的观念，在非定居的游居社会中不可能产生，因为感觉不到固定的地理范围；在小规模定居文明中也不可能产生，因为感觉不到固定的地理中心；在任何边缘地带文明中也不可能产生，因为既感觉不到范围也感觉不到中心。所以这个重要观念只可能在一个广达千里、一直伸展到外部边缘的超大定居社会中产生，因为只有这里的人们才可能充分感觉到天和地的范围和中心，才能将世间万物的运行与"天道"联系

---

① 〔法〕克洛德·列维-斯特劳斯著，栾曦译：《面对现代世界问题的人类学》，中国人民大学出版社2017年，第14页。

起来。

　　而自从"天下""天道""天命""天子"等观念产生之后，就牢固地扎根在了中国人的思想观念之中，成为"广土巨族"所独有的一种精神。

　　《肃州新志》载炎帝时"南至交趾，北至幽州，东至旸谷，西至三危，莫不从化"。《史记·五帝本纪》载黄帝时"东至于海，……西至于空桐，……南至于江，……北逐荤粥，……而邑于涿鹿之阿"。到了第三代时"帝颛顼高阳者，……北至于幽陵，南至于交阯，西至于流沙，东至于蟠木"。

　　此后，这一特有的关于"天下"范围的表述几乎在每一个朝代都会重新出现，成为每一个朝代的追求。《吕氏春秋·为欲》："会有一欲，则北至大夏，南至北户，西至三危，东至扶木，不敢乱矣。"《史记·秦始皇本纪》："六合之内，皇帝之土。西涉流沙，南尽北户。东有东海，北过大夏。人迹所至，无不臣者。"《元史·地理志》："北逾阴山，西极流沙，东尽辽左，南越海表。"《大明一统志》："惟我皇明，诞膺天命，统一华夷。幅员之广，东尽辽左，西极流沙，南越海表，北抵沙漠。四极八荒，靡不来庭。"

　　始皇《泰山刻石》辞云："治道运行，诸产得宜，皆有法式。"《琅邪刻石》辞云："诛乱除害，兴利致福。节事以时，诸产繁殖。黔首安宁，不用兵革。"《碣石刻石》辞云："男乐其畴，女修其业，事各有序。惠被诸产，久并来田，莫不安所。"

　　这是天下一统之后的"天下政治"，放在文明演化路径上进行衡量，甩开"城邦政治"已经十万八千里了；在"大历史"理论中, 两者的差距, 可以类比为小行星与大恒星的差距。

城邦永远成不了"天下"。从一个城邦看出去, 只能看到另外的城邦, 城邦之外, 无论是"海外"还是"山外", 都还不是"四极八荒", 因为还有更远方的异族城邦。位于西方的城邦往东看, 是无数东方的城邦; 位于东方的城邦往西看, 是无数西方的城邦; 看来看去, 看不出天地的形状。于是只能以城邦为政治单位, 把自己的城邦视为"我", "世界的其他地方"(the rest of the world)视为"敌", 视为可以被征服、支配、剥削的对象。其实这正是西学世界观的逻辑起点。

梁启超当年曾对比过这两种世界观, 他在《论中国学术思想变迁之大势》中说:

> 希腊有市府而无国家, 如雅典斯巴达诸邦, 垂大名于历史者, 实不过一都会而已。虽其自治之制整然, 然终不能组织一国如罗马及近世欧洲列邦。卒至外敌一来, 而文明之迹, 随群市府以同成灰烬者, 盖国家思想缺乏使然也。中国则自管子首以国家主义倡于北东, 其继起者率以建国问题为第一目的。群书所争辩之点, 大抵皆在此。虽孔老有自由干涉之分, 商墨有博爱苛刻之异, 然皆自以所信为立国之大原一也。中国民族所以能立国数千年, 保持固有之文明而不失坠者, 诸贤与有劳焉矣。[1]

概言之, 柏拉图也好, 亚里士多德也好, 皆是出身于岛国城邦的政治家, 所言只是如何治理小城邦的知识和智慧, 连国家

---

[1] 梁启超:《论中国学术思想变迁之大势》, 见《饮冰室文集之七》。第31—32页,《饮冰室合集》(第1册), 中华书局1989年。

为何物都懵然不知，何谈国家如何组织和建立。而中国的天下型
定居文明，不仅早早就孕育出了国家主义思想，甚至诞生出大批
怀抱世界主义理想的大政治家。凭借一百年前的知识水平，梁
任公就有如此宏论，实超过不少当代学人的水平。

2. 与其他古文明的对比

西南亚—东地中海一带的第一代原生文明，有尼罗河流域
的古埃及社会、位于两河流域的苏美尔社会和位于爱琴海地区
的米诺斯社会。

古代埃及社会存活了约三千五百年，从公元前3150年法老
美尼斯建立统一的王国开始，到公元5世纪"后罗马埃及"被"拜
占庭埃及"所取代为止。但是自公元前22世纪古王国时期的法老
第六王朝开始，埃及就遭遇到从东北部进入的蛮族的入侵。前
18世纪上半叶到前17世纪，蛮族喜克索斯人入侵埃及，占领了孟
菲斯，使埃及分裂为南北两个王国。

苏美尔社会存活了大约两千六百年，从公元前4000年前后
出现的苏美尔城邦开始，到公元前1460年亚述人打败了亚摩利
建立的巴比伦为止。但是该文明的第一个帝国阿卡德帝国，却只
存活了不到一百五十年，于公元前2230年左右被来自东北高原
的蛮族古蒂人推翻。

同属苏美尔文明的巴比伦人，于公元前18世纪后期被蛮族
喀西特人所征服，被迫纳贡交税。而亚述王国则被蛮族米坦尼
人统治了三个多世纪。

米诺斯社会是一个以克里特岛为基地、控制着爱琴海的海

上帝国, 兴起于新石器时代, 毁灭于公元前1400年左右来自于北方的蛮族亚该亚人的大迁徙。蛮族在米诺斯文明的废墟上重建了迈锡尼文化, 但考古证据表明, 公元前13世纪末, 迈锡尼坚固的宫殿曾屡遭洗劫, 一次更加可怕的毁灭导致爱琴海文字彻底失传, 文化财富完全枯竭①。

这就是城邦国家的宿命。汤因比写道:

> 公元前三千纪后半期正是公认的印欧语系各民族开始移民的时期。看来吸引他们的东西乃是毗邻的文明所具有的富庶, 这种富庶使该地区很容易招致蛮族的劫掠。无疑, 小亚细亚文明的辐射范围已超过它本身的疆界, 因而被文化之光炫惑的蛮族, 慕于自己无法企及的丰饶, 像飞蛾扑向烛光一样纷纷扑向这种潜在的财富。②

同遭覆灭厄运的还不只是小亚细亚诸文明。公元前15世纪左右扫荡了东地中海的蛮族, 与同一时期毁灭了印度河哈拉帕文明的蛮族同出一源, 前者被称为喜克索斯人, 后者就是进入伊朗高原创造了波斯文明、进入南亚次大陆创造了新的古印度文明的雅利安人。

如此盘点一番之后可以看出, 在第一代文明时期, 似乎没有任何定居文明能够逃脱被北方蛮族摧毁的命运。最坏的结局, 就像米诺斯文明一样, 曾经辉煌一时的文明之光完全被黑暗所笼罩, 历史倒退千年。但即使是最好的结局, 如埃及文明,

---

① 参见〔英〕阿诺德·汤因比著, 徐波等译, 马小军校:《人类与大地母亲: 一部叙事体世界历史》, 上海人民出版社2016年, 第116页。
② 同上, 第85页。

蛮族入侵者被定居文明的先进文化所同化，文明继续发展；可是由于反复有蛮族入侵，经过一次次的大混乱之后，新的文明开始发生，老的文明终于还是寿终正寝。关于这段历史，历史学家雷海宗先生写道：

> 生产尚低、人口不密的古代国家如被征服，人口可以大部被屠戮、被奴役、被驱逐流亡，经济政治文化中心的城市可以全部被破坏，成为丘墟，原有的政治机构以及社会机构可以全被毁灭。在这种情况下，征服者可以另起炉灶，再经氏族社会而进入一种新型的国家阶段。如公元前2000年以下历届征服两河流域的各部族，如公元前2000年至前1000年征服古印度北部的雅利安人，如公元前1400年以下征服爱琴世界的希腊人，都属于此类：原来当地的人口基础、经济基础、政治基础，以及包括语言在内的全部生活方式都被彻底粉碎，等于一种巨大的天灾把一个地方削平，原地的残余人口和残余物质条件只能作为新局创造中的原始资料，创造的动力全部地、最少是大部地来自比较落后而社会机体完整的征服者部族。这在上古前半期，即生产力一般低下的铜器时代，是曾经不止一次发生过的使历史临时倒流的现象。①

按照汤因比的观点，以先后灭亡的第一代文明社会为"母体"，才又诞生出赫梯社会、巴比伦社会、叙利亚社会、希腊社会、伊朗社会、古代印度社会、中美洲的墨西哥社会、尤卡坦社会等十几个第二代的"子体"文明社会。而与这些社会同时期，

---

① 雷海宗《雷海宗史论集》，天津人民出版社2016年，第191页。

古代中国社会则始终保持着自身的延续和发展，并衍生出朝鲜社会和日本社会这两个分支。

接下来，以第二代文明社会为"母体"，希腊社会的一支向西北方向转移，在欧洲发展出了西方社会，随后在大航海时代覆盖了非洲和美洲的大部分，并消灭了全部美洲文明；另一支希腊社会向东北方向转移，发展出了东正教社会，一直延伸到了俄罗斯。公元7世纪之后，整个中东和西亚地区以原来的赫梯社会、巴比伦社会、叙利亚社会、阿拉伯社会和伊朗社会为母体，发展成为伊斯兰社会，并向东北方向延伸；古代印度社会继续在南亚次大陆延续和发展成为今天的印度社会。这四个今天还活着的文明，都属于第三代"子体"文明社会。

而与第二代文明社会时期一样，在第三代文明时期，中国社会继续保持着自身的发展，直到现在。

在第二代文明中，先看一下伊朗社会的古波斯。从早期历史看，古波斯帝国是一个半游牧、半定居的文明。崛起于公元前7世纪的米底王国，包括了十个部落，其中有六个以农耕为主，四个以游牧为主，疆域覆盖了整个伊朗高原和小亚细亚的部分地区。公元前559年，居鲁士大帝统一古波斯各部落，于公元前553年—前550年击败米底王国统治者，建立起强盛的阿契美尼德王朝。

阿契美尼德王朝史称第一波斯帝国，历经二百二十年。极盛时期的疆域横跨欧亚非三洲，总面积约为600万平方公里。国家建设方面，在史称"大流士改革"的时期，划分了行省、军区，统一了铸币，修建了道路，开通了运河。从大流士一世起，帝国就有四个首都：苏撒、爱克巴坦那、巴比伦和帕赛玻里斯。据记载：苏撒的宫殿用埃及的乌木和白银、黎巴嫩的雪松、巴克特利亚的黄金、粟特的青金石和朱砂、花刺子模的绿宝石以及印度的象牙修建装饰而成，国王及其宫廷一年四季轮流驻于每个都城。希腊剧作家欧里庇得斯在《酒神的伴侣》中写道：神奇富饶的东方，"那里有着沐浴在阳光之下的波斯平原，有着由城墙保护的巴克特里亚城镇，有着设计精美、可以俯瞰海岸的塔楼"①。

　　然而，有一点需要特别注意，古代世界所有国家的类型，分布在"定居部落—城市国家—领土国家—大型帝国"这个演化路径上，各类型之间可能差距巨大。有些仅仅是同一个地区的一群城市，相互之间并无领土国家性质的结构关系。设想一个古代世界的观察者，腾云驾雾俯瞰大地，他首先看到的是一个广阔区域内有一大群雉堞峥嵘的城市林立其中，但他却看不到各个城市之间无形的强制、支配和服从等权力关系。有时他会看到中心城市的国王派出军队出征远方，而周围众多城市也纷纷派出自己的军队与王师会合后一起出征，那么，他就可以将所有派出了军队的城市划入一个王国的范围内，认定这个范围属于一个以中心城市为"都城"的王国。但如果不是这样，他看到王师出征后应者寥寥，反而有其他某一个或数个边缘城市集合了自己周围的军队组成联军一起对抗王师。这时情况就复杂了，或者是统一的王国出现了叛乱和分裂，或者是新王国诞生、老王国

① 转引自〔英〕彼得·弗兰科潘著，邵旭东、孙芳译，徐文堪审校：《丝绸之路：一部全新的世界史》，浙江大学出版社2016年，第3页。

覆灭，或者是王国本来就有名无实、弱干强枝。古代世界的各种国家类型，其实就分布在从定居部落到大型帝国的不同组合和不同范围之中。

除了王师出征，还有都城主办大型祭祀活动，前往都城拜谒和朝贡活动等，这也都可以成为确定一个王国实际疆域范围以及统一分裂状态的根据。但也仅限于此，支撑起一个大型领土国家的广义"基础设施"，如全国公路网、驿站、典章文物、官僚机构等，都还远远没有出现。

本来，古代世界可能会长期徘徊在从定居部落到大型帝国的某个中间阶段，例如古代地中海的希腊时代和罗马时代，其实长期都只是城邦联盟的类型，并未实质性地跨出成为大型帝国的那一大步。

这一点，从人口数量上也可以看出来。根据马克垚先生转引的有关资料，公元前2世纪前后的罗马共和国时期，其公民总数一直在30万到40万之间波动，还比不上公元前260年秦赵长平之战秦军一次斩杀的赵卒总数；而古罗马军队总人数最多时是公元前213年前后的7.5万人，只是秦国大将王翦灭楚时60万大军的八分之一。

而在二百年后的帝国时期，由奥古斯都亲自主持了三次人口普查，根据他的《自传》，不包括奴隶和殖民地人口，这三次普查统计的罗马帝国的公民总数分别为406.3万、423.3万和493.7万人[1]，只相当于中国战国时期一个大国的人口。弗朗西斯·福山在

---

① 参见陈凤姑、杨共乐：《奥古斯都七大政绩刍议》，《历史教学问题》2013年第3期。

《政治秩序的起源》一书中将信将疑地写道：

> 从公元前356年到前236年，秦国据说一共杀死150多万他国士兵。历史学家认为这些数字夸大其词，无法证实。但它仍不寻常，中国的数字简直是西方对应国的10倍。

根据《中国人口史》的统计，秦朝时人口在2500万—4000万之间，汉朝时达到过6000万。考虑到当时中国巨大面积的农业生产区，以及在当时就已很发达的耕种技术，养育的人口十倍于地中海和欧洲地区，并不奇怪。

在整个古代世界，与中国类似的超大定居经济体，只在古印度出现过。但由于印度古史严重缺失，此前的哈拉巴文化没有留下只言片语，所以最早只能追溯到公元前15世纪雅利安人进入印度建立起婆罗门教社会之后。

公元前4世纪末建立起来的孔雀王朝，是在亚历山大东征的冲击下引发的一个本土崛起，到了第三代帝王阿育王时期，在疆域上已是超大定居社会了，也有丰富的物产和发达的贸易。

虽然根据现有的文献，我们有理由相信鼎盛时期的孔雀王朝在疆域、人口、政治、军事、文化等多方面很接近于中华的秦汉帝国，阿育王的多个壮举甚至还早于秦始皇，但最根本的区别是，这一王朝并未完成政治制度的现代化和国家的大一统建设。弗朗西斯·福山在比较了中国的秦朝和印度孔雀王朝之后，得出结论：（两者）"政体的性质可以说相差十万八千里"，他写道：

> 孔雀王朝……政府用人完全是家族式的，受种姓制度的严格限制。……据我们所知，孔雀王朝没有统一度量衡，也没有在管辖地区统一语言。……孔雀王朝的终止导致帝国分崩离

析，分割成数百个政治体，很多尚处在国家之前的层次。[①]

对于罗马帝国和波斯帝国，福山评价孔雀王朝的那句话皆适用："王朝的终止导致帝国分崩离析，分割成数百个政治体，很多尚处在国家之前的层次。"实际上，除了中国的秦汉帝国，世界历史上古代所有其他帝国都只是半完成，或没完成。

无论各种文明理论的正确性和精确性如何，也无论怎样变换描述方式，中华文明惊人的延续性和连贯性都是不能不承认的。

为什么秦朝首先完成了政治制度的现代化，成为了世界上第一个政治方面现代意义上的国家？为什么秦朝的废封建、设郡县政治措施在此后两千多年历史上成为"百代秦制"，被每一个王朝所实行？为什么中国在世界历史的大多数时间里都是最富庶的国家，而且会有从中国向世界各地源源不断输送丝绸、瓷器和其他物产的"丝绸之路"？根据唯物史观，道理也很简单，就是由巨量的物产和巨量的人口这两个基本的物质环境因素所决定的。

三、独特的政治和经济

无论如何，黄帝的征服完成之后，中原的定居农耕酋邦基本上都在黄帝的统治之下了。《肃州新志》载炎帝时"南至交趾，北至幽州，东至旸谷，西至三危，莫不从化"。黄帝时范围更

---

① 〔美〕弗朗西斯·福山著，毛俊杰译：《政治秩序的起源：从前人类时代到法国大革命》，广西师范大学出版社2014年，第162—165页。

大，"东至海，西至崆峒，南至于江，北逐獯鬻，合符于釜山"，虽是夸张之辞，却也反映出当时已经有了一个方圆面积很大的定居农耕范围。最值得注意的是黄帝"北逐獯鬻"，这至少说明两个问题：一是黄帝一族虽也是游居氏族，但却不是獯鬻这一伙的蛮族。二是在完成了"天下有不顺者，黄帝从而征之，平者去之"之后，黄帝就开始以中原定居农耕区保护者的身份率领农民们共同驱赶北方戎狄了。所以，虽然建都于涿鹿，但却"披山通道，未尝宁居"，继续履行边疆保护者和秩序维护者的职责。

今天的中国人自称是"炎黄子孙"，若从史书的描述上看，应该包括了两部分人：神农氏炎帝一族定居农耕社会中的农民们和有熊氏黄帝一族游居狩猎采集社会的战士们。这应该基本符合当初的情况。虽然关于三皇五帝的事迹和世系，不过是后人制造出来的一个古史系统，大部分内容荒渺不可考。但在某个时期，以农民为主的氏族和以战士为主的氏族错居杂处在一个区域内，是可以确定的；前者常常被后者所征服，也是可信的。

根据史书上的记载，黄帝一族与炎帝一族之间有过一场大的战争，黄帝一族成了征服者，炎帝一族成了被征服者。两部分人群的结合，制造出中国历史上最早的二元社会分化。

《史记》载"黄帝二十五子，其得姓者十四人"，此后一千多年夏商周的王室和诸侯，都出自这一家族。帝少昊，黄帝之子玄嚣。帝颛顼，昌意之子，黄帝之孙。帝喾，玄嚣之孙，黄帝之玄孙。帝尧，帝喾之子。帝舜，黄帝之八代孙。夏朝大禹，黄帝之玄孙。商朝成汤，帝喾次妃简狄之子契之后。周朝先祖后稷，帝喾元妃姜原之子。

征服者一族与被征服者一族之间的二元社会分化,正是中华独特政治传统的起点。

1. 二元社会

为什么说这个政治传统是独特的呢?在一个游居、非农耕的社会里,无论社会内部如何分层,其生产和生活方式是一样的,要么都是狩猎采集,要么都是放牧,要么都是掠夺抢劫或贸易,其差别只在于分配方式上,上层得到的多,下层得到的少。但是在定居农耕社会里,只有被征服者的一族,也就是下层社会,才从事农耕劳动,而征服者一族构成的上层社会,是不从事农耕劳动的,他们是所谓的食利者阶层。本质上,这些上层贵族同样也是靠索取来获得生活来源,不同的是,其索取的对象,不是社会外部的异族,而是本社会内部的下层。

古代人类社会,属于自然状态,人为的制度设计不多,今天看起来很成问题的事情,在当时则是天经地义的。食利者就是食利者,"食"这个汉字在古代中国也就是这么用的,如"封君食租税""食邑五百户""食邑千五百户"。汉朝高祖曾下诏:"其七大夫以上,皆令食邑,非七大夫以下,皆复其身及户。"(《汉书·高帝纪》)唐朝大臣论时弊,上书曰"拜爵非择,虚食禄者数千人;封建无功,妄食土者百余户"(《通典·职官三》)。

"食租税"者,或者是封土之君,或者是爵官大夫,也称"素封"。不管是哪一种,有的参与政治,有的不管政治,只管收租税。如钱穆谈中国经济史时说:

> 古代诸侯有封君,他们兼理政治。汉代亦有,但汉之封君

不管政治，只理租税，即所谓"食租税"。如每年率户200，封
君可每户取其200钱之租，等于其生活费之三分之二。故1000
户年获20万钱，是谓千户侯。[①]

中国古代政治问题就是从这里开始出现的，确切地说就是
从社会的二元分化开始的。

首先，被征服之族或下层社会，永远是男耕女织，在田地里
或在家里辛苦劳动，无论上层社会如何构成，叠成几层，下层都
是一模一样。如前所述，选择了定居农耕生活方式的早期农民，
逐渐与所居住和所耕作的土地之间形成一种共生关系。农民改
造了土地，土地也改造了农民，日久天长，农民就好像成了土地
的一部分。正如《汉书·食货志》所说"辟土殖谷曰农"。

《诗经·国风·七月》描绘了那时的农民生活：

　　　　三之日于耜，四之日举趾。……八月萑苇。蚕月条
桑，……七月鸣䴗，八月载绩。……八月其获，十月陨蘀。一之
日于貉，……六月食郁及薁，七月亨葵及菽。八月剥枣，十月获
稻。……七月食瓜，八月断壶。九月叔苴，采荼薪樗。……九月
筑场圃，十月纳禾稼。黍稷重穋，禾麻菽麦。……二之日凿冰
冲冲，三之日纳于凌阴。四之日其蚤，献羔祭韭。九月肃霜，十
月涤场。……

农夫们一年到头忙个不停，简直没有喘口气的时候，"嗟我
农夫，我稼既同，上入执宫功。昼尔于茅，宵尔索绹。亟其乘屋，
其始播百谷"。但抱怨归抱怨，他们却也认命，并不反抗，"朋酒

---

① 钱穆口述，叶龙整理：《中国经济史》，北京联合出版公司2016年，
第44页。

斯飨,曰杀羔羊。跻彼公堂,称彼兕觥,万寿无疆"。

可见,农民们在和自己所耕种的土地之间形成自成一体的共生关系之后,就相当于变成了一架自动运转的人力机器,一架能够让土地生产出财富的机器。实际上,传统的政治经济学正是这样定义财富的,如亚当·斯密将财富定义为"土地和劳动的年产物",威廉·配第说财富——"劳动是它的父,土地是它的母"。

换句话说,农民首先与土地形成了共生关系,食利者阶层再寄生在这种共生关系之上,在当时的社会,也是一种各方都可以接受的自然状态。

二元社会的概念,在当代的语境中,或指城市与乡村之间的二元社会结构,或指自然经济与商品经济之间的二元经济分类,或指农业经济和工业经济之间的二元部门划分。但在古代的中国,这个典型的定居农耕社会中,被束缚在土地上的下层劳力者社会与不被束缚在土地上的上层食利者社会两者之间就已经形成了一个明显的二元分化。这种分化又由于下层社会的一盘散沙和乐天知命而更趋严重。

有学者认为,在常态的情况下,中国农民"是政治的观众和国家权力的顺从者,表现出的是低调的集体意识和政治意识"[①]。农民们所关注的唯一事情就是如何扩大可耕地并增加产出,富兰克林·H·金在《四千年农夫》一书中写道:

这些古老民族的人,习惯于充分利用土地,他们很早以

① 魏福明、刘红雨:《利益集团视野下的农民权益保护》,《江苏科技大学学报(社会科学版)》2005年第4期。

前就能让四片草叶生长在本来只能生长一片草叶的地方，也学会怎样加倍扩大面积来满足作物对更大空间的需求。①

于是，对于征服者一族或上层社会来说，就有了两种选择：一是插手干涉，对农耕社会内部的事情进行治理，通过治理实现持续的甚至是渐增的榨取；二是放任不管，只是榨取。至于两种方式孰优孰劣；在哪种特殊情况下一种方式为优，一种方式为劣；在哪种特殊情况下优可能变成劣，劣可能变成优……可以说，中国古代的各种政治学说，主要就是围绕对这几个问题的回答而展开的。

《周礼·地官·司徒》将田分为三种等级：上田不更易，一年一垦；中田一年交换，三年一垦；下田交替轮耕，三年一垦。何休注："肥饶不得独乐，硗埆不得独苦，故三年一换土易居。"《国语·鲁语下》中记载："先王制土，藉田以力，而砥其远迩；赋里以入，而量其有无；任力以夫，而议其老幼。"这就属于干涉性的治理，旨在提高土地的使用效率。

《左传·襄公三十年》记载："子产使都鄙有章，上下有服，田有封洫，庐井有伍。……从政一年，舆人诵之曰：取我衣冠而褚之，取我田畴而伍之。孰杀子产，吾其与之。及三年，又诵之曰：我有子弟，子产诲之；我有田畴，子产殖之。子产而死，谁其嗣之？"这属于针对地狭人稠的"国情"而进行的更加深入、更加综合的干涉性治理。

《公羊传·宣公十五年》曰："古者什一而藉。古者曷为什一

---

① 〔美〕富兰克林·H·金著，程有旺、石嫣译：《四千年农夫》，东方出版社2016年，第28页。

而藉？什一者，天下之中正也。多乎什一，大桀小桀；寡乎什一，大貉小貉。……什一行而颂声作矣。"《孟子》有云："夏后氏五十而贡，殷人七十而助，周人百亩而彻，其实皆什一也。"这就属于不干涉，只收税。"贡""助""彻"是三种征税方法，钱穆解释说：

> "贡"法是取数年来收成平均数照收十分之一；由于收成之好坏每年不同，收成好时有盈余，但荒年连肥料费都不足，故"贡"法不好。"助"法是随年岁好坏而收税，对农民有利。"彻"法是永远固定收取十分之一，不过每年要调查田亩。后来"贡""彻"二法并用。每100亩征收七担，收成好并不多收，坏则可报荒，所以租税制度很合理。①

《论语·颜渊》载："哀公问于有若曰：'年饥，用不足，如之何？'有若对曰：'盍彻乎？'曰：'二，吾犹不足，如之何其彻也？'对曰：'百姓足，君孰与不足？百姓不足，君孰与足？'"这是经典的儒家治理思想，不是竭泽而渔的掠夺，而是放水养鱼的共享。

在需要对社会进行治理的时候实施了良好的方法，在需要与民休养生息的时候采取了自由放任的政策，食利者有所得，耕田者有活路，能做到这一点的君主就是后世所称的圣主贤君，而在圣主贤君统治之下的社会，就是孔子所说的小康社会。杜佑在《通典》中写道：

> 谷者，人之司命也；地者，谷之所生也；人者，君之所治也。有其谷则国用备，辨其地则人食足，察其人则徭役均。知

---

① 钱穆口述，叶龙整理：《中国经济史》，北京联合出版公司2016年，第15—16页。

此三者,谓之治政。夫地载而不弃也,一著而不迁也,安固而不动,则莫不生殖。圣人因之设井邑,列比闾,使察黎民之数,赋役之制,昭然可见也。

随着人口的增加、土地开垦面积的扩大,"开关梁,弛山泽之禁",工商业也繁荣起来,整个社会的规模和复杂性随之增加,士农工商"四民社会"逐渐形成。在社会治理问题越来越复杂的时代背景下,官僚阶级应运而生。

官僚阶级人员的构成,一部分来自于征服者集团中有知识的人士,一部分来源于没落的旧贵族。春秋战国时,大国之间兼并战争频发,许多小国都变成了大国中的一个县,原来的国君被撤废,改由大国的中央政府派遣地方官吏,这就是封建制向郡县制的过渡。

中国古代政治的对内方面,基本上就在土地、劳力、徭役、赋税这几个事项上展开;至于仁政还是暴政,圣主还是昏君,治世还是乱世,就在君主、官僚、农民这三者的关系中决定。

2. 基本经济区

西周的封建制度,受封者"授民授疆土",土地与人民分属各地的诸侯卿大夫,虽然同属下层社会,但却被采邑和封地所区割,分散在各个地方。如《礼记·王制》所记:"天子之田方千里,公侯田方百里,伯七十里,子男五十里。"

但随着兼并的进行,城邦国家逐渐发展为领土国家,自给自足、彼此独立的小型地方区域开始转变为较大的成片区域,一些可以在经济上自成一体的经济区开始出现。冀朝鼎在《中国历

史上的基本经济区》一书中,定义了一种"基本经济区":

> 在此经济区内,农业生产率和运输设施使缴纳漕粮成为可能,而且要远远胜过其他地区,因此任何一个团体,只要控制这一经济区,就掌握了征服和统一全中国的关键。因此,这种地区被定义为"基本经济区"。[①]

从基本经济区的形成、扩大和转移这个角度,可以发现中国历史上朝代兴衰更替的演化脉络。因为谁控制了富庶的基本经济区,谁就占据了生产力上的竞争优势,或者说综合国力的优势,谁就有可能成为争霸天下的大国。而一旦夺得天下,为了确保江山稳固,朝廷又会进一步开发所占据的基本经济区,提高农业生产率、兴修水利、发展漕运等,使得基本经济区的竞争优势更强,成为争霸天下者必欲夺取的战略要地。

例如春秋时管仲相齐期间,就曾经利用齐国作为一个大型经济区的优势支撑了齐桓公的霸业。管仲首先打破了原来的封地和采邑边界,建立新的地方行政区划,以"定民之居":"制国以为二十一乡:工商之乡六,士乡十五。""五家为轨""十轨为里""四里为连""十连为乡"。轨有一人为长,里有司,连有长,乡有良人,即乡长、"乡士""乡大夫"。"制鄙五",三十家为邑,十邑为卒,十卒为乡,三乡为县,十县为属。邑有司,卒有卒帅,乡有乡帅,县有县帅,属有大夫,五属立五大夫,各使治一属。

这就是让人民和土地充分结合,整体上形成生产财富的人力机器。如管子所说,"地者,政之本也,是故地可以正政也"

---

① 冀朝鼎著,岳玉庆译《中国历史上的基本经济区》,浙江人民出版社2016年,第4页。

（《管子·乘马》）。在土地与人民很好结合的基础上，财富自然会产生出来，"务五谷，则食足；养桑麻，育六畜，则民富"（《管子·牧民》）。"无夺民时，则百姓富；牲牺不略，则牛羊遂。"（《国语·齐语》）

今天看来，管仲的"均地分力""制地分民"等政策正是通过经济区建设来实现富国强国的有效举措。"欲为其国者，必重用其民。欲为其民者，必重尽其民力。"（《管子·权修》）"均地分力，使民知时也。民乃知时日之蚤晏，日月之不足，饥寒之至于身也。是故夜寝蚤起，父子兄弟不忘其功，为而不倦，民不惮劳苦。"（《管子·乘马》）

由于中国先天具有的"广土"特性，在自然环境条件方面可以成为基本经济区的地区有很多。汉代的关中平原，号称"沃野千里"，一条郑渠灌溉良田四万顷；公元前95年前后建成的白渠，灌溉良田四千五百顷。有一首歌谣赞颂白渠："泾水一石，其泥数斗。且溉且粪，长我禾黍。衣食京师，亿万之口！"（《汉书·沟洫志》）唐朝大臣长孙无忌曾经评价说："白渠水带泥淤，灌田益其肥美。"（《通典·食货二》）一位研究中国"持久农业"问题的美国学者写道：

> 洪水暴发会造成悲剧，但是这里的土壤年轻、新鲜、适合耕种，而且周期性地得以更新。……中国人过去曾经拥有——而且显然现在仍然拥有——年轻、多产、未淋洗的土壤。[1]

---

[1] 冀朝鼎著，岳玉庆译《中国历史上的基本经济区》，浙江人民出版社2016年，第22页。

天然灌溉和人工灌溉的结合,让中国比其他地区更早、更充分地发展出集约农业。中国一向被称为"河川之国",非常适合发展灌溉工程。专门研究过治水与中国历史关系的K·A·魏特夫将中国的江河系统与埃及和美索不达米亚比较之后说,中国的江河并不流经绿洲,但是都分布在广阔连绵的土地之上,这非常有利。正是由于这一点,到现在为止,中国农业的中心都处于几大江河流域。他说,灌溉"在中国每个地方都是集约农业的必要条件;就在此基础之上,建立了中国的农业社会,就像现代资本主义工业社会是建立在煤铁的基础上一样"①。

随着诸侯国最终合并成为大一统国家,中国的基本经济区以类似于多元一体的"丛体"形式发展起来。根据冀朝鼎的研究,若以"基本经济区"作为中国经济史的划分依据,自战国到晚清的两千多年里,可以分为五个时期。

第一个统一与和平时期(前255—220),包括秦朝和汉朝,泾水、渭水、汾水和黄河下游流域为基本经济区。第一个分裂和斗争时期(220—589,极为重要的转变时期),包括三国、晋朝和南北朝,四川与长江下游流域,因为灌溉与防洪的逐渐发展,成为重要的农业生产地区,对早期基本经济区的主导地位构成挑战。第二个统一与和平时期(589—907),包括隋朝和唐朝,长江流域获得了基本经济区的地位,同时大运河也得以迅速发展,把首都和新基本经济区连接起来。第二个分裂与斗争时期(907—1279),包括五代、宋朝和北方的辽朝

---

① 冀朝鼎著,岳玉庆译《中国历史上的基本经济区》,浙江人民出版社2016年,第11页。

和金朝,长江流域作为中国突出的基本经济区进一步得到迅猛发展。第三个统一与和平时期(1279—1911),包括元朝、明朝和清朝,统治者日益担心首都与基本经济区之间的距离,多次想把海河流域(即现河北省)发展成为基本经济区。①

值得注意的是第四个时期。公元960年赵匡胤建立的北宋王朝,是个偏安的"小天下";连同燕云十六州在内的整个北方属于契丹建立的辽朝;而北宋的疆域北边只到今天的天津市、河北省霸州、山西省雁门关一带,东南抵海,西达今甘肃省。

这是一个非常接近圆形的疆域,是辽、宋、西夏、金列国均势平衡的结果,但却反映出当时的基本经济区已经以长江流域为中心,并可以支撑一个国力不足以全取天下但却足以偏安一隅的中原定居农耕社会。

宋朝于公元979年和986年先后两次发动对辽战争,均告失败。辽朝也几次大举南下进攻宋朝,最后在1005年与宋朝签订了"澶渊之盟",宋朝每年向辽朝输银10万两、绢20万匹,双方约为兄弟之国,恢复和平关系。西夏国建立以后,由于宋朝不承认西夏国也不给国王元昊封帝号,元昊多次出兵进攻宋朝;1044年双方议和,西夏取消帝号,仍由宋朝册封为夏国王,宋朝每年给西夏银7万两、绢15万匹、茶3万斤,重开沿边榷场贸易,恢复民间往来。

这些和约的签订,说明当中原定居农耕社会在丧失军事上抵抗周边半定居半游居社会的能力之后,依靠其最大规模的基

---

① 冀朝鼎著,岳玉庆译:《中国历史上的基本经济区》,浙江人民出版社2016年,第9页。

本经济区,仍可以通过"购买和平"的方式维持其生存。两宋的国祚绵延了三百多年,其间的经济规模曾达到过世界第一,财富增长,人民富裕,文化繁荣,算是不坏的一个结果。

而在第五个时期,元和清是草原和森林民族建立的帝国,明朝初期也很强盛。它们的国力是依靠"北宋圆"这个疆域范围的最大规模基本经济区来支撑的。

3. 天下型经济体

单纯从经济这个侧面来看,一个社会,其所有经济单位(包括个人、家庭、企业、组织和政府)的生产、分配、交易、消费活动的总和,即构成一个经济体。社会规模有大有小,经济体也有大有小。较小的经济体往往只有一部分经济活动,例如只有原材料生产,或者没有生产只有贸易,或者既无生产也无贸易完全就是消费,而较大的经济体则具有全部的经济活动。

中国历史上的基本经济区,随着几次大一统的建立而逐步扩大。北宋时期圆形疆域的大部分,尤其是江南地区,经过两宋长达三个多世纪的开发,成为了世界上最大的基本经济区。虽然面积小于秦朝的疆域,只是今日中国疆域的五分之一左右,但考虑到人口和城市化等因素,也可以视为是具有天下规模的一个疆域。为方便叙述,不妨将这个天下型的圆形区域命名为"北宋圆"。

元、明、清三朝都定都北京,因此都曾尝试过把直隶变成"第二个江南"的计划,期望在首都附近建立起一个与江南类似的基本经济区,以减少对于漕运的依赖。例如林则徐就曾在一份奏折中计算得出，如果在直隶再开垦土地两万顷，每年能够生产的粮食就相当于从南方运来的400万担漕粮[①]。

根据冀朝鼎的观点，基本经济区是古代中国实现国家统一的物质基础；大型的基本经济区可以支持大型的统一国家，国家统一之后又会采取各种措施进一步扩大和发展基本经济区，使之作为支持国家进一步扩张的更大的物质基础。正是在这样的正反馈循环中，到了元明清时期，中国各地相互关联的基本经济区已经构成一种与天下型国家相"配套"的天下型经济体。

正如天下型国家不同于一般的国家，天下型经济体也不同于一般的经济体，这一点是研究中国经济问题时最应该加以注意的。但遗憾的是，直到今天尚没有一个经济学家正式使用过这个概念，在大多数经济学家的观念中，中国经济，无论是古代经济还是现代经济，都和其他国家的经济，例如英国经济、荷兰经济、意大利经济等，没有本质上的不同，都可以使用同一套分析方法。

但中国的情况显然不像欧洲列国那么简单。从历史上看，北宋时期的宋和北方的辽、西北的西夏、西面的吐蕃、西南的大理等，在当时都是独立的经济体，相互之间有贸易上的互补和依存，这时的情况是类似于欧洲的，相互之间有可比性。但是，经过元朝到了明朝，永乐年间的疆域完全包括了北宋时期的宋、辽、金、西夏、大理等各国的大部分疆域，这时的"中国经济"还可以与北宋时的经济同样对待吗？从明朝再到清朝，从

---

① 参见冀朝鼎著，岳玉庆译：《中国历史上的基本经济区》，浙江人民出版社2016年，第136—137页。

1500年到1800年的三个世纪里，人口和疆域都增长了不少，这时的"中国经济"还是与以前一样的那个经济体吗？

秦朝创制，推行书同文、车同轨、人同俗，决川防、堕城郭，收天下兵；汉朝创制，文帝"始开籍田，躬耕以劝百姓"（《汉书·食货志上》），武帝"平准之立，通货天下"（《史记·平准书》"索隐述赞"），宣帝设常平仓，谷贱而籴，谷贵而粜；北魏和隋唐创制，实行均田制和租庸调制；宋朝创制，王安石改革行方田法、青苗法、均输法、市易法；明朝创制，洪武行开中法，建鱼鳞图册，张居正创"一条鞭法"，均税均役；清朝创制，康熙之后"摊丁入亩"，永不加赋。这些创制，不论成败，本质上是面向整个天下的，都带有王安石"因天下之力以生天下之财，收天下之财以供天下之费"的思想，也就是天下型经济体特有的经济思想。

虽然天下型经济体与列国经济体之间不会有截然的差别，尤其是很大的国家，也都或多或少具有天下的观念；但是一般的国家不会出现这些"以天下为天下"的创制。近代之后，欧洲列国发现了靠经济富国强国的途径，16—18世纪之间盛行的"重商主义"以本国一国的富足与力量（Plenty and Power）为目标，而在当时的语境中，Power一词的含义主要是在与他国之间的"零和"竞争中取胜。约翰·洛克说过："财富不在于拥有更多的金银，而在于拥有金银的比例超过世界其他地方或我们的邻居。"[1]这就是典型的"以一国为一国"的经济思维，与"以天下

---

[1] 转引自王闯闯《"共同体"与英国重商主义的富强观》，《江海学刊》2019年第3期。

为天下"恰成对照。

归纳一下，天下型经济体具有如下特点：

第一，天下型经济体的地理范围就是天下型定居社会的地理范围，两者重合，定居农耕区域扩展到哪里，天下型经济体就覆盖到哪里。因此，它既是一个经济体，也是一个经济区；既是一个多门类的生产基地，又是一个巨大的统一市场，在天下这个范围内包括了生产、分配、交易和消费等主要的经济活动。非定居的各种游居社会、各种封建制度下的社会、小型分散的定居农耕社会，都没有这个特点。

第二，天下型经济体包括了天下型定居社会的全部生产力，在"耕者有其田"且"男乐其畴，女修其业，事各有序"的这种"人人有业"的理想状况下，总的生产力是定居农耕土地面积、人口数量、生产工具和生产技术的函数，生产力的增长会在人口增加、劳动技能提高、生产集约化程度加深等条件下自动发生。根据经济学理论，农业时代的生产率一般来说可分为四种，第一种是土地生产率，就是土地产出的效率；第二种是劳动生产率，就是农业劳动者的生产效率；第三种是资本生产率，是指使用的资本的产出效率；第四种是全要素生产率，也就是前面说的根据生产三要素综合计算出的产出效率。由于天下型经济体包括了天下所覆盖的全部农耕土地范围，因此其农业生产率主要通过土地生产率反映出来。在土地生产率保持正常水平的情况下，天下型经济体的经济平稳增长，天下富庶，一派繁荣。

第三，在农业时代，天下型经济体中的农民包括拥有自己土地的自耕农、耕种地主土地的佃农、国家分配土地的均田农民等；广义上也包括农村的手工业者和小商贩等，即费孝通先生所定义的"靠他们自己的生产劳动过日子"的固着于土地或不完全固着于土地的职业农民①。在西欧等其他定居农耕社会中，由于封建制长期存在，农民有守田的义务，有强迫的力役，本质上依附于领主，被分割为不同"领主经济"中的不同群体，相互之间差异性大于共性。但中国的封建社会早在先秦时期就已崩溃，土地归自由的地主和自由的农民占有和使用，政权则归国家，从此土地不再是封建的领地，因此，由所有农民组成的中国下层社会更像是一个整体②。宋代实行主客户制和户等制，国家对人民的管理，由以丁为本转向以户为本，客户是没有土地的民户，大多为地主的佃户；主户以占有土地的多少划分户等，大体上，一、二等户是地主，三等户是自耕农，四、五等户是贫农或佃农。无论主户与客户，都是国家的编户齐民，但客户对地主有一定的依附关系。明清时期，国家管辖的农民仍然大量存在，而且随着经济的发展，他们的自由程度也不断加强③。

第四，天下型经济体作为一个相对独立的经济体，在理论上，它可以被任何一个民族的统治集团所占有和控制。因此，无论是定居社会内部的食利者阶级，还是外部毗邻的游居社会的掠夺者集团，都以控制这个的经济体或者抢夺它的产出为目的。

① 费孝通：《江村经济》，中信出版社2019年，第126页。
② 参见冯天瑜：《"封建"考论》，湖北人民出版社2018年，第110—114页。
③ 参见马克垚：《封建经济政治概论》，人民出版社2010年，第54页。

谁控制了这个经济体,谁就有了建立统一王朝或者帝国的竞争优势。天下型经济体只有经济属性,没有政治属性,永远处在上层建筑的统治之下。在历史上,一旦上层社会的政治压迫和经济剥削过于沉重,经济体的经济属性会大大减弱,并出现无业游民人口总体上超过从业人口的情况,逐渐变身成为一个巨大的"暴力体",最终导致群雄并起、四方皆反,兵力所向直指朝廷,导致王朝覆灭,改朝换代。

第五,天下型经济体在根本上不同于列国型的经济体,在理论上,天下型经济体不依赖于国际贸易,不需要通过比较优势进入国际经济体系,它本身即通过所有的生产门类和巨大的统一市场构成完整的经济循环。它不像列国经济体那样,只作为国际经济体系的一个组成部分,只靠一种或几种生产门类支撑整个国民经济;更不同于单纯依靠出卖能源或原材料的资源输出国,或只依靠沿海港口或陆地枢纽中转的服务贸易国。历史上形成的以中国为中心的同心圆形状的朝贡体系,就是天下型经济体典型的表现形式。即天下型经济体生产并出口几乎所有商品,不依赖于外国商品,周边的朝贡国必须用本国的特产或者金银等通货交换中国的商品。如贡德·弗兰克所说:

> "中国贸易"造成的经济和金融后果是,中国凭借着在丝绸、瓷器等方面无可匹敌的制造业和出口,与任何国家进行贸易都是顺差。因此,正如印度总是短缺白银,中国则是最重要的白银净进口国,用进口美洲白银来满足自身的通货需求。[1]

----

[1]　〔德〕贡德·弗兰克著,刘北成译:《白银资本:重视经济全球化中的东方》,四川人民出版社2017年,第115页。

　　具有以上特点的天下型经济体,是中国这个天下型定居文明独有的产物,它的地理性、天下性和整体性等都是独特的。当人们分析中国经济时,需要意识到这些独特性。换言之,基于天下型经济体的中国经济根本不能简单等同于列国之一的经济体而与其他国家进行对比,只有天下型经济体的某一部分与列国的经济体之间才有可比性。

　　另外,中国的农民不能简单等同于其他国家的农民,无论个体的生活或村落的面貌如何相像,但作为一个整体,中国的农民群体和农村社会有着完全不同的性质。美国汉学家沙培德(Peter Zarrow)教授在比较了中国农民与中美洲种植园里的农奴之后认为:美洲种植园主大多拥有成百上千的农奴,不可能有商品化的农业或工业化,没有土地会转手,精英家族像公司一样经营着他们的庄园,只对更大的外国商业利益负责。而中国农业的基本模式是农家耕种小块土地,既有自种者,也有佃种者,或自种与佃种混合者;其中的精英家族可以依靠土地所有权、官方地位以及商业关系的混合获得向上层社会流动的机会。

　　全盛时期的中华天下型经济体,其富足程度远超任何一个列国经济体,来自列国经济体的英国马戛尔尼使团做了一个见证。魏斐德写道:

　　　　1793年,乔治·马嘎(戛)尔尼爵士率使团来到中国,为乔治三世向乾隆呈上了最好的礼物:武利亚米钟(自走机械吊钟)、地球仪、太阳仪、一座精巧的行星仪和最好的韦奇伍德瓷器。然而,这些东西与乾隆已有的藏品相比,几乎都显得鄙俗不堪。马嘎尔尼爵士在皇帝的热河行宫乘船游湖,参观了四五十座亭台楼阁，每一座都：……极尽奢华，挂着皇帝的狩猎行进图；陈列着巨大的碧玉花瓶和玛瑙花瓶、最好的瓷器和漆器，各种欧洲玩具和鸟鸣钟以及大量工艺精湛的地球仪、太阳仪、钟表和音乐盒。相比之下，我们（指马戛尔尼使团）的礼物真是微不足道，"黯然失色"。①

然而，天下型经济体最大的范围也仍以天下型定居文明为界，出了定居文明的范围，就是"他者"的世界了。

四、作为"他者"的草原游居社会

今天的学者们在说到他者文明或异质文明时，往往会习惯性地联系到西方文明，自西学东渐、西力东击之后，关于中西文明互为他者、互为镜像的著作就多如牛毛，不胜枚举。但在中华文明五千多年的历史上，西方文明进入视野不过是近几百年的事，中华文明长期以来面对的他者文明，是欧亚大陆干旱带上的草原文明。所以，要讨论中原定居农耕社会，必须同时讨论与之相对的草原游居社会。

做个假设：如果中国位于一个半岛型的地理环境中，三面大海、一面高山，北方并不与欧亚大草原相接，那么，可以想象，秦朝实现了大一统之后，定居社会取得了对于残存于"隙地"中的游居社会的最后胜利，从良渚开始的区域性国家最终扩展成为天下型国家，农耕—养殖生产生活方式遍及这个国家……

---

① 〔美〕魏斐德著，梅静译《中华帝国的衰落》，民主与建设出版社2017年，第101—102页。

但历史不是这样安排的。与中华定居农耕社会自周初第一次大一统之后迅速扩大的同时，游居于北方草原的戎狄社会也与中原社会如影随形般地兴衰起落。宏观上看，草原上的游居社会与毗邻的中原定居农耕社会之间，实际上是一种共生关系。因此，分析中原定居社会的天下型定居文明，必须同时分析与它互为"他者"的草原游居社会及其特有的文明。

无论是考古方面的证据，还是遗传生物学方面的证据，都说明南俄罗斯大草原和西伯利亚这一广阔地带也是人类文明的起源地之一。

旧石器时代晚期的奥瑞纳文化，是现代人类在欧亚大陆上创造的文化中最早的一个，包括早期的岩洞艺术、雕塑以及制造精美的石器和骨器。从西伯利亚往西到欧洲，往东到中国北方，如宁夏水洞沟黄土坡和榆林萨拉乌苏河流域，都曾发现过奥瑞纳文化遗址。

进入青铜时代，这一广阔区域内出现了辛梅里安文化。勒内·格鲁塞认为，从公元前1200年开始，一支印欧人种的辛梅里安人开始在黑海以北的俄罗斯草原活动，并在此定居。辛梅里安的青铜文化是经由伏尔加河进入突厥斯坦和乌拉尔山区的。公元前1150—前950年，辛梅里安文化继续传播，向黑海以北推进。辛梅里安文化的最后阶段，应该在公元前900—前750年，同一时期的高加索文化和欧洲的哈尔希塔特文化与辛梅里安文化存在着诸多相似之处。但铁器时代的到来，使得高加索文化和哈尔希塔特文化渐渐超越了辛梅里安文化①。

1. 游牧社会的出现

对先进的青铜冶炼技术和各种手工制作技术的掌握，以及对骑马技术以及马车运输技术的掌握，最终导致了欧亚大草原地区游牧文化的出现和力量的扩张。继辛梅里安人之后，欧亚大草原就被斯基泰人所统治，一直到公元前3世纪才结束。狄宇宙认为，早在公元前1千纪，被称为"斯基泰型"（Scythian-type）的马背游牧民族，就已遍及欧亚大陆的群居文化中心之内，而整个中国北部也都已进入了这一宽阔的大陆文化进程。他写道：

> 经济实践活动方面结合了农耕和牲畜饲养，而在文化方面则与内亚的冶金业密切相关，这些都出现在商朝所统治的地区和中亚、西伯利亚、阿尔泰等青铜文化区之间。②

关于欧亚大草原上游牧民族的起源问题，学者们一直有多种不同观点。一种观点认为是从成熟的畜牧生活中自然演化发展而来的，是社会内部技术进步、规模和复杂性增加的结果。另一种观点认为，可能是气候变化导致可耕种土地减少，迫使以前定居而耕种土地者和饲养家畜者转变成了游牧者。还有学者认为，最初可能就是森林中畜养动物的狩猎者，他们在开始使用马

---

① 参见〔法〕勒内·格鲁塞著，刘霞译：《草原帝国》，文化发展出版社2018年，第2—3页。

② 〔美〕狄宇宙著，贺严等译：《古代中国与其强邻：东亚历史上游牧力量的兴起》，中国社会科学出版社2010年，第6页。

之后，就移居到了大草原地区①。

另一个比较独特的观点是欧文·拉铁摩尔提出来的，他认为，游牧社会是被绿洲上的定居畜牧—养殖社会"推"出来的。在欧亚大草原地区，那些在绿洲上所捕获的大型食草动物可以保留下来进行饲养，人们逐渐地学会了如何使用它们，并最终传播到整个大草原。就这样，那里的人们成为了"专业的放牧者"。拉铁摩尔将启动这一过程和"推动"最早的游牧民族进入大草原的原因，归之于在经济上对大草原自然环境的更有效的适应。

无论是哪一种起源，考古研究已经清楚地表明，至迟在青铜时代晚期，也就是公元前2千纪至公元前1千纪之间，早期游牧人群和农耕人群就已经分离开来，虽然界限还不是那么严格，因为那些专门从事畜牧业的游牧民族同时也从事农业生产。

也就是在这个时期，开始了中原的华夏族与北方戎狄之间长达数千年的互动历史。

《史记》载黄帝"北逐荤粥"，荤粥，尧时曰獯粥，周曰猃狁，后世唤作匈奴。可见，关于匈奴的历史叙述与华夏历史基本平行，或者说，匈奴"侵盗暴虐中国"之事，伴随着中华定居农耕文明早期的艰难成长。"筑长城以拒胡"起自战国后期，与匈奴为邻的燕、赵、秦三国皆修建长城。

长城到底是什么？秦始皇的长城通常被理解为华夏农耕社

---

① 〔美〕狄宇宙著，贺严等译：《古代中国与其强邻：东亚历史上游牧力量的兴起》，中国社会科学出版社2010年，第26页。

会作为一个整体抵御北方游牧民族掠夺的一条军事防御工事线。但最早的长城是齐宣王在齐国和楚国之间修的，东起大海，西到冀州，一千多里。齐宣王时期正是齐国的鼎盛时期，他刚刚称王不久，就开始以"中国"自居，当时稷下学宫广纳天下学士，吹竽乐队多达三百人。《战国策·齐策一》里通过苏秦之口描绘都城临淄的繁荣景象：

> 临淄甚富而实，其民无不吹竽鼓瑟，击筑弹琴，斗鸡走犬，六博踏鞠者。临淄之途，车毂击，人肩摩，连衽成帷，举袂成幕，挥汗成雨。家敦而富，志高而扬。

而在齐国看来，当时的楚国则是蛮夷之国，开化程度远在齐国之下，如果将临淄城搬到楚国去，该城肯定要用高高的城墙把里面"吹竽鼓瑟，击筑弹琴，斗鸡走犬，六博踏鞠"的生活方式严严实实地围起来，以防破坏。所以，从文明论的观点看，长城的本质就是从定居城市到定居文明国家演化过程中的一个产物。定居城市通过城墙将自己的定居文明世界与外面的蛮族世界隔离开，当定居城市越建越多，开始发展成一个大型的定居文明国家时，城市的城墙就演变成了国家的长城。

汉字的"國"是个象形字，《说文》云："或，邦也，从口从戈，以守一。一，地也。""國，邦也，从口从或。"就是说：古代文字中，"或"就代表邦国，如周初何尊铭文中的邦国就用"或"，其中那个小口即城墙的意思。但如果写成"國"，则表示中心城邦"或"之外还有一圈边界，这就成了超越城市国家形态、本身包括了众多城市的大国了。而长城不过就是最大的"國"的那个最大的大口而已。归根结底，是定居文明的产物。

宋辽时期，契丹占领燕云十六州，入主中原，女真的金朝后来也入主中原，他们都进入长城内与汉族杂居。金朝曾将上百万女真、奚、契丹等族百姓迁入长城以内屯田，与汉族交错共处。也就是说，进入长城即等于选择了定居农耕生产生活方式。

匈奴在强盛的时候，东破东胡，南并楼烦、白羊河南王，西击月氏与西域诸国，北服丁零与西北的坚昆，是一个所谓的"百蛮大国"。秦汉时期的长城，就成了中原大一统国家与北方这个"百蛮大国"之间的边界，本质上就是定居文明与草原游居文明之间的边界。

《汉书·匈奴传下》载匈奴单于对汉使者说："自长城以南天子有之，长城以北单于有之。"说明匈奴也认为这是两国的边界。

匈奴的历史长达七个世纪，作为一个"他者"文明"陪伴"了中原定居农耕文明的整个早期成长历史。《史记·匈奴列传》说："其俗，宽则随畜，因射猎禽兽为生业，急则人习战攻以侵伐，其天性也。……自君王以下，咸食畜肉，衣其皮革，被旃裘。壮者食肥美，老者食其余。贵壮健，贱老弱。"又说："其畜之所多则马、牛、羊，……逐水草迁徙，毋城郭常处耕田之业，然亦各有分地。……儿能骑羊，引弓射鸟鼠；少长则射狐兔，用为食。士力能毋弓，尽为甲骑。"从定居文明的角度看，这与自身的习俗、惯例和道德正好相反。

尤其令男耕女织的汉族农民们无法接受的是，游牧民族打猎与打仗不分，动物与人都被当成猎物。《后汉书·南匈奴列传》说："其岁，单于遣兵千余人猎至涿邪山，卒与北虏温禺犊王遇，因战，获其首级而还。"每个人生来就是战士，生活的内容，或者打猎，或者打仗，没有别的。如《淮南子·原道训》所说："人不弛弓，马不解勒。"

两个社会之间的共生关系，总体上看，一方面是游牧社会对于农耕社会的武力掠夺或者武力威逼之下的索贡，一方面是农耕社会对于游牧社会的文化征服和民族融合。前一方面是显性的，轰轰烈烈的；后一方面是隐性的，潜移默化的。前一方面让游牧社会一时得逞，后一方面让定居社会笑到最后。

公元10世纪契丹建国之初，耶律阿保机先后攻克河东、代北九郡，一次就掠回牛、羊、驼、马十余万。建国后，西征突厥、吐浑、沙陀诸部，又获"宝货、驼马、牛羊不可胜算"（《辽史·太祖本纪上》）。919年北伐乌古部，掠得"牛马、车乘、庐帐、器物二十余万"（《辽史·太祖本纪下》）。辽国强大起来之后，战争掠夺转为索贡获得：辽国规定东丹国年贡马1000匹，女真、直不姑等10000匹，阻卜及吾独婉、惕德各20000匹，西夏、室韦、越里笃、剖阿里、奥里米、蒲奴里、铁骊等各300匹（《辽史·食货志下》）。

随着越来越多地进入汉地定居农耕社会，辽国政治制度首先开始发生变化。四时捺钵制、南北面官制的创立，旨在既保持游牧、渔猎等传统管理方式，又对定居的汉人进行有效管理。北面官为治宫帐、部族、属国之政，南面官系治汉人州县、租赋、军马之事，"以国制治契丹，以汉制待汉人"，分而治之，但契丹国的统治大权集中在北面官手中。文化方面，契丹字仿汉字偏旁而制成，阿保机于918年诏建孔子庙，提倡儒家的忠、孝、仁、义、修身、齐家等伦理思想，此后历代契丹君主均以学习中华文化为荣。辽道宗耶律洪基曾说："吾修文物，彬彬不异中华。"辽太祖耶律阿保机长子耶律倍善画草原风光画，其"《射骑》《猎雪骑》《千鹿图》，皆入宋秘府"（《辽史·宗室列传》）。

宋人洪皓《松漠纪闻》记载："（大辽道宗朝）有汉人讲《论语》，……至'夷狄之有君'，疾读不敢讲。（道宗）又曰：'上世獯鬻、猃狁，荡无礼法，故谓之夷。吾修文物，彬彬不异中华（中国），何嫌之有！'卒令讲之。"这个故事很典型地说明了"夷而进于中国则中国之"这一反向的文化征服与民族融合现象。唐朝程晏《内夷檄》曰：

> 四夷之民长有重译而至，慕中华之仁义忠信。虽身出异域，能驰心于华，吾不谓之夷矣。……四夷内向，乐我仁义忠信，愿为人伦齿者，岂不为四夷之华乎？

2. 居国与行国

两种不同的社会通过共生的方式各自发展，一旦先后都发展到了国家阶段时，实际上就分化成为两种不同的国家。

中国古人有个准确的命名方法，将前者称为"居国"，后者称为"行国"。《汉书·西域传》云："西夜与胡异，其种类羌氐行国。"可见，汉时的中华将西域那些"被发，随畜逐水草"的社会都归类为"行国"。张骞归国后在报告中说："奄蔡在康居西北可二千里，行国，与康居大同俗。"（《史记·大宛列传》）

"行国"这一命名，很好地反映了游居社会出现国家形态，但又不同于定居社会的国家这一状况。例如秦汉时期北方的匈奴，事实上已发展为一种国家，甚至也出现了城郭，并不完全像史书所说"夫匈奴无城郭之居"。

根据陈序经的《匈奴史稿》，苏联的考古学者在色楞格河左岸与伊伏尔基河合流的地方发现了一座古代匈奴城市。城市的面积在一公顷以上，周围有城墙，高度超过1.5米。城的外面有许多住宅，用土坯建筑。在城的内外都有陶器，有耕作的工具，还有贮藏粮食的地窖等遗物、遗址。苏联考古学者还在色楞格河左岸的哈剌勒赤·黑里姆金、八剌哈思、扎尔嘎特兰、苏木等地发现了匈奴时代的城市，城的面积约有4万平方米，城墙颇高，并有四座城门。城里的房舍是用粘土做成的，盖有汉瓦[①]。

然而，若与良渚古城相比，匈奴人模仿汉朝城市建立的简陋城市，至少晚了两千多年。毕竟，定居和城市代表着人类文明的演进方向，而匈奴的初级城市只是行国向居国演进中的初级阶段。

管子有言："地之守在城，城之守在兵，兵之守在人，人之守在粟，故地不辟则城不固。"（《管子·权修》）土地、农业、农民、卫士、城市，在农业时代，这些定居农耕文明的要素是紧密融合为一体的。

所以，居国就是紧紧固守在土地上的国，一旦被迫举国迁徙，那就是人间惨剧了。后汉羌乱，王符《潜夫论·实边》言：

> 民之于徙，甚于伏法。伏法不过家一人死耳。诸亡失财货，夺土远移，不习风俗，不便水土，类多灭门，少能还

---

① 陈序经：《匈奴史稿》，北京联合出版公司2018年，第40—41页。

者。……边民谨顿，尤恶内留。……太守令长，畏恶军事，……至遣吏兵，发民禾稼，发彻屋室，夷其营壁，破其生业。强劫驱掠，与其内入。捐弃赢弱，使死其处。当此之时，万民怨痛，泣血叫号，诚愁鬼神而感天心。……民既夺土失业，又遭蝗旱饥匮，逐道东走，流离分散。幽、冀、兖、豫、荆、扬、蜀、汉，饥饿死亡，复失太半。边地遂以兵荒，至今无人。

行国不会面临这种绝境，因为不需要和土地紧密融合，也不用如管子所说的那样一"守"到底。虽然行国也有简陋的城郭，如果有条件，也会一步步定居下来，不再举国迁徙；但总体上，行国是进可攻、退可逃的，对他们来说，只要移动起来，未来就会给他们带来收获与回报。但是行国一旦被大国围困，失去了迁徙的方向和范围，或者被大国征服，全国人民做了臣虏，行国的末日也就到了。

例如西北的党项，自古就是行国。《新唐书·西域传上》记载：

党项。汉西羌别种，……以姓别为部，一姓又分为小部落，大者万骑，小数千，不能相统。……土著，有栋宇，织犛尾、羊毛覆屋，岁一易。俗尚武，无法令、赋役。……然好为盗，更相剽夺。尤重复仇，未得所欲者，蓬首垢颜，跣足草食，杀已乃复。男女衣裘褐，被毡。畜犛牛、马、驴、羊以食，不耕稼，……无文字，候草木记岁……

这是如假包换的行国气象。贞观元年（627），陇坻以西划为陇右道，包括了各个党项部族；睿宗景云二年（711），又从陇右道中分出黄河以西为河西道，领凉、甘、肃、瓜、沙、伊、西等七州。安史之乱后，吐蕃进攻大唐，宝应元年（762），"陷临洮，取秦、成、渭等州"；代宗广德元年（763），入大震关，取兰、河、鄯、洮等州，于是"陇右地尽亡"；同年秋，吐蕃军乘胜入据长安，大肆抄掠十五日后退出，屯军原、会、成、渭等地。在这个战乱的过程中，各行国被困在其中，大都没能逃脱厄运，河陇的西羌部族大都成了吐蕃的臣役，行国历史成为过去。

　　总的来说，在行国与居国的交往中，行国总是占有军事上的优势。中国北方的行国，先后进入中原地区的就有匈奴、鲜卑、羌、氐、羯、突厥、句丽、回纥、契丹、党项、女真、蒙古等。但随着中原定居农耕区的不断扩大，文化同化力反向施加，总的趋势却是居国越来越多、越来越大，行国越来越少、越来越小。到了清朝，真正的行国只局限在蒙古和西域、青海等少数几个地方。正如清朝魏源在《圣武记·国朝绥服蒙古记》中所记：

　　　　十七行省及东三省地为中国，自中国而西回部，而南卫藏，而东朝鲜，而北鄂罗斯；其民亦皆土著之人，其国亦皆城郭之国。若乃不郭郭，不宫室，不播殖，穹帐寄而水草逐者，惟瀚海南北部及准部、青海诸部则然。故史传外夷皆以居国、行国为大界画，而游牧行国又以瀚海为大界画。

第三章　文明的成长

　　自夏至商近千年，中原的居国渐成规模。在地理上，商朝自汤至帝辛十七代三十一王，虽"殷人屡迁，前八后五"，但前期迁都以今日郑州的商城遗址为中心，后期以今日安阳的殷墟为中心，都没有离开黄河中下游这一后来被周成王当作"天下之中"的核心区域。从都城区域向四周伸展，较为稳定的商朝疆域，北至易水、燕山，南至淮河，东至泰山以西及鲁北，西至关中平原、渭水中下游。

　　超出稳定疆域范围的远方，也有殷人曾经到达过的遗迹：一是长江流域，如今湖北黄陂盘龙城、江西樟树市吴城村等地的商代聚落遗址，则可能是商朝不同时期的军事据点[①]。二是渤海湾的海岸线，殷墟妇好墓中出土了6800枚贝币，还有鲸鱼的骨头，而甲骨文里也有关于贝、朋的记载，说明殷人已经有了海洋活动。

　　虽然这一广阔空间并不是现代意义上的国家疆土，只是巨

---

①　白至德编著：《传说与真实：上古时代》，红旗出版社2017年，第100页。

大部落联盟或酋邦的一个分布范围，但由于都城的存在，已有"王畿""四土"和"多方"的划分。畿是商王直接管辖之地，甲骨文里称为中商、大邑商或天邑商；四土，即商朝的诸侯，是商向四方移民和扩张的区域。四土之外是多方，是其他各部族分布的地方。

夏朝的部族称"氏"，如有扈氏、有男氏、褒氏、费氏等，而商朝的部族称"方"，如子方、土方、鬼方等，标志着政体从血缘本位向地缘本位的演进。可以说，从商朝的地缘格局中，已经能看出未来大一统国家的雏形了。

中原第一次大一统，是周人完成的。武王灭商之后，封建亲戚，以藩屏周，中原居国进行了一次大扩张。《史记·周本纪》记载：

> 武王追思先圣王，乃褒封神农之后于焦，黄帝之后于祝，帝尧之后于蓟，帝舜之后于陈，大禹之后于杞。于是封功臣谋士，而师尚父为首封。封尚父于营丘，曰齐。封弟周公旦于曲阜，曰鲁。封召公奭于燕。封弟叔鲜于管，弟叔度于蔡。余各以次受封。

李鸿章论晚清时局，曾有"三千余年一大变局也"之叹。从晚清倒推三千年所指的时代，正是发生在公元前最后一个千纪之交的商周之变。而1917年王国维发表《殷周制度论》，以20世纪的眼光回望历史，开篇第一句就是："中国政治与文化之变革，莫剧于殷、周之际。"

李氏的"三千年"之论怎讲？在中国旧学士大夫们的意识里，中华始祖历经三皇五帝三王，到了周朝，周公集古代治法之大成，所以后世皆以周公为先圣，以孔子为先师。只要自认为是正统中华的后人，则必以周人为人文先祖。

王氏的"殷周之际"之论又怎讲？他在文章中写道：

> 殷、周间之大变革，自其表言之，不过一姓一家之兴亡与都邑之移转；自其里言之，则旧制度废而新制度兴，旧文化废而新文化兴。又自其表言之，则古圣人之所以取天下及所以守之者，若无以异于后世之帝王；而自其里言之，则其制度文物与其立制之本意，乃出于万世治安之大计，其心术与规摹，迥非后世帝王所能梦见也。[①]

一、第一次大一统

周人本为"大邑商"西部边陲的一个小邦国，古公亶父率部落从"戎狄之间"的豳地返回关中岐山之下后，逐渐壮大起来，传至文王时，已"三分天下有其二"。武王联合西南众多边疆部落"庸、蜀、羌、髳、微、卢、彭、濮人"，起兵伐纣，一举克殷。

与传说时期半定居半游居的黄帝统一中原类似，信史之后的第一次大一统是由半定居半游居的周人率领其他半定居半游居的部族共同完成的。此后类似的规律一再重复，秦的大一统、隋唐的大一统、清的大一统，无不是由位于定居和游居或居国和行国交错带上的边陲军事集团实现的。

实际上，这也正是中华文明的本质所在，因为中华文明并非

---

① 王国维：《观堂集林·殷周制度论》，中华书局1959年，第453页。

只关于定居社会,它是关于整个天下的。何为天下? 天下就是不分内外,或称"天下无外"。赵汀阳教授写道:

> "天下无外"原则先验地(transcendentally)预设了世界是一个整体的政治概念,那么,天下体系就只有内部性而没有外部性,也就取消了外人和敌人的概念:无人被理解为不可接受的外人,没有一个国家、民族或文化被识别为不可化解的敌人,任何尚未加入天下体系的国家或地区都被邀请加入天下的共在秩序。①

古代世界,蛮族无处不在,或受到南方富裕城邦中财富的诱惑,或受到北方极寒气候的驱赶,总之,无论是西南亚还是东亚,那些游荡在欧亚大草原上的蛮族游团总会周期性地大举南下,将早已因定居生活而变得柔弱腐化的所谓文明人当作猎物进行围捕,然后鸠占鹊巢,成为新王国的主人。

可是,发生在其他古代世界的文明与野蛮内外有别的故事,在东亚大陆的中华世界却走出了另一种历史,一个定居与游居、居国和行国、华夏与蛮夷"一体化"的共存共生的历史。

并不是因为中华大地的蛮族游团不来征伐定居城郭、劫掠财物或鸠占鹊巢,也不是因为中华大地上的夷狄们比小亚细亚的喜克索斯人或南俄草原上的雅利安人更温和仁慈。真正的原因正如赵汀阳教授所说,是因为中华特有的天下观念,在根本上取消了外人和敌人的概念,所有人,无论是华夏还是夷狄,都被邀请加入一个天下共有的秩序。

---

① 赵汀阳:《天下的当代性:世界秩序的实践与想象》,中信出版社2016年,第4页。

从史书记载中即可看出，中华的"华夷之辨"从一开始就不是按种族划分的，而是按政事、习俗、举止等文化因素而区别的。换句话说，在"万国林立"的初期，虽然普遍具有了外人"非我族类"的观念，但谁是华夏、谁是夷狄的最终区分，却是通过一种文化上的竞争来决出结果的。这是一个极为特殊的现象。

第一次建立了中华大一统的周朝，实际上就是一个来自于西方"戎狄之间"的小部落。古公亶父率部返回岐下，"贬戎狄之俗，而营筑城郭室屋"，已是距始祖后稷一千多年后的事。那么，与其时占据中原的"大邑商"相对比，谁是戎狄？谁是华夏？而武王灭商之后，成王复营洛邑，取天下之中，在这样的局面下，楚和秦又如何再被称为夷狄？《左传·昭公十二年》记载的"晋伐鲜虞"之事，《宣公十二年》记载的"邲之战"之事，都涉及谁是华夏谁是夷狄的问题。正是由于问题的核心是围绕着春秋礼法而非种族血统，所以成了两千年儒生们心目中的大问题，从西汉的董仲舒一直到清末的康有为、刘师培，始终争辩不休！

孔子作《春秋》，治天下也，非治一国也；治万世也，非治一时也。子曰："有教无类。"《礼记·中庸》曰："是以声名洋溢乎中国，施及蛮貊。舟车所至，人力所通，天之所覆，地之所载，日月所照，霜露所队，凡有血气者，莫不尊亲，故曰配天。"对此，梁启超在《春秋中国夷狄辨序》中一言以蔽之：

何谓彝狄之行？《春秋》之治天下也，天下为公，选贤与能，讲信修睦，禁攻寝兵，勤政爱民，劝商惠工，土地辟，田野治，学校昌，人伦明，道路修，游民少，废疾养，盗贼息。由乎此者，谓之中国；反乎此者，谓之彝狄。[①]

这就是中华天下型定居文明独有的天下之道，有定居城郭，但却是一种天下的定居，也有蛮族游团，但却是一种天下的游居，都在一个共有的秩序当中，都要符合天道。两者之间并不是非此即彼、你死我活，完全可以是你中有我、我中有你，甚至是相互借鉴与融合。

借用今人的话说，中华文明从一开始就是一种"人类命运共同体"，既有理论，又有实践。

1. 周朝创立了什么？

周朝到底做了什么，让这一次改朝换代具有如此深远的意义？让其不只是表面上看起来的"一姓一家之兴亡与都邑之移转"，而是埋伏了"万世治安之大计"甚至"人类命运共同体"在里面？

首先，如前所述，商朝已经有了"王畿""四土"和"多方"的"中心—边缘"地缘格局。周人从西方崛起，灭掉了纣王之后，立刻面对一个兼有东西两部分的巨大疆域，如果再把周围的"九夷八蛮"纳入进来，也就是当时的天下了。

一个"小邦周"，"万邦"中的一个，无论在文化上还是在经济上都较"大邑商"要落后很多，现在因为一举夺取了政权突然要面对整个天下，要管理包括原殷商的王畿、四土、多方等"万

---

① 梁启超：《春秋中国夷狄辨序》，见《饮冰室文集之二》，第49页，《饮冰室合集》（第1册），中华书局1989年。

邦"，这就是周朝开国者们要解决的头号难题。

这个难题，历史上其他开国者也都遇到过，但结果却大相径庭。最常见的一幕，是武力征服，文明倒退，重回野蛮世界，最后又在某个边疆地区涌现出新的起义集团，进入下一轮毁灭与重建的循环。阿卡德、亚述、赫梯、巴比伦，包括波斯，大抵如此。从疆域的规模上讲，与周初形势最接近的，是公元前4世纪崛起的亚历山大帝国。当时这个由西部小邦马其顿人建立的庞大帝国曾经横跨欧亚非三大洲，也可算是一个天下。但从公元前336年亚历山大即位到他于前323年在巴比伦城暴病而亡，前后不过十三年。整个过程，不过就是一支五万人左右的蛮族大军毁灭了第一波斯帝国，所到之处留下一连串兵灾战火，并无进步和建设可言。勉强的积极评价，不过就是说武力入侵给被征服地区带来了新的活力，促成了各文明之间的融合与交流。

但文明的发展，却不是靠野蛮来推动的。遗憾的是，无论是亚历山大，还是被他击败的大流士三世，都完全不了解七百年前在东亚中原地区发生的事情。以今人的眼光回顾地看，那是文明史上一个见证奇迹的时刻。周朝的开国者从文王、武王到周公，面对着同样的难题，却没有落入那个重回野蛮的俗套，他们成功发明出了一种史无前例的、跨越式的解决方案，直接将中原大地带入一个新的文明。

此外，关于周朝创制在世界政治发展史上的重大意义，同样也不能指望在西方史学"大师"们的著作中找到任何客观的阐释。在很多人的头脑中，除了希腊、罗马，世上再无其他古代政治史，除了亚历山大、恺撒等几个军阀，全世界其他人好像都在睡觉。而青藏高原以东的世界干脆被"与世隔绝"。因此，在此要再次致敬赵汀阳教授，他正确地将周朝政治制度的创制，定义为一个超前进行的"世界政治"实验，他写道：

> 周朝的天下体系只是覆盖有限地域的"世界性"政治秩序，是世界政治的一个概念性实验，是世界历史的预告。世界至今尚未变成天下，真正的世界历史尚未开始。……除了周朝的天下体系这个特例，由自然状态发展出来的政治几乎必定是国家政治，而由国家政治派生出来的是国际政治，却无法进一步发展出世界政治。[1]

诚哉斯言。公元前1044年武王去世，因成王年幼，周公摄政，《尚书大传》记载："一年救乱，二年克殷，三年践奄，四年建侯卫，五年营成周，六年制礼乐，七年致政于成王。"正是这七年，周公完成了一个世界政治史上的奇迹，不仅成功实现了周朝"以小治大""以一治众"的目标，而且创造性地建立起一个"世界性"的政治秩序，大治天下。《史记·周本纪》记载："成康之际，天下安宁，刑错四十余年不用。"这才是文明。

若为亚历山大写传记，基本上就是战史，从汉尼拔、恺撒到拿破仑，没什么差别，写到最后，就是盖世的英雄死去，久违的和平重现；但若要评价周公摄政的七年，却大大超出了西方史学家的理解范围，即使在中国，从两千多年前的先秦诸子，直到民国时期和今天的学人，也还在不断刷新不同的理解方式。

---

[1] 赵汀阳：《天下的当代性：世界秩序的实践与想象》，中信出版社2016年，第211—213页。

后人将周公的基本政治策略归结为两条："协和万邦"与"德治天下"。先说一说"协和万邦"。

殷人尊神，"率民以事神"，视本部族为大神"帝"的后人，末世商王甚至自封为帝，如帝乙、帝辛二王，傲视其他部族，主要靠武力维持联盟的统治，很像近世的一神教帝国主义。而武王克殷，"小邦周"打败了"大邑商"，为了获得合法性，就用"天"代替了"帝"。这个置换意义重大，使得商周之变不再是古代王朝兴亡老路的重复——新霸权取代老霸权、新帝国主义取代老帝国主义。表面上看，虽也是新王兴老王灭，但实质上，周王已不再是新"帝"，而成了"天子"。

一系列神奇的变化由此发生。"天子"受"天命"治"天下"，从此出现了"君统"，如王国维所说："由是天子之尊，非复诸侯之长，而为诸侯之君。"①

如何才能将天子与诸侯的关系纳入"君统"呢？——自有策略，创"嫡庶之制"，使"宗统与君统合"，立尊尊亲亲贤贤之义，于是"自国以至天下合为一家"②。

如何才能将天下的诸侯都纳入"宗统"呢？——自有策略，"封建亲戚，以藩屏周"，实行宗法分封，武装殖民，派同姓母弟和异姓姻亲前往遥远的边疆和要冲地区建立诸侯国。

① 王国维：《观堂集林·殷周制度论》，中华书局1959年，第467页。
② 同上。

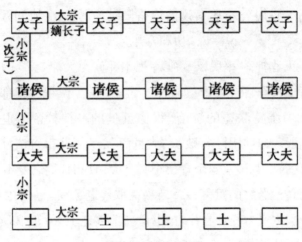

西周宗法制度示意图

历史见证，这一组策略极为成功。《左传》载武王封"兄弟之国者十有五人，姬姓之国者四十人"，《荀子》言周公"立七十一国，姬姓独居五十三人"。具体情况已难详细考证，总之是一次极有魄力的扩张行动。钱穆先生精辟地将这一活动定义为"农民社会武装的殖民开垦"①。武装开拓，针对的是定居的万邦，将姬姓的宗亲们分布到前殷商的万邦之中，使异姓"诸夷"被同姓"诸姬"所包围。武装垦殖，针对的是游居的部族，使定居的农耕区在各地同时扩大，造成游居区域的蹙缩。

《诗·小雅·六月》记周宣王时期尹吉甫北伐猃狁：

四牡修广，其大有颙。薄伐猃狁，以奏肤公。有严有翼，共武之服。共武之服，以定王国。……戎车既安，如轾如轩。四牡既佶，既佶且闲。薄伐猃狁，至于大原。文武吉甫，万邦

---

① 钱穆口述，叶龙整理：《中国经济史》，北京联合出版公司2016年，第18页。

为宪。

据史料记载，最迟至战国初期，各诸侯国之间留给游牧部落活动的"隙地"已接近消失，而到秦统一后，"六合之内，皇帝之土。……人迹所至，无不臣者"(《史记·秦始皇本纪》)。从此，世界上最大的天下型定居农耕文明和最大规模的定居农民人口，出现在中华大地上。

实际上，从那时起直到今天，这个基本现实从来没有改变过，这一点值得特别关注。回顾商周之变以后的三千年，无论王朝如何更换、治乱如何交替、疆域如何变化、民族如何迁徙，一个世界上最大、人口最多的定居农耕区始终存在于中华大地上。

近代之后，由于工业文明和城市文明迅速兴起，世界上大部分游居社会，包括游猎、游牧、游商、游盗社会都在近五百年里先后转型为以工业城市和农耕乡村为中心的定居社会，使得今天的人们容易产生严重错觉，误认为古希腊、古罗马真的可以和周朝、秦、汉相比，欧洲的中世纪真的可以和隋、唐、两宋相比。

历史上的实际情况是：从周朝开始，到秦统一，最大规模定居文明的形成和以此为基础的大一统的实现，就使得中国超前于世界上绝大多数地区。在近代以前的大部分历史时间里，没有其他文明可以与之相比，印度有大规模定居文明，但没有实现大一统，阿拉伯世界和欧洲既没有出现大规模定居文明，也没有实现大一统。而对于21世纪"世界秩序"的建立者们来说，"协和万邦"和"德治天下"，仍然是一种过高的理想。

如此说来,将三千年前的商周之变和周公摄政七年的制度创造命名为世界政治史上的"周朝之谜",广邀中外历史学家和政治学者研究破题,并不过分。

2."德治"的由来

文明各有起源。起源于"多元一体"的定居,还是起源于单一部族的迁徙或征战,区别重大,因为这直接决定了后世关于其部族始祖的类型想象。中华始祖的类型很特殊,虽然照例被尊为战神,但另一个更重要的面貌,则是指导万民在自己土地上生活的圣王。

中国人作史,按"三皇五帝三王"的顺序,始祖是"三皇";"皇"字的古义是"德冒天下",本身就含有全天下至德之人的意思。

对比一下,古代以色列人的圣经讲述的是部族的大迁徙,古代希腊人的荷马史诗讲述的是特洛伊战争,都属于游居文明中的行为,充斥着远征、烧杀、抢夺、复仇之类的情节,看不到"天下平""万国和"的景象,当然也就谈不上德行、德治的问题。

那时世界不通,中国和地中海世界之间没有交流;如果有的话,不知周公和孔子如何看待和评价古希腊人、古埃及人和古以色列人。这些民族可能创造出华丽的长诗,也有一些重大的科学发现,但不大会诞生杰出的农民领袖和农业革命带头人,因为这些民族并未发展出大型的定居农耕文明。而在游居文明为主的古代世界,率领部族迁徙或率领军队征伐的战争英雄,世界各地随处可见。不难想象,苍茫大地上无数的蛮族游团,都有自己的亚伯拉罕、摩西、阿伽门农和阿基琉斯,故事甚至更曲折、更精彩,区别仅在于有没有留下文字记录。

但可以断定,并不是每个部族都能出现自己的巢、燧、羲、农,因为这些最早的农民领袖和农业革命带头人,只可能在天下型定居文明中成为大有功于天下万民的圣王,从而进入民族的始祖世系,被无数后人祭拜。

德治,中华政治的这个核心概念,就是从这里出来的。换言之,中国人所谓"德治",其实是专属于定居农耕文明的一种道德化政治,与天下万民—天下圣王这一社会结构密切相关;不能说最好或最高,但却是最适合天下型定居文明早期发展的。

周朝的早期历史就是一部"德治"的成功史。据《史记·周本纪》记载,周人先祖后稷"好耕农,相地之宜,宜谷者稼穑焉,民皆法则之",本是一个定居农耕部族中的圣王。但是儿子不窋不务正业,放弃了农耕,窜居"戎狄之间"。好在第三代孙子公刘很有作为,又率领部族在戎狄之间的豳地复修后稷的稼穑旧业。然而农耕事业并不顺利,因为周围的"薰育戎狄攻之"。结果不用说,弯腰种地的肯定打不过骑马打猎的,就这样进进退退纠缠了一千年。到了古公亶父当政时,为了复修后稷、公刘之业,终于下决心举国离开豳地,渡漆、沮,逾梁山,止于岐下。

看这段历史,从战术上讲,肯定是周人败了,薰育胜了,因为前者被后者赶跑了,丢了豳地。但是从战略上讲,却正好相反,因为周人撤离时,"豳人举国扶老携弱,尽复归古公于岐下。及他旁国闻古公仁,亦多归之",最后不仅重建了新的根据地,扩大了地盘,而且尽收民心。到了古公之子王季、之孙西伯,"修古公遗道，笃于行义，诸侯顺之"。周家八百年王业，自文王始。

在公元前一千纪的那个世界，其他地方有没有可能发生类似的故事，大可怀疑。军事上的失败者反而成了文化上的胜利者，凭着"仁义"二字最终赢了天下，这样的"德治天下"叙事，寻遍其他民族的史诗，恐怕难以找到第二家。

后人纪念文王，全都是动人故事——敬老慈幼，礼贤下士，耕者让畔，民俗让长，修德行善，发政施仁，泽及枯骨……盖人心至是已去商而归周矣，"德治"大胜。但这里似乎有个问题：周人的这些道德观念和行为到底是如何产生的呢？真的是头脑中聪明智慧灵光一闪的产物吗？设想一下，假如周人没有离开豳地南下关中平原，"德治"能够在北方的薰育戎狄当中产生同样的效果吗？能够让周围的蛮族游团像中原的殷商诸侯一样纷纷归附吗？

绝无可能。不要说当时的薰育戎狄，从那时起到后来的匈奴、鲜卑、突厥……直到两千多年后的蒙古诸部，这些北方游居民族只要不进入中原的定居文明圈，就不会因"德治"而归顺，反而毫不犹豫且理直气壮地一次次越过长城，用武力碾压整个中原乃至南方。这是为什么？归根结底，不同的社会有不同的道德标准，周朝的"德治天下"只能在定居农耕文明为主的区域内起作用，而在游牧游猎文明为主的区域内，基本没用。

如前所述，敬老慈幼在定居文明中是美德，但在游居文明中却不是，因为根本没条件，整个部落必须不断地长途迁徙甚至快速奔走，不可能因为要照顾少数老人，影响整个群体的机动性。恭敬守礼在定居文明中是美德，但在游居文明中不是，在马背上生活的所有男人以好斗、残暴、贪婪为基本品质，这样才能让整个群体获得更多的猎物并且更快地繁衍。

在定居文明中一直被视为理所当然的那些道德行为，在游居文明中也许恰恰是非道德，因为不能促进群体的生存发展。周文王礼贤下士，尊八十岁的吕望为太公，因为贤士们头脑中的一个良策，就可能大大推进治国平天下的事业。但游居民族的世界就是茫茫大草原，散落着无数的野兽群体和异族部落，要想生存下来就要尽可能多地消灭他们，因此，计谋远远顶不上勇猛，智力不能代替臂力，与其礼贤下士，还不如锤炼战士。

若没有大面积的定居农耕区、大规模的定居农民人口，再出一百个周文王也没用。周人从豳地举国迁徙到岐下周原，从地理上看就是跨越了农—牧分界的400毫米降水线，融进了定居农耕的核心区；从历史上看就是汇入了当时的农业革命浪潮，顺应了定居农耕区的大一统趋势。"德治天下"政治策略的成功，当然要归功于文、武、周公这些开国者的伟大政治实践，但其背后的深层历史运动，却是那个历史时期定居农耕区域的迅速扩大和对周围游牧—游猎蛮族游团的大量吸收。

3. 先秦诸子都在争论什么？

定居农耕区大一统趋势发生的同时，是一个堪称政治奇迹的新事物的出现——原本作为地理概念的"天下"，通过"溥天之下莫非王土，率土之滨莫非王臣"的制度安排和"德治天下"政治策略的实行，成了一个地理、政治和伦理的"三位一体"。

天下，同时意味着全部土地、全体人民和全局秩序，天道、人伦和天人相与之际三合一，世界上再也找不出第二个类似的"三位一体"。

周朝早期，封王所到之地，新城拔地而起。以周文王为源头，在全天下制邑立宗，每个城市自始封者开始别子为祖，建立宗庙，下一代则按嫡长子继承制再继别为宗。一切都井然有序，各就各位，各得其所。《礼记·王制》曰：

> 天子七庙，三昭三穆，与大祖之庙而七。诸侯五庙，二昭二穆，与大祖之庙而五。大夫三庙，一昭一穆，与大祖之庙而三。士一庙。庶人祭于寝。

重要的是，当人为制定的宗法制度遍行于全天下，各地的宗庙都只祭人祖不祭众神之后，关于天的观念也随之发生了重大变化。研究者们注意到，在讲述周人迁徙故事的《诗经·大雅·皇矣》等篇章中，天还是一个被称为"帝"的人格神，"皇矣上帝，临下有赫。监观四方，求民之莫"，像极了希伯来《旧约》中的耶和华；而到了较晚的《尚书·吕刑》等篇章中，天即变成了"穆穆在上，明明在下，灼于四方"的抽象物，与人为秩序合二为一了。梁启超对此总结道：

> 其所谓天者，已渐由宗教的意味变为哲学的意味。而后世一切政治思想之总根核，即从此发轫。[1]

天，不再是任意的、绝对的、超越于人的，而成了规则的、相对的、与人合一的。如《诗经·大雅·烝民》的表达，上天与万民直接联系在了一起：

---

[1]　梁启超：《先秦政治思想史》，中华书局2016年，第31页。

天生烝民，有物有则。民之秉彝，好是懿德。

对这句话，孔子的解释是："有物必有则，民之秉彝也，故好是懿德。"彝指法度、常规；懿是美好的意思；万民只要遵从天的法则，就是好的德行。梁启超的解释是：

> 凡一切现象，皆各有其当然之法则，而人类所秉之以为常也。故人类社会唯一之义务在"顺帝之则"。[1]

今人读六经，容易想当然，认为天就是天，民就是民，不用多解释，全世界都一样，基本上可以等同于人类社会。其实这是个误读。在中国人开始将"天"与"民"连在一起，而且有了"天聪明，自我民聪明。天明畏，自我民明畏"这类思想时，世界其他民族当中，无论是天的观念，还是民的观念，都还远远没有成型。

所以，当中国的先秦诸子使用"天"和"民"这两个概念时，两者本质上是一枚硬币之两面。硬币就是天下型定居文明本身，这个文明的一面是生养万物的天，另一面是顺天之则的民。那些不在天下型定居文明中的民，要么是蛮族暴民，要么是小城寡民，要么是奴隶草民，皆非"天民"。

"天民"观念最圆满的表达，在《尚书·皋陶谟》中：

> ……天工，人其代之，天叙有典，敕我五典五惇哉。天秩有礼，自我五礼有庸哉。……天命有德，五服五章哉。天讨有罪，五刑五用哉。政事，懋哉懋哉。

至此，从"多元一体"定居文明开始，到"天道"哲学的确

---

① 梁启超：《先秦政治思想史》，中华书局2016年，第32页。

立, 一个独立的、完整的、自洽的天—地—人体系出现在中华大地上, 并且屹立千秋。

独立的, 因为一切都起源于中华大地上独一无二的天下型定居文明; 完整的, 因为正是基于这种文明, 才有了集合在天下概念之中的地理、政治和伦理 "三位一体"; 自洽的, 因为天下中的天是哲学意味的天, 所以 "顺帝之则" 就成了 "顺天之则", 继而通过 "天生德于予" 又进一步融化成为人的道德义务, 完成 "天人合一"。

其他古文明中仅仅从人格神到抽象的天这一步, 就都没能完成跨越, 更不要说天下观念的 "三位一体" 和 "天民" 的 "一体两面"。

然而, 凡事都有两面, 正如近现代学者反思中华文明时普遍认为的, 这个文明的确过于超前和早熟。回看中华历史, 无论是 "三位一体" 的天下, 还是 "一体两面" 的 "天民", 其实更多的只是士大夫们头脑中的理想, 而非真正的社会现实。周初 "协和万邦" "德治天下" 策略的实行, 不可能在短时间内就建成一个理想社会。虽说从理论上讲, 当时的中国农民已初步具有了辜鸿铭所说的 "良民宗教" 精神, 但实际上, 在当时的中原地区, 游居的蛮族暴民、城邦的小国寡民、底层的奴隶草民, 也都大量存在, 与其他文明无异。人毕竟是人, 不可能因为《诗》《书》中几句虚无缥缈的哲言, 全体农民就都集体升华成了与众不同的 "天民"。

如前所述, 定居农耕社会扩展的同时, 是下层社会的形成。《诗经》中的《豳风·七月》《魏风·硕鼠》等诗描述的那种二元社会分化和剥削关系，才是更加真切的社会现实。从这一点上看，周道不过就是一种关于如何在业已形成的下层社会之上建立稳定统治秩序的理想。

> 大道之行也，天下为公，选贤与能，讲信修睦。故人不独亲其亲，不独子其子，使老有所终，壮有所用，幼有所长，矜寡孤独废疾者皆有所养，男有分，女有归。货恶其弃于地也，不必藏于己；力恶其不出于身也，不必为己。是故谋闭而不兴，盗窃乱贼而不作，故外户而不闭。是谓大同。（《礼记·礼运》）

如此这般的大同社会若能实现，那天下就是"有道"，人民就是"天民"。

遗憾的是，历史不是按照人的理想演进的。短暂的"成康之治"过后，"周道衰废"不可避免地发生了，昭王伐楚不返，厉王侈傲弭谤，再经骊山之耻、平王东迁，诸侯并起、礼崩乐坏的局面已成，人们心目中那个空中楼阁般的大同天下自此土崩瓦解。

就是在这样一个时代背景下，天下读书人纷纷发声，中华文明最为光彩夺目的思想文化之花大绽放时期随之到来。

今天的人们在重读先秦经典时，既不能将它们仅仅看成是圣贤们高人一等的聪明智慧，也不能盲目认为其中的名句格言绝对英明正确。大体而言，它们只是天下型定居文明这个特殊文明的产物，且生发于这个文明遭遇到理想与现实、超前与滞后、早熟与晚成之间巨大冲突的那个特殊时代。而诸子百家的不同学说，就其实质而言，就是面对这些冲突的诸种不同回应。

这样界定之后，再看先秦诸子的学说，脉络就清楚了。

以孔孟为代表的儒家,抱负最为宏大,对于"三位一体"的信念最为坚定,天道、人伦和天人相与之际三端缺一不可,所以立志要修旧起废,从正面匡扶周道。《史记·孔子世家》记载:

> (齐)景公问政孔子,孔子曰:"君君,臣臣,父父,子子。"……(卫)灵公老,怠于政,不用孔子。孔子喟然叹曰:"苟有用我者,期月而已,三年有成。"

这就是毫不退缩,周道从哪里倒下去,孔子就从哪里扶起来。正如《史记·太史公自序》所言:

> 周道衰废,……孔子知言之不用,道之不行也。……夫《春秋》,上明三王之道,下辨人事之纪,别嫌疑,明是非,定犹豫,善善恶恶,贤贤贱不肖,……王道之大者也。

对于天人相与,儒家给的是完整解。《礼记·礼运》中表达得很清楚:

> 故政者,君之所以藏身也。是故夫政必本于天,殽以降命。命降于社之谓殽地,降于祖庙之谓仁义,降于山川之谓兴作,降于五祀之谓制度。此圣人所以藏身之固也。

以商鞅、韩非等为代表的法家,与儒家同出孔学,两派的区别在于:儒家不接受据乱世的现实,坚持最高理想,追求升平世到太平世之间的"大同";而法家是退而求其次,接受据乱世的现实,关注当下,致力于据乱世到升平世之间的"小康"。所以,法家对于"三位一体"能否恢复其实半信半疑,虽然他们也相信天道,但执意将其中的道解成"法"和"纪",就是《礼记·礼运》那段接在"大同"之后关于"小康"的话:

> 今大道既隐,天下为家,各亲其亲,各子其子,货力为己,

大人世及以为礼，城郭沟池以为固，礼义以为纪。以正君臣，以笃父子，以睦兄弟，以和夫妇，以设制度，以立田里，以贤勇知，以功为己。

如《管子·形势解》所言：

> 天覆万物，制寒暑，行日月，次星辰，天之常也。治之以理，终而复始。主牧万民，治天下，莅百官，主之常也。治之以法，终而复始。

再如《韩非子·主道》所言：

> 道者，万物之始，是非之纪也。是以明君守始以知万物之源，治纪以知善败之端。

"法"和"纪"被当作比"礼"和"义"更牢固的东西。

以老庄为代表的道家，属于所谓"南派"，偏于逍遥，对于"三位一体"的信念最淡漠，不认为圣贤们能够做什么。于天道、人伦和天人相与之际这三端，只信天道，只解无为，根本不相信人伦。所以老子在《道德经》中会主张"绝圣弃智""绝仁弃义"：

> 我无为而民自化，我好静而民自正，我无事而民自富，我无欲而民自朴。……天之道，损有余而补不足，人之道则不然，损不足以奉有余。……天地不仁，以万物为刍狗。

庄子也说：

> 夫帝王之德，以天地为宗，以道德为主，以无为为常。（《庄子·天道》）

> 当是时也，阴阳和静，鬼神不扰，四时得节，万物不伤，群生不夭，人虽有知，无所用之，此之谓至一。（《庄子·缮性》）

以墨翟、禽滑厘为代表的墨家，属于北南之间的"宋郑派"。但墨子为鲁人，习孔子之书，业儒者之业，在匡扶周道的事业上与儒家算是同志，对于"三位一体"的信念同样坚定。墨家于天道、人伦和天人相与之际这三端，比儒家更为相信人伦的力量，也相信天人相与。对于天道，执意要解出"天志"。《墨子·法仪》曰：

> 然则奚以为治法而可？故曰：莫若法天。天之行广而无私，其施厚而不德，其明久而不衰，故圣王法之。既以天为法，动作有为，必度于天。天之所欲则为之，天所不欲则止。然而天何欲何恶者也？天必欲人之相爱相利，而不欲人之相恶相贼也。奚以知天之欲人之相爱相利，而不欲人之相恶相贼也？以其兼而爱之、兼而利之也。奚以知天兼而爱之、兼而利之也？以其兼而有之、兼而食之也。

所谓诸子百家，就其"大宗"而言，就是以上几家，其他诸家都是"大宗"之间混合衍生而成，不再一一详述。以上的简略梳理，旨在突出这些产生于那个特殊时代的古典学说与天下型定居文明本身以及这个文明内在困境之间必然的因果联系。

由于据乱世是现实，太平世是理想，所以，承认据乱世这一现实并从中寻找出路的法家就体现为治术，而不承认这一现实只宣扬太平世理想的道家就变成了宗教。位于两者之间的就是坚持将现实推向理想的儒家，所以儒家是兼有治术和宗教的一种学说。如康有为《外衅交迫，分割迭至，急宜及时发愤，大誓臣工开制度新政局折》所说"夫孔子之道，博大普遍，兼该人神，包罗治教，固为至矣"。

若按梁启超在《先秦政治思想史》中的划分，法家是"法治主义"，道家是"无治主义"，儒家是"人治主义"。"人治主义"偏理想一些，也可称为"德治主义"，偏现实一些，也可称为"礼治主义"。

儒家的"治教合一"性质为日后中国"罢黜百家，独尊儒术"的思想奠定了基础，因为"治教合一"的儒家学说对定居文明中的上层统治阶级和下层社会具有不同的意义。由于是治术，即使是外来的异族统治者，入主中原之后也要尊孔讲经；由于是宗教，即使在下层社会起义造反的时期，也以儒家作为革命思想的资源。这一点，本书后面还会提到。

二、看不懂春秋战国，就看不懂中国和世界

天下国家，或称"内含天下结构之国家"[①]，区别于城市国家、邦国和王国等，是天下型定居文明独有的也是必然的产物，而"平天下"这一事业则是天下国家独有的也是必然的使命。因为这一事业的本质，就是对天下型定居文明的守护，确保它不解体、不灭亡。《吕氏春秋·贵公》曰："公则天下平矣。平得于公。"《吕氏春秋·谕大》又曰："天下大乱，无有安国。一国尽乱，无有安家。一家尽乱，无有安身。此之谓也。"即是说，"平天下"的事业，在于通过"天下为公"实现全天下范围内的安国、安家、安身。

---

① 赵汀阳：《天下的当代性：世界秩序的实践与想象》，中信出版社2016年，第168页。

周朝初期，以政治单位的层级结构和政治伦理的礼乐制度为核心，周王室（宗主国）为顶级，封国和服国（诸侯国）为第二级，士大夫采邑（贵族领地）为第三级，历史上第一次建立起内含天下结构的天下国家。然而，尽管是一个极具创新性的制度设计，细密而严谨，繁复而有序，"郁郁乎文哉"，但是太超前于当时的时代了。

管仲曰："以家为乡，乡不可为也；以乡为国，国不可为也；以国为天下，天下不可为也。以家为家，以乡为乡，以国为国，以天下为天下。"（《管子·牧民》）老子曰："以身观身，以家观家，以乡观乡，以国观国，以天下观天下。"（《道德经》第五十四章）意思是，天下国家是一个整体秩序，这个秩序对全天下每个政治单位包括每个人都是有要求的，必须各安其位，各得其所，不可以自行其是。

很显然，这太理想化了，只在非常完整的、成熟的天下型定居文明中才可能实现。

1. 春秋战国时期贯穿了三大历史进程

事实上，周朝初期的天下，还远远不是一个完整的、成熟的天下型定居文明，甚至大部分地区都还属于化外之地。化外之地渐次开化，先后融入定居文明区，最终合并成为"天下国家"的组成部分，这是在春秋战国时期完成的。

今天回看春秋战国这段对于中华文明存续和发展至关重要的时期，会发现这五百多年并不是一个简单的过渡期，也不是诸侯称王称霸、诸子百家争鸣等流传至今的历史典故所能概括的。整个春秋战国时期实际上并行地贯穿着三大历史进程，而正是这三大历史进程的先后完成，才共同促成了秦朝的统一和秦汉帝国的建立。

第一个进程是国家的兼并和集中，数百个林立的小邦国，合并成为七个大国，最终又统一成为一个超大国家。

周初封建，"兼制天下，立七十一国，姬姓独居五十三人"（《荀子·儒效》），但这七十一个分封国，其实只是当时全天下邦国总数的十分之一左右。按《逸周书》的说法，在封国之外，"凡服国六百五十有二"（《逸周书·世俘篇》）。关于这些臣服于周朝的前殷商小邦国，或者就是小部落，没有留下多少文字记录，人们只知道周朝历史到了《春秋》记事的时代（隐公元年至哀公十四年），只剩下十几个大邦国存世，绝大多数小邦国或部落都在过去的几百年里被兼并融合了。再到战国时代，又完成了一轮大淘汰，最后剩下了七个更大的邦国。

从七百多到七个，集中度是99%，如此剧烈的兼并融合，其历史意义是什么呢？

小国被大国吞并、国家数量越来越少的兼并集中进程，世界历史上不乏其例，也最容易纳入现代的国际关系理论框架加以解释。例如查尔斯·蒂利的"国家制造战争，战争创造国家"的民族国家理论等。但是，如果只看到国家，甚至将春秋战国时期的各诸侯国简单理解为相当于现代国际关系理论中的行为主体，就不能真正理解其历史本质和意义。

很多学者都忽视了这一点：春秋战国时期诸侯国的特殊性在于，它们虽然都已是典型的领土国家，但是在观念意识中，天下仍是一个真实的存在, 就是群雄割据的所有领土国家的总和。将这个时代定义为"霸政时代", 其含义是在整个天下的范围内不能有权力真空出现, 不可以一日而无霸, 多个强权通过你死我活的战争争夺霸主地位, 各领风骚一个时期。《史记·太史公自序》曰:

> 幽厉之后, 周室衰微, 诸侯专政,《春秋》有所不纪; 而谱牒经略, 五霸更盛衰……

所以说, 各诸侯国都不只是争权夺利, 而是天生自带《春秋》纲纪、谱牒经略的雄心和使命来争霸天下, 这一点不可忽略。史书多有记载, 各国君主频频被士人告诫其言行要取信于天下, 通过施行仁义"天下可运诸掌"。所以, 就其本质而言, 每个诸侯国都是在西周天下国家解体之后进入了"据乱世"阶段、但仍然怀抱"太平世"理想的一个小型天下国家。

也就是说, 这一时期的历史演进是带有方向性的, 国家的兼并和集中也隐含了某种目的性。到了战国晚期, 七国无一不建政府、备官守, 本质上已属于同一种制度甚至同一种风俗文化的"现代国家", 相比周初时参差多态、类别不知凡几的七八百个邦国部落, 已是高度发达, 既不属于同一类别, 也非处在同一水平。

所以, 春秋战国时期的确有一个"战争创造国家"的进程贯穿始终, 但这八百年却是天下国家从早熟到成熟、从理想到现实的一个具有自身演化逻辑的阶段性历史运动。

第二个进程, 是散布于东亚大陆的众多蛮夷戎狄族群大规模同化、融入华夏族群。

周初封建, 在山东北封齐太公, 南封鲁周公, 开始有了齐国和鲁国。但齐国和鲁国所在地区的原住民分别是莱夷和东夷，再往南的淮水流域还有淮夷，在这两国建国早期，新移民与原住民相互争地，杀伐不断。所以，齐鲁两国的发展壮大过程，同时也是夷人被同化的过程。及至齐桓公九合诸侯、尊王攘夷、救燕国灭山戎那个时期，齐国内部的族群同化融合早已完成。

晋国始祖是成王幼弟叔虞，始封于河汾以东的太原。该地的原住民是"群狄"，即商周时的猃狁、鬼方及后世的丁零、敕勒、铁勒、突厥等。《诗经·六月》所记周宣王遣尹吉甫"薄伐猃狁，至于太原"，《左传·昭公十五年》所记晋大夫籍谈有言"晋居深山，戎狄之与邻，而远于王室。王灵不及，拜戎不暇"等，即反映了晋初周人农民与游牧戎狄错居杂处、互有攻伐的情况。及至鲁庄公十六年曲沃武公为晋侯时，"谓晋人曰：'与我伐夷而取其地。'遂以晋师伐夷，杀夷诡诸"（《左传·庄公十六年》）。晋献公时号称"并国十七，服国三十八"（《韩非子·难二》），大量的狄人部落如皋落氏、骊戎、耿、蒲、屈等，都在这一时期先后被灭。

再说秦国。与周人东进的方向正好相反，原属东夷居于曲阜的秦人，在商朝末年因战乱从山东穿越中原来到西北，取了周人故地。根据司马迁在《史记》中的记载，秦人嬴姓，始祖是白帝少昊氏。西迁时，嬴姓的一支去了山西，成了后来的赵国；另一支去了甘肃和陕西，就是后来为周孝王养马，并"分土为附庸"的秦嬴。秦仲被封为西陲大夫，为周王室"保西陲"，岁岁攻伐，到秦文公五世中有三君死于戎难，四百余年与西戎混居杂处，相互融合。经过春秋战国时期，西戎已整体被秦、晋、赵等国同化。

《后汉书》中所记的西戎，只剩青海诸羌。

楚国更不必说，连是否是正宗的黄帝世系都大可怀疑，所谓帝颛顼之后、唐祝融之后、夏昆吾之后、殷彭祖之后、周始祖曰熊绎等各种认祖归宗，都有附会之嫌，无法考证，总之与中原族姓世系有别。建国之后，在南方不断融合百濮、百越等"群蛮"，在中原则将汉阳一带周初姬姓诸封国吞并殆尽。经过数百年的同化融合，无论从民族还是文化，楚国整体上还是更接近于荆蛮。到了齐桓公称霸时期，楚国崛起成为大国之一。

所以，若以齐桓公的霸业高峰时期为阶段标志，如公元前664年率大军灭山戎孤竹之年，此时距周初分封诸侯过了大约三个半世纪。总体上看，这一时期的齐和晋，是中原对外扩张消灭戎狄，而秦和楚，则是蛮夷向内同化融入中原。最终的结果是一样的，都是定居文明华夏族的扩张和对蛮夷戎狄的同化。关于战国晚期这段历史，钱穆先生在《国史大纲》一书中总结道：

> 秦、赵、燕三国竞务拓边：燕开渔阳、右北平、上谷、辽西、辽东诸郡；赵灭中山，（其先为鲜虞国，先灭于魏，为魏别封。）开雁门、代、云中诸郡；秦开九原、陇西、北地诸郡，魏开上郡亦入秦。中央诸戎则以韩、魏灭伊、洛诸戎，楚破南阳九夷而渐就消灭。东方淮海诸夷，率与诸夏同化。南方则有楚、越两国之辟地。大抵今浙江、福建两省为越人所辟……[1]

第三个进程，是与民族融合进程相一致且更为本质的一个进程，即定居文明区域的同步扩大。

---

[1] 钱穆：《国史大纲》（上），商务印书馆1996年，第116页。

一些学者认为，华夏族与蛮夷戎狄的区别，并非是种族上的，而是由生产生活方式所决定的。如拉铁摩尔，他的"移置理论"（theory of displacement）认为，在北方草原地带过着游牧生活的戎狄部落，实际上是被很早就居住在农牧交界线附近的边缘人口"推动"出来的，是定居的农耕社会人口和土地不断扩张的结果。也就是说，这些戎狄部落不过就是当初边缘人口中那一部分更能适应大草原自然环境的人群而已，种族上并没有根本的差别。暂且不论这种理论能否得到更多科学证据的支持，历史上的中国人一直也是这么认为的，《史记·匈奴列传》曰："匈奴，其先祖夏后氏之苗裔也，曰淳维。"没把他们当外人。

周朝以迁居到岐下周原的周人氏族为文明主干，周人继承后稷、公刘的稼穑传统，推进农耕，发展农业，所以，当开始实施向四周武装殖民的政策后，基于农业经济的定居文明就在一个很短时期同步扩大到了各地边疆。这应该是在那个历史时期最大的一次定居文明圈的扩展。七十一个诸侯国，就是七十一个定居文明核心区。然而，农民集团在全天下范围内进行武装垦殖，这一战略性扩张的另一面，必然是对于先前的采集者、狩猎者、渔猎者、放牧者等游居部落领地的战略性抢占和掠夺。

反映在汉字上，"国"与"野"相对，《说文》段注："去国百里曰郊""郊外谓之野"。其中的含义是，只有武装边界之内的"国"才有定居文明，而边界之外的野，既可以是农耕也可以是游牧或游猎，处于荒蛮世界。

分封初期，最靠近"天下之中"的鲁、卫、宋、郑、陈、蔡各国，或是先王故都，或是文物重地，历经数百上千年文化的浸润涵养,已成华夏族的人文渊薮所在,声教衣冠名区。相对于晋、楚、齐、秦、燕、吴、越等边疆国家,在这些中原小国里见不到"九夷、八狄、七戎、六蛮"(《尔雅·释地》),各部落也没有"被发左衽""断发文身"等风俗,文化上都是"君子国",血统上都属"正宗",也就是农耕定居文明的核心区。《论语·子路》记载:

> 子适卫,冉有仆。子曰:"庶矣哉!"冉有曰:"既庶矣,又何加焉?"曰:"富之。"曰:"既富矣,又何加焉?"曰:"教之。"

中原地区定居文明经济和文化的繁荣景象由此可见一斑,与边疆地区的荒蛮面貌迥异。

但另一方面,春秋战国五百年的历史大势,却是文化早熟的定居文明核心区注定被晚熟的边疆大国先后灭国。晋楚中原争霸、齐秦东西二帝,核心区那些固守旧土旧民的老贵族国家,却先后成了大国霸政的牺牲品。如果抛开国家的表象,仅从蛮夷戎狄被同化并转入农耕定居生活方式的先后顺序上看,其规律表现为:率先转入定居的地区一定会出现文化和经济的昌盛,但尚武精神也迅速消失,国力随之衰落,随着晚近转入定居的地区在四周崛起,国力增强,前者终将被后者征服吞并。

这一现象可以被简要归纳为"定居社会武力递减"以及"早定居者衰,晚定居者强",这不仅出现在春秋战国时期,实际上贯穿于全部人类文明史。从古埃及、古苏美尔覆灭到雅利安人征服古印度,从古罗马帝国亡于北方蛮族到蒙古大军横扫欧亚大陆,从东胡女真入主中原到欧美基督教列强统治全球,各文明历史概莫能外。

综上所述，春秋战国时期的无与伦比之处在于，这五百多年里包含了国家的兼并集中、民族的同化融合以及定居文明区域的层层扩大这三大历史进程。而秦朝大一统的实现，则是这三大历史进程共同的结果。最终，通过这三种历史进程，为大一统国家的建立创造了最佳条件，经过上千次战争决出了秦国这个"与戎翟同俗，有虎狼之心"（《战国策·魏策三》）的终极胜利者，天降大任于斯人，由它一举完成了大一统的历史使命，在新的历史条件下重建了周初开创的"天下国家"。

今天的中国人应该认识到，春秋战国时期这些惊心动魄、波澜壮阔的历史运动，在整个世界文明史上，不仅在当时是空前的，直到今天也是绝后的。翻遍世界历史，找不到任何可以与之相比的时期。

2.西方学者至今看不懂春秋战国

西方学者看中国，一直都有很多难解之谜，甚至研究越多，谜团反而越多。导致这种情况的原因，本不是因为中国问题有多神秘、多难懂，归根结底还是西方学者研究中国问题的两大先天缺陷：一个是先入为主的"西方中心论"立场，用西方文明做标准来评判其他文明；另一个可以叫做不由自主的"现代中心论"立场，用现代社会做标准来评判古代社会。进一步讲，这两个先天缺陷是一病二症，所以偏于"西方中心论"也必然同时偏于"现代中心论"。结果就是，大多数的西方学者，既不能很好地理解其他文明，也不能很好地理解古代历史，两个偏向叠加之后表现为：在面对最具历史特性的中华文明时完全混乱，就像是带着一副近视眼镜遥望高山大川，怎么看都是模糊一片。

这里不得不提到数年前由四位顶尖学者倾十年之功完成的六卷本《哈佛中国史》。无论这部被认为代表了"新史学"中国史研究世界水平的著作取得了多高的学术成就，获得了多少赞誉，被多少名牌大学当作教科书，它的先天缺陷却是显而易见的。最严重的问题，就是该书直接截断了春秋战国及其以前的这段历史。作者之一陆威仪在他编写的第一卷《秦与汉》中写道：

> 总体来说，秦和汉两个帝国构成了中华文明的"古典"时代，如同古希腊和古罗马之于西方。和"古希腊—古罗马"地中海时代类似，这个时代的中国文化和其他时代明显不同。但是，如果不先抓住中国这个最早的统一时期，了解其完成统一的具体过程，我们就无法理解本书所要讲的内容。[1]

这段话里，历史观的先天缺陷和内在荒谬一目了然：第一，秦汉不是中华文明的"古典"时代，夏商周才是；第二，秦汉之于中国，完全不同于古希腊和古罗马之于西方，两者根本不能相提并论；第三，秦汉不是中国最早的统一时期，从"天下一统"的角度看，周朝是第一次，秦汉是第二次；第四，没有春秋战国时期，就没有秦汉大一统国家的建立。

对此，陆威仪的辩护是：

> （前帝国时代，人们）要么以"秦人""齐人""楚人"为

---

① 〔美〕陆威仪著，王兴亮译：《早期中华帝国：秦与汉（哈佛中国史）》，中信出版社2016年，第2页。

人所知，要么以其他诸侯国国名命名，或者以某个特定地域命名，比如"关内人"。公元前3世纪，秦的征伐把这些不同的人群在政治上联结起来……①

如前所述，周初建立的是天下国家，秦汉建立的也是天下国家，都不是普通王国或帝国，都是天下型定居文明独特的也是必然的产物。而整套天下体系和政治结构，则是周初的创造，并经过周朝八百年，特别是春秋战国五百年三大历史进程的反复糅合塑造，最终才孕育出实现现代政治制度的天下国家——秦和汉。

这是世界历史上独一无二的重大事实，周朝初期形成的"德治天下"和"协和万邦"的伟大理想，直到今天的现代世界还远远没能实现。三千年来谁著史？三千年前谁领先？将中华文明中的秦汉对应西方文明中的古希腊古罗马，同称"古典时代"，表面上看似乎也算一种学说，但在人们头脑中产生的实际效果是什么呢？在中华这边，秦汉距今只有两千多年，原本的五千年文明史一下子被截掉了三千年，少了一大半；在西方那边，古希腊古罗马本是包括西亚和北非在内的古代地中海社会一部分，一旦被并入了所谓"西方文明"，原本只有一千五百年文明史的西北欧又接上了另一个文明的一千五百年历史，似乎西方文明史比中华文明史还要悠久，还要连续！

另一个例子，是欧美学界的一个研究热点，就是运用基于近现代欧洲历史经验的国际关系理论模型，研究中国历史上的

---

① 〔美〕陆威仪著，王兴亮译：《早期中华帝国：秦与汉（哈佛中国史）》，中信出版社2016年，第3页。

春秋战国时期，并使用比较历史学的方法进行相互对照，试图找出为什么中国的秦朝实现了统一，而欧洲始终四分五裂的根本原因。

关于这项研究，有不少学术成果，有人强调地理因素，有人强调文化因素，有人强调支配和制衡或进攻和防御的平衡因素，但都没有得出令人信服的结论。

美国圣母大学政治学系副教授许田波于2008年完成的《战争与国家形成：春秋战国与近代早期欧洲之比较》一书，代表了欧美学术界在这个领域的学术前沿。该书基于如下基本假设：中国的春秋战国时代和近现代欧洲在很多方面有相似性——起源于一个由许多国家组成的封建社会，有着频繁的战争，经历了封建体制的垮台和官僚体制的形成，有一个弱肉强食的国际秩序等，因此可以运用比较历史学，以国际关系理论和行为主体性（agency）为核心的理论方法进行对比研究。其研究结果是：之所以近代欧洲的历史演进形成了一个多国平衡的局面，而中国却走向了统一，是因为春秋战国中的列国采取了"自强型改革"和"聪明的"军事外交策略，而欧洲国家却都采取了"自弱型权宜措施"的对应和相对"笨拙的"外交策略，所以前者的国家力量越来越强大，最终迎来了秦国的统一，而后者则由于"实施'自强型改革'之晚和推行'自弱型权宜措施'之早，继续使欧洲偏离强制型轨道"，而失去了武力统一的机会。

不能说该书中使用的"竞争性逻辑的动力学"理论模型不学术，长达42页的中西文参考文献令人肃然，书中也不乏精彩论述和深刻洞见，但由于"西方中心论"立场，作者将不具备对称性的中国春秋战国与近代早期西方两者硬塞进比较历史学的对称性案例研究框架之中，于是不得不忽略大量的差异性，勉强求得一个简化对比中的简化结论；又由于"现代中心论"立场，作者实际上是在现实主义国际关系理论的框架下来分析春秋战国的历史发展，正如赵鼎新教授在针对该书的一篇书评中指出的：受到对称性比较历史学方法一些固有局限的限制，采取这一方法的学者一般重比较而轻历史，或者说他们的历史叙述往往缺乏很强的时间/空间感。

　　具体说，"西方中心论"就是"空间感"的错乱，将分布在世界各大洲的、多起源和多路径的人类文明历史，毫无根据地合拢到一条经过古希腊和古罗马通往欧洲和北美的"世界历史"的"主线"上，以表明只有西方才有真正的"世界历史"；而"现代中心论"就是"时间感"的错乱，将西方崛起之前的历史，特别是非西方文明的历史，毫无根据地虚无化、碎片化、黑暗化，以表明只有在西方所主导的现代才开启了真正的历史。只有排除掉这两个错乱之后，中华文明作为唯一延续至今的原生文明，唯一的天下型定居文明，才可能从世界历史的大图景中凸显出来。

　　以上两个例子都说明，如果不改变中国历史研究中的基本出发点，无论是哪一种"新史学"，都是死胡同，得出的研究成果也都是误人误己。

　　何为基本的出发点？既然世人公认，只有中华文明是唯一从最初的原生文明延续发展至今没有中断的文明，那么应该可以认为，只有中华文明最适合当作一种标准，用来对比其他文明，进行各种衡量，并描述出人类文明史的一般发展规律。在这个标准中，春秋战国这一历史时期的本质就是：它是天下型定居文明发展的一个必经阶段。在这一独特文明自身的发展逻辑中，夏商两代是天下型定居文明的成型阶段，周朝是封建制天下国家的发展阶段，经过了春秋战国时期的巨变，从秦朝开始是郡县制天下国家的发展阶段。

按唐代柳宗元的看法，在制度演进上，郡县制取代封建制为势所必然，也是"公之大"之后的自然结果：

> 彼封建者，更古圣王尧、舜、禹、汤、文、武而莫能去之。盖非不欲去之也，势不可也。势之来，其生人之初乎？……

> 夫殷、周之不革者，是不得已也。……夫不得已，非公之大者也，私其力于己也，私其卫于子孙也。秦之所以革之者，其为制，公之大者也；……公天下之端自秦始。（《封建论》）

从"势不可"到"势之来"，从"私天下"到"公天下"，从周事"失在于制，不在于政"到秦事"失在于政，不在于制"，归根结底，这是天下型定居文明自有的制度演进逻辑，只有中国人自己看得清楚。

从柳宗元到现在，中华的天下型定居文明又按照自身的逻辑发展演化了一千二百年，并成功汇入了全球化时代。立足于当下世界回看从"势不可"到"势之来"、从"私天下"到"公天下"的历史发展大势，难道不是来到了"世界之所以革之者，其为制，公之大者也"的新时代了吗？

反观西方文明，无论是真实的一千五百年，还是虚假的三千年，都没有经历过天下型定居文明的自发演进历史，当然也就不可能在全球的"天下"时代为全人类指出共同的发展方向。

三、秦汉大一统

柳宗元写《封建论》，说"公天下之端自秦始"，一句话就指出了秦的历史意义。天下区别于一国，本质就在于天下是公，一国是私。《封建论》中对比周与秦，断可见矣：

> 周之事迹，断可见矣：列侯骄盈，黩货事戎，大凡乱国多，理国寡，侯伯不得变其政，天子不得变其君。私土子人者，百不有一。失在于制，不在于政，周事然也。

> 秦之事迹，亦断可见矣：有理人之制，而不委郡邑，是矣。有理人之臣，而不使守宰，是矣。郡邑不得正其制，守宰不得行其理。酷刑苦役，而万人侧目。失在于政，不在于制，秦事然也。

而秦朝废封建置郡县的制度，"非圣人之意也，势也"，就是"公之大者也"之势出现了。天下型定居文明的天下，归根结底是公天下，不是私天下。全取天下者必须要明白这个大势，不因为别的什么，仅仅是因为天下的大，就必须为公而不是为私，就不能再像周那样封土建国、私其土、子其人，而必须像秦这样"裂都会而为之郡邑，废侯卫而为之守宰，据天下之雄图，都六合之上游，摄制四海，运于掌握之内"。这是一个被秦朝首次实践之后又被多个朝代一再验证过的道理，对于中国，应该是一个不言自明之理。

但是，自秦之后越两千年，这个并不复杂的道理，却并未因为有过很多懂道理也会讲道理的人讲过多次而变得不言自明。直到今天，关于秦朝，还有两顶大帽子摘不下来，一曰"暴政"，二曰"专制"。以至于只要提到秦朝就一定要罗列秦始皇的是是非非。这个问题其实还是一个历史尺度的问题。在小的历史尺度之下，历史人物会显得很大，以至于人们往往把具体人物当成问题中心；但在大的历史尺度之下，历史人物就溶入到了历史事件当中，成了其中的组成部分，这时，人们就必须放弃以人物为问题中心的立场，转为以事件为问题中心。这个转换，对于中国历史尤其重要，因为中国历史太漫长，每一个只有几十年生命时间的人物，无论在世时做了多么轰轰烈烈的事，在数千年的历史长河中，都不足以构成问题中心。

伟大人物如秦始皇也不例外，他开创了秦朝，建立了秦制，但若放在上至战国、下至两汉的这一段大的历史中，他也是历史事件的组成部分。郡县制是春秋时期开启的，秦朝时推行到全国，汉初封建并非复辟，因为它不是周初那种开国殖民的封建，而是分割郡县的封建，其间的历史运动自成大势，并不因帝王之不同而有所改变。如辛弃疾所说"青山遮不住，毕竟东流去"，若把中华文明比作一条冲破青山层层遮挡、一路奔涌东流直到今天的长河，真正的问题总是存在于层层青山与东流江水之间，人物不是问题中心，人物头顶上的帽子也不能作为历史时期的标志。

关注青山和江水，聚集于历史运动的本来，至少回归到柳宗元的论证上，道理其实清晰可见，并不复杂。

1. 秦朝的建立是一场反贵族专制的革命

对于伟大的秦朝，这个经过了春秋战国三大历史运动之后，终于在公元前221年完成了"六王毕，四海一"统一大业，并超前于世上所有国家进行了大一统建设的国家，近现代的中国学者并未给予很高评价。很多人仍然众口一词地套用"君主专制"这个概念来定义它；即使肯定其实现统一的进步意义，但仍会"一分为二"地强烈批判秦始皇的专制、独裁和暴政，乃至认定他为此后两千多年"君主专制主义"的始作俑者，要为中国历史漫漫长夜般的黑暗乃至近代以来的衰弱落后负责。

公开打破这一定论的，反倒是日裔美国人弗朗西斯·福山，他在《政治秩序的起源》一书中写道：

> 中国西部的秦孝公和谋臣商鞅，奠基了世界上第一个真正现代的国家。秦王征服所有对手，建立统一国家，并将秦首创的制度推向中国北方的大部，国家巩固由此告成。

> 可以肯定地说，是中国发明了现代官僚机构。永久性的行政干部全凭能力获选，不靠亲戚关系或家族人脉。

> 秦朝凭借政治权力所建立的强大现代制度，不但活过了汉初的贵族复辟，而且在事实上定义了中国文明。尽管在后来中国王朝中，法家不再是钦准的意识形态，但在国家制度中仍可看到它留下的遗迹。①

福山的观点显然是有道理的，作为现代学者，他在比较了自远古到今天世界上各种"政治秩序"之后，确定无疑地认为秦朝

① 〔美〕弗朗西斯·福山著，毛俊杰译：《政治秩序的起源》，广西师范大学出版社2014年，第95、107、120页。

是世界历史上第一个建立了现代政治制度的国家，是所有近现代国家的先驱。

那么，"君主专制"和"现代政治制度国家"两者之间又是什么关系呢？首先需要明确的一点是，将"君主专制"笼统地归为一种坏制度，这个认识本身就是一个错误。事实上，作为一种政治制度，"君主专制"在世界历史的大部分时间里，不仅不是代表着黑暗和反动，反而是代表着光明和进步。

这是因为，在近代的民主共和制度出现之前，君主专制的对立面，一是贵族专制，二是神权专制。而无论是东方社会还是西方社会，无一不是在历史发展的某个阶段，靠着伟大和英勇的君主，经过长期而艰巨的斗争之后，最终冲出了贵族专制或神权专制的黑暗时代，过渡到了君主专制，然后才一步步走向了更加光明和进步的民主共和。

在欧洲，君主专制冲破神权专制这个决定性的进步，最早在15世纪的意大利城邦一点一点开始，而真正的君主专制大国，更迟至17世纪才在欧洲各地出现。在阿拉伯世界，由于"政教合一"传统的顽强延续，完全意义上的君主专制直到今天也没有出现。

这样比较地看，有什么理由说早于世界上任何一个民族一千多年以上建立起来的秦朝君主专制制度是黑暗和落后的呢？凭什么一边把15世纪西方的马基雅维利、16世纪的霍布斯等人奉为人类文明进步的先驱、"现代性"的鼻祖，另一边却对早于他们整整一千八百多年的秦国商鞅横加鞭挞呢？秦国的规模上千倍于意大利城邦国家，秦国的崛起早于西方近代国家上千年,那么商鞅不是应该比马基雅维利和霍布斯更伟大吗? 其历史地位不应该排在世界伟大思想者和改革者的前列吗?

更不用说,秦朝的大一统,是在当时世界上最大的定居农耕文明从列国发展到天下的阶段之后,在公天下的大势已经强大到不可阻挡之后的应运而生;是一个远远走在其他文明社会之前,提早进入天下阶段的文明的一次新的突破。

自周初即已初步成型的天下型定居文明,经历了春秋战国阶段,到了秦国崛起的时期,整个定居农耕社会要解决的,早已不是君权如何战胜神权的问题,而是围绕着如何战胜世卿贵族,如何变多君为一君、真正实现大一统而展开的。回顾秦帝国从崛起到完成统一的全过程,本质上正是消灭世卿贵族势力、变多君为一君的过程。

在中华政治哲学中,除了神权当道之世以外,最坏的就是"多君为政之世",属于"三世说"中的"据乱世"。梁启超曾将治天下者面临的三种天下分为"多君为政之世""一君为政之世"和"民为政之世",分别对应"公羊三世说"中的据乱世、升平世和太平世。他在《论君政民政相嬗之理》中写道:

> 凡多君之世,其民皆极苦,争城争地,糜烂以战,无论矣。彼其为君者,又必穷奢极暴,赋敛之苛,徭役之苦,刑罚之刻,皆不可思议。观于汉之诸侯王,及今之土司,犹可得其概矣。

> 孔子作《春秋》,将以救民也,故立为大一统、讥世卿二义,此二者,所以变多君而为一君也。变多君而为一君,谓之小康。

> 昔者秦、楚、吴、越,相仇相杀,流血者,不知几千万人

也，问今有陕人与湘人争强，苏人与浙人构怨者乎？无有也。昔之相仇相杀者，皆两君为之也，无有君，无有国，复归于一，则与民休息，此大一统之效也。世卿之世，苟非贵胄，不得位卿孤，既讥世卿，乃立选举，但使经明行修，虽蓬荜之士，可以与闻天下事，如是则贤才众多，而天下事有所赖，此讥世卿之效也。[①]

据统计，从周元王元年（前475）至秦王政二十六年（前221）共计二百五十五年的战国时代，各诸侯间总共发生了大小战争二百三十次。从大一统的角度来看，这就是"多君为政之世"，所谓"秦、楚、吴、越，相仇相杀，流血者，不知几千万人也"。如果没有一个伟大的君主出现，用武力手段强行实现统一，要让一个社会自动完成从"据乱世"到"升平世"和"太平世"的跨越，是绝无可能的。这一点，古今中外概莫能外。

无论是"公羊三世说"，还是梁启超的三世说，这里的"世"都是指天下而不是一国。西方政治学起源于古代希腊城邦政治，发展于中古意大利小国政治，终结于近代欧洲列国政治，从来没有来到过天下政治的阶段，那些只把西方政治理论奉为圭臬的学人，当然不明白这种学说。

秦朝只持续了十五年，时间很短，但这十五年却是人类历史上第一次天下政治的全面实践。各项重大改革举措——废封建、设郡县、堕城郭、通川防、车同轨、书同文，都是只属于天下型定居文明的大一统建设，其程度之高，冠绝全球。即使不过多

---

① 梁启超：《论君政民政相嬗之理》，见《饮冰室文集之二》，第8页，《饮冰室合集》（第1册），中华书局1989年。

强调君主的个人行为，秦嬴政的历史地位不是也应该排在世界伟大政治人物的前列吗？

所以说，真正的专制制度，不仅体现在大一统的天下国家中，更体现在未实现大一统的那种众多君主"争城争地，糜烂以战"的"据乱世"中。因为君主们为了争霸，其治下的"赋敛之苛，徭役之苦，刑罚之刻"，皆远超人们的想象。后人骂秦始皇驱使人民修长城是暴政，难道他们忘了早在六国时齐国、燕国、赵国也一直在修长城？秦始皇修长城是为了抵御北方匈奴，是捍卫整个中原的定居农耕社会，而齐国的长城却是为了抵御鲁国和楚国的入侵，是内战割据。而只有大一统国家的出现，才能推翻"多君为政"的专制暴政，才能救民于水火，与民以生息。

人类历史上第一次关于天下政治的政治会议，《史记·秦始皇本纪》中记载的这一段，每每读来都鲜活如昨：

> 丞相绾等言："诸侯初破，燕、齐、荆地远，不为置王，毋以填之。请立诸子，唯上幸许。"始皇下其议于群臣，群臣皆以为便。廷尉李斯议曰："周文武所封子弟同姓甚众，然后属疏远，相攻击如仇雠，诸侯更相诛伐，周天子弗能禁止。今海内赖陛下神灵一统，皆为郡县，诸子功臣以公赋税重赏赐之，甚足易制。天下无异意，则安宁之术也。置诸侯不便。"始皇曰："天下共苦战斗不休，以有侯王。赖宗庙，天下初定，又复立国，是树兵也，而求其宁息，岂不难哉！廷尉议是。"

这是公元前221年的事，其历史意义和政治价值，无论怎样评估都不过分。秦嬴政不仅摧毁了六国的君王和世卿势力，而且为了避免历史的循环，防止中国再回到"天下共苦战斗不休"的"多君为政之世",不再立诸子、置侯王,而是分天下以为三十六郡,郡设守、尉、监。

"天下初定,又复立国,是树兵也",始皇帝的头脑很清楚,立国树兵与天下安定是对立不相容的,前者就是分封,就是为私,后者才是为公。

历史见证,自秦以后,中国社会就进入了一个皇帝与百官共治天下的天下政治时代。弗朗西斯·福山写道:

> 家族拥有地方权力、不受中央政府管辖的周朝封建主义,在中国后来历史上定期回潮,尤其是在朝代交替的混乱时期。中央政府一旦站稳脚跟,又夺回了对这些政治体的控制。从来没有一次,封王可以强大到可以逼迫帝王做出宪法上的妥协。①

所以说,秦朝的建立,就是一场结束多君专制暴政的革命。对这场革命的评价,可以基于如下两个基本事实:第一,对于天下人这一整体来说,秦朝的暴政,一定不会大于统一之前列国的暴政之总和。第二,对于天下人这一整体来说,秦朝的酷刑、徭役、田赋、征战,列国一样都不会少;但秦朝为中华民族铸造的大一统家国基础、为抗击外敌构建的强国外壳、为中华文明之生发演进开拓出的天下国家这一巨大且独特的发展空间,列国根本不可能做到。

更重要的是,秦朝所完成的大一统,将天下型定居文明推进到了真正的天下政治时代。中国自秦以后两千多年的历史,

---

① 〔美〕弗朗西斯·福山著,毛俊杰译:《政治秩序的起源》,广西师范大学出版社2014年,第122页。

所谓"百代秦制"，正是天下政治的实践与发展。自秦以后，两汉是天下一统，隋唐是天下一统，明清也是天下一统，真正的盛世——人民安康、物产丰盛、商业发达、艺术繁荣等等，必定出现在天下一统的朝代，而不是在四分五裂、战乱频仍的时期。

2. 汉朝的建立是下层社会的崛起

秦朝二世而亡。《大秦帝国》的作者孙皓晖先生坚持认为，个中原因绝不是"暴政亡秦"这么简单。他说：如果它果真是暴政，我绝不包庇它，说暴政而亡秦的人，不妨认真去下功夫研究秦法，如果你研究秦法能得出结论——它是一部劣法、恶法，那么你说秦亡于暴政还有基础可支撑。否则你仅仅是拾人牙慧，是把暴秦当口号去唱。

他认为，有很多偶然因素导致了这个结果，而且还有一个重要的背景值得特别注意：秦统一中国的时候，灭六国算是六场大战，之后反击匈奴一场，50万大军进攻岭南又是一场。八次大战完成以后，大军还在边疆驻扎，中原地区反而没有用于维护内部安定的军队了。他认为秦始皇突然得了天下，尚不懂得统一政权后最重要的是什么，最可能产生的动荡是什么，没有意识到统一后维护政治安定的重要性。他说：秦的农民起义能够在数日之间天下响应，绝不是因为那个时候信息发达，而是在基本上没有军队防守的情况下，当时整个内地的政府管理机构被搞得措手不及……

他认为秦亡的本质可以总结为八个字：求治太速，善后无方。下面不妨沿着孙教授这个思路，考察一下秦亡汉兴这段历史背后的文明史含义是什么。

始皇二十八年、二十九年（前219、前218），东行郡县，刻石颂秦德，行文中提到六王时，"戎臣奉诏，经时不久，灭六暴强""武威旁畅，振动四极，禽灭六王"；而提到黔首时，"烹灭强暴，振救黔首，周定四极""黔首改化，远迩同度，临古绝尤"。

如果秦始皇早有预感，事先知道数年后最终推翻秦朝并建立新朝代的势力，不是六王的旧部，而是黔首的新军，不知他刻石的时候还会不会如此这般地写。

刘邦一介布衣，率领一众白徒南征北战，最后全取天下，这一个天翻地覆的历史变局，让阶级问题第一次成为中华历史中的一大主题。从汉朝建立的那一天，站在布衣阶级的立场上回望此前的全部历史，三皇五帝三王，周天子及八百诸侯，秦王与六王，无论他们之间如何你死我活地拼杀，其实都属同一个阶级，他们都是贵族，而汉朝却是历史上第一个平民王朝。

如果刘邦能洞察历史大势，他会看到：以他建立平民王朝这一时刻为终点，既往的过去是一个长达数百年都在进行之中并直接通到他的脚下的连续历史运动。周初建立了一个封建的天下，这是他的这个天下最初的基本盘；此后进入春秋战国乱世，礼崩乐坏，废井田开阡陌，各国新法迭出，奖励战杀，以首级定爵；只见贵族地位一再下降，下层社会快速崛起，同时随着诸侯列强向四周蛮夷之地的扩展和总人口的增长，下层社会的规模不断壮大，所覆盖的版图也不断扩大；只见这个以下层社会崛起为主线的历史运动在战国时期进一步加速，最后的强国只剩下七国，贵族集团之间的火并日益白热化，终于由虎狼之国的秦国灭掉了其他六国，一统天下；只见统一过程中，"秦每破诸侯，写放其宫室，作之咸阳北阪上"，统一之后，又"收天下兵，聚之咸阳，销以为钟镶，金人十二，重各千石，置廷宫中"，这一切都像是为下层社会的最后胜利提前铺平了道路。

不知道沛公"暮登天子堂"之时会不会在内心感谢始皇帝，没有秦始皇的"灭六暴强""禽灭六王"，哪有他汉高祖的这个大一统天下？正是秦始皇的灭六国，将压在下层社会头上的六个各自为政的贵族统治机构一扫而空，只留下一个至高无上的皇权，从此多君为政之世变成了一君为政之世。此举的客观结果，是将原本被分割为很多不同部分的下层社会合并成了一个整体，相当于在天子取得了整个天下的同时，下层社会也取得了整个天下。陈胜、吴广大泽乡起兵时曰："王侯将相宁有种乎！"项羽第一次见到秦始皇后立誓"彼可取而代也"，刘邦第一次见到秦始皇后感叹"大丈夫当如此也"。这些表达鸿鹄之志的豪言壮语，若不是下层社会摆脱了贵族政治时代的层层压制和多头统治，若不是下层社会作为一个整体也铺满了整个天下，则根本是难以想象的。

除此之外，也正是秦始皇的大一统建设，堕坏城郭，决通川防，夷去险阻，以及车同轨、书同文，在大大方便了中央政府对各地实施统治的同时，也大大方便了下层社会的天下起兵、四方响应。

孙皓晖先生发觉到了反秦起义军响应之快、进军之快，他关于中原地区秦军兵力空虚的推测应该是有道理的。《史记·陈涉世家》记陈胜、吴广起事之后，最初一段时期兵锋所至，势如破竹：

> 攻大泽乡，收而攻蕲。蕲下，乃令符离人葛婴将兵徇蕲以东。攻铚、酂、苦、柘、谯皆下之。行收兵。比至陈，车六七百乘，骑千余，卒数万人。攻陈，陈守令皆不在，独守丞与战谯门中。弗胜，守丞死，乃入据陈。数日，号令召三老、豪杰与皆来会计事。三老、豪杰皆曰："将军身被坚执锐，伐无道，诛暴秦，复立楚国之社稷，功宜为王。"陈涉乃立为王，号为张楚。

从陈涉起兵到刘邦与项羽鸿沟为界中分天下，不过短短五年时间，这种巨变，在此前两千年的历史上是不曾有过的，也是无法想象的。太史公读秦楚之际，万分感慨：

> 初作难，发于陈涉；虐戾灭秦，自项氏；拨乱诛暴，平定海内，卒践帝祚，成于汉家。五年之间，号令三嬗，自生民以来，未始有受命若斯之亟也。

他看到的是："昔虞、夏之兴，积善累功数十年，德洽百姓，摄行政事，考之于天，然后在位。汤、武之王，乃由契、后稷修仁行义十余世，不期而会孟津八百诸侯，犹以为未可，其后乃放弑。秦起襄公，章于文、缪，献、孝之后，稍以蚕食六国，百有余载，至始皇乃能并冠带之伦。以德若彼，用力如此，盖一统若斯之难也。"另外，他还看到："秦既称帝，患兵革不休，以有诸侯也，于是无尺土之封，堕坏名城，销锋镝，鉏豪桀，维万世之安。然王迹之兴，起于闾巷，合从讨伐，轶于三代，乡秦之禁，适足以资贤者为驱除难耳。"但是，毕竟他是汉代的人，日后的一次次历史重演，他都无法知道，所以，他只是感叹："故愤发其所为天下雄，安在无土不王。此乃传之所谓大圣乎？岂非天哉，岂非天哉！非大圣孰能当此受命而帝者乎！"（《史记·秦楚之际月表》）

太史公未能完全看透的是：自秦以后，皇帝得了天下，人民也得了天下；随着封建制的崩溃，政权归了集权的皇帝和百官，土地使用权却归了自由的地主和农民；从此以后，的确不再需要封土才能称王，只要顺乎天应乎人，人人都可以直接当"大圣"。这的确就是天命，"岂非天哉，岂非天哉"的感叹没有错，下层社会打天下坐天下，已成为天下政治的一部分。

楚汉相争，项羽相信实力，刘邦却相信天命，所以项羽归根结底还是列国政治时代的人，刘邦才是天下政治中的人。刘邦打仗打不过项羽，汉二年彭城之战，五十六万诸侯联军被项羽三万轻骑兵突袭，一举灭掉二十万，刘邦仅率数十骑逃脱，捡了一条命；但刘邦"隆准而龙颜"，每每都能得到关键助力，逢凶化吉，背后的原因却是得到了天下人心。

跟着刘邦打天下的核心军事集团均是下层社会中人，萧何原在衙门内当差，曹参亦是衙门内的狱官，陈平是一穷苦平民，周勃是出丧时吹箫的，韩信是要饭的，黥布是充军的。一群人里只有一个张良是贵族出身。但是，在刘邦每一次差一点误入歧途丧失全取天下的机会时，恰恰都是这群兄弟把他拉了回来。

如果不是天下的观念已经在当时的下层社会中深入人心，一群穷苦农民占了咸阳城之后，新晋的"关中王"断无理由听从樊哙、张良的谏言，"封秦重宝财物府库，还军霸上"，并召诸县父老豪杰"约法三章"。而正是这一次及时的迷途知返，奠定了日后刘邦大军争夺天下的胜局。短短三年后，刘邦垓下一战逼死项羽，结束了楚汉之争，登基称帝。

从文明史的角度观之，秦始皇是贵族社会建立天下一统的第一人，汉高祖是下层社会建立天下一统的第一人，未来还会出现戎狄社会建立天下一统的第一人；自秦以后两千多年的中华历史，不过就是这三种天下一统模式的交替和变奏。柳宗元《封建论》说：

> 汉有天下，矫秦之枉，徇周之制，剖海内而立宗子，封功臣。数年之间，奔命扶伤之不暇。困平城，病流矢，陵迟不救者三代。后乃谋臣献画，而离削自守矣。然而封建之始，郡邑居半，时则有叛国而无叛郡。秦制之得，亦以明矣。继汉而帝者，虽百代可知也。

天下政治的大势已经形成，无论封建制如何强力回潮，都只是回光返照。自汉朝之后，虽百代千秋，也必定是公天下和郡县制，不可能还是别的什么。因为归根结底，这是被广土巨族和天下型定居文明所决定的必然结果。

第四章　文明的锻造

一、郡县与封建

封建制的瓦解，郡县制的实行，始于春秋战国时期，是霸政出现之后的必然结果。《左传·昭公七年》的一段话反映了当时诸侯对自己领地的新理解：

> 天子经略，诸侯正封，古之制也。封略之内，何非君土？食土之毛，谁非君臣？

自春秋初年开始，列国诸侯已纷纷向本国的卿大夫颁赐土地和人民作为食邑，如晋昭侯封其叔父成师为曲沃伯，号曲沃桓叔；鲁国分封世族"鲁三桓"孟孙氏、叔孙氏、季孙氏。受封者往往"其富半公室，其家半三军"（《国语·晋语八》）。战国时期，"七雄"都是"方千里"的大国，向下分封更甚，如燕昭王"封乐毅于昌国，号为昌国君"；楚国以黄歇为令尹，封春申君，食十二县民户之租税；齐国孟尝君"封万户于薛"；秦国"封（商）鞅为列侯，号商君"。终战国之世，获得封地的列侯数量超过百个。

管仲辅佐齐桓公之时告诫国君"毋予人以壤"，一旦"弟兄十人，分国为十；兄弟五人，分国为五"地分封下去，必致"伏尸满衍，兵决而无止"（《管子·山至数》）。斯人已逝，东帝不再，事到如今，只能期待西帝秦国出来重建天下了。

1. 郡县制的实行

郡县的出现，在时间上与封建制的崩坏大约同时，也是春秋时期，最初是因为领土的扩张。鲁庄公七至十二年（前687—前682），楚文王灭申、息以设县，其后，楚每灭一国，多建县制，它是直属楚王的地方行政机构，不是卿大夫的封地。晋国设县略晚于楚，也是因为扩张领土而设，县长官称"大夫"，如晋文公围原，原降，以"赵衰为原大夫"；晋襄公败狄于箕，获白狄子，赐荐郤缺的胥臣以"先茅之县"；赵简子进攻郑军之前，誓曰"克敌者，上大夫受县，下大夫受郡，士田十万，庶人工商遂，人臣隶圉免"[1]。

钱穆先生在《国史大纲》中总结道：内废公族，外务兼并，为封建制破坏、郡县制推行之两因。而无论是内废公族，还是外务兼并，所反映的正是战国时期列强争夺天下的霸政之大势，当时的秦国则是霸政大势的头号引领者。秦孝公十二年（前350），商鞅变法，"并诸小乡聚，集为大县，县一令，四十一县"。

虽然郡县制是天下政治的势所必然，但正如柳宗元所言，它也需要有好的政治予以支撑，一旦像秦朝那样"失在于政"，郡县制也救不了，更何况郡县制并非没有弊病。

---

[1] 参见冯天瑜：《"封建"考论》，湖北人民出版社2018年，第34页。

　　秦朝之后，封建制在历史上又有过多次回潮，如秦楚之际项羽大分封、西汉初先封异姓王后封同姓王、西晋的众建亲戚、明太祖封子侄三十九人并授塞王以重兵等。从汉代到清代，士大夫们一直都在讨论郡县与封建两者各自的利弊。

　　大体上，秦汉以后，以郡县制为基础的中央集权是一个逐步强化的趋势。但每一个新朝代建立之初，出于"广树藩屏，崇固维城"的目的，仍对皇亲国戚和功臣宿将封侯赐土。最后形成了一个折中的方案，就是明令王侯们"食禄而不治事"，即只在封地征收财赋，而没有政治治理权，行政管理由朝廷派遣的流官执行，如《续文献通考·封建考》所说：列爵而不临民，分土而不任事。中唐以降，除了明初之外，多数情况下就是这种"封而不建"的状态[①]。

　　明朝初期和清朝初期两次打破惯例的"实封"，都为日后的藩王反叛埋下了祸根。明朝建文帝年间，燕王朱棣发动"靖难之役"，夺了侄儿的皇位，是为明成祖永乐帝；成祖的第二子、汉王朱高煦于宣德元年（1426）叛乱，事后被废为庶人；正德年间又发生了宁王朱宸濠的叛乱。鉴于这些藩王作乱的历史教训，此后的朝代不得不在"封藩"之后又"削藩"。以藩王身份反对建文帝削藩的朱棣，登上皇位之后，第一件事就是实行削藩。清朝入主中原，实封明朝降将吴三桂等人为王，康熙实行削藩，引发"三藩之乱"，平定之后，用布政使制度取而代之。明、清两代还实行"改土归流"，在西南边省地区废除世袭土司，设置府、厅、

---

　　① 参见冯天瑜：《"封建"考论》，湖北人民出版社2018年，第92页。

州、县，任命临时的流官治理，将中原的郡县制扩大到边疆。

2. 两种制度的利弊之辩

郡县制区别于封建制之处，第一，地方官吏均由中央政府任免，升降去留全凭朝廷政令，任贤不任亲，脱离了血缘亲族的羁绊。第二，郡县制下兵、民分治，军、政分职，如"兵符契合制"等，防范了诸侯割据，武人坐大。第三，朝廷设监察官，如秦代由御史大夫向各郡派"监御史"，明代用宦官为"监军"，负责监察地方政府官员和掌军将帅的行为，随时向上报告。这是公天下的应有之义，其深层的历史背景，就是天下型定居文明的不断发展和扩大。柳宗元《封建论》中指出的"势之趋""公之大"这两个关键点，非常正确，尤其是点破了天下政治中公与私的关系。以他的这个名篇为起点，后人的讨论普遍上了一个台阶。苏东坡在《东坡志林·秦废封建》中称：

> 宗元之论出，而诸子之论废矣，虽圣人复起，不能易也。故吾取其说而附益之，曰：凡有血气必争，争必以利，利莫大于封建。封建者，争之端而乱之始也。……近世无复封建，则此祸几绝。仁人君子，忍复开之欤？故吾以李斯、始皇之言，柳宗元之论，当为万世法也。

王夫之在《读通鉴论》卷一《秦始皇》中写道：

> 郡县之制，垂二千年而弗能改矣，合古今上下皆安之，势之所趋，岂非理而能然哉！……秦以私天下之心而罢侯置守，而天假其私以行其大公，存乎神者之不测，有如是夫！

晚清时期的魏源在《默觚下·治篇九》中写道：

柳子非封建，三代私而后代公也；世族变为贡举，与封建之变为郡县何异？三代用人，世族之弊，贵以袭贵，贱以袭贱，与封建并起于上古，皆不公之大者。……而封建不变，则世族亦不能变。

郡县制的弊病，是随着大一统天下范围的扩大而逐渐出现的。西汉自景帝、武帝直到东汉，封建再未回潮，尺土一民，皆统于中央，诸封王只是食邑而已。曹魏大体上承袭秦制，虚封而不实封，《三国志·魏书·武文世王公传》称："魏氏王公，既徒有国土之名，而无社稷之实。"但曹囧却撰《六代论》，批评朝廷"尊尊之法虽明，亲亲之道未备"，致使"宗室窜于闾阎，不闻邦国之政。权均匹夫，势齐凡庶"，担心"一旦疆埸称警，关门反拒，股肱不扶，胸心无卫"。他认为秦朝的郡县制是"弃礼乐之教，任苛刻之政。子弟无尺寸之封，功臣无立锥之地，内无宗子以自毗辅，外无诸侯以为藩卫"。文章追述周以下六代的经验教训，称周祚长，因有封建；秦速亡，由于废封建；西汉封建，故诸吕不能成事。

西晋吸取曹魏因孤立无援而亡的教训，重新实行封建。晋惠帝立后，诸王或镇雄藩，或专朝政。陆机撰《五等论》，批评郡县制"夫进取之情锐，而安民之誉迟，是故侵百姓以利己者，在位所不惮；损实事以养名者，官长所凤慕也。君无卒岁之图，臣挟一时之志"。同时称赞封建制"知国为己土，众皆我民；民安，己受其利；国伤，家婴其病。故前人欲以垂后，后嗣思其堂构，为上无苟且之心，群下知胶固之义"。

然而，即便有曹囧、陆机等人针对郡县制看似雄辩的批评，但他们的意见却没有成为主流。唐太宗贞观十一年（637），令诸功臣世袭刺史，长孙无忌等十四人辞曰："违时易务，曲树私恩，谋及庶僚，义非金允。方招史册之诮，有紊圣代之纲。"（《旧唐书·长孙无忌传》）此后所封诸王不出阁，聚居京师，有名号，无国邑，空树官僚而无莅事，爵仅及身而止，仅衣税食租。明朝中后期，仍是分封而不赐土，列爵而不临民，食禄而不治事。

明代中期以后，中央集权的郡县制已成为国家牢不可破的政体，恢复封建制再无可能，所以，全部政治弊端乃至政治危机就只能归咎于当时的这一种政治制度。在这个背景下，封建制与郡县制的利弊之辩再次兴起。

顾炎武在《郡县论》中认为明代守令无所作为，主要原因在于君主集权："今之君人者，尽四海之内为我郡县，犹不足也。人人而疑之，事事而制之。"继承了东林党人"冷风热血，涤荡乾坤"理想的黄宗羲，将矛头直指君权独揽，他在《明夷待访录·原君》中说：君主得天下则"敲剥天下之骨髓，离散天下之子女，以奉我一人之淫乐，视为当然，曰'此我产业之花息也'。然则为天下之大害者，君而已矣"。关于封建制的好处，黄宗羲继承了曹冏和陆机的论点："自三代以后，乱天下者无如夷狄矣，遂以为五德诊眚之运。然以余观之，则是废封建之罪也。……若封建之时，兵民不分，君之视民犹子弟，民之视君犹父母，无事则耕，有事则战。"两种制度对比起来，"封建之弊，强弱吞并，天子之政教有所不加。郡县之弊，疆场之害苦无已时"[1]。

---

[1] 参见冯天瑜：《"封建"考论》，湖北人民出版社2018年，第68—69页。

关于郡县制，顾炎武认为："方今郡县之弊已极，而无圣人出焉，尚一一仍其故事，此民生之所以日贫，中国之所以日弱而益趋于乱也。"他指出，君主集权的弊端在于"尽天下一切之权，而收之在上"，而封建制的周天子远没有如此集权，所以"不敢肆于民上以自尊，……不敢厚取于民以自奉"。在比较"封建"与"郡县"两制之后，他提出了这一著名论断："封建之失，其专在下；郡县之失，其专在上。"而明清时的主要问题是"其专在上"，因此他主张：

> 尊令长之秩，而予之以生财治人之权，罢监司之任，设世官之奖，行辟属之法，所谓寓封建之意于郡县之中，而二千年以来之敝，可以复振。[①]

在中国两千多年的历史中，文人士大夫们一直将郡县和封建当作逻辑上的一个对偶概念而反复争辩，其中的原因很多，而且不同朝代和不同时期有不同的时代背景；但由于这一对概念还关联着公与私、义与利、华夏与夷狄等传统政治哲学中的对偶概念，所以周期性地开展一波热议并不奇怪。杨联陞先生在《国史探微》一书中写道：

> 在传统中国学者的心目中，这两种制度是完全对立的。因此他们往往不考虑到任何定义问题而热烈讨论它们的利弊。事实上，我们无需把这两种制度看成是两种互不相容的政府组织形式。从整个政治制度史来看，我们发现如果把这两种传统的政治形式当作是具有极为宽广的光系的两极的话，似乎

---

① 〔清〕顾炎武：《郡县论一》，见《顾亭林诗文集·亭林文集》卷一，中华书局1983年，第12页。

更有意义。

他认为，中国的传统王朝一直存在着两种制度，汉代实行郡国并行制，魏晋时期郡县与封建共存，而唐代的羁縻府州也是一种地方的分权组织，明代对宗室的分封更是成为整个国家的负担。这里贯穿的是一个问题：

> 从封建制度与郡县制度的对立中可以明显地看到中央集权的难题。当然要使一个社会的向心力与离心力达到一种完全令人满意的平衡也是相当困难的。[①]

确切地说，对于广土巨族的天下国家，对于天下型定居文明，任何单一的治理模式都会面临类似的问题。杨联陞先生所想象的中国政治制度"极为宽广的光系"应该是存在的，郡县制和封建制无非是这个宽广光系中的两个极端形式。两千年来，随着天下型定居文明的成长和发展，这两种形式也在不断地糅合、冲撞、搏成，并无一定之规。总的来看，可以理解为是天下型定居文明的一种自我锻造。

二、事业与商业

与郡县制和封建制的复杂关系类似，中国历史上还存在着事业与商业之间的这一对冲突。正因为中国是天下国家，政府与工商业之间，或官僚集团与商人集团之间，才出现了复杂难解的关系。

---

① 杨联陞：《国史探微》，辽宁教育出版社1998年，第96页。

1. 问题从商周之变开始

很多人忽略了一个史实, 今天汉语中的商人、商业、商品、商旅这些词当中的 "商" 字, 就来源于商朝[1]。也就是说, 武王灭商之后, 殷遗民作为一个氏族整体, 在失去了贵族地位和王畿土地之后, 与 "行商坐贾" 这个职业联系起来, 成了专门从事商业的奴隶, 于是发生了氏族名和职业名的重合。

在古代世界, 一个氏族或部落集体从事某一个职业是普遍现象。印度种姓制度就起源于雅利安人入侵之后全社会的阶级分层和职业分工[2]。但为什么殷商遗民会成为商业奴隶而不是其他职业的奴隶? 这个问题要从两方面看。

第一, 在殷人方面, 殷商贵族原本就是一种 "自然状态" 的贵族, 既从事军事征伐, 也从事长途贸易, 与前现代的欧洲贵族很像, 贸易与掠夺不分。开国时期, 汤采用伊尹的策略, 通过用自己部落的 "文绣纂组" 交换夏人的粮食, 利用贸易战削弱了夏的力量。商朝建立后, 商贸很发达, 曾出现过长期繁荣, 城邑里有常设的 "市", 市内有各种 "肆", 货币也大量出现。甲骨文里有很多从 "贝" 的字, 并出现 "易贝" "取贝" "得贝" "朋来" "丧贝" "朋亡"(十 "贝" 为一 "朋")等表示货币往来的用语。而与钱财和交换有关的汉字, 很多都是 "贝(貝)" 字旁, 如买(買)、卖(賣)、贵、贱、赢、负、赚、赔、资、财、货、账等, 即源于商代用海贝做货币的事实。后人所说的 "殷人贵富" 是有根据的,

---

① 参见吴慧:《商业史话》, 社会科学文献出版社2011年, 第12页。
② 参见〔英〕伍德著, 廖素珊译:《印度的故事》, 浙江大学出版社2012年, 第44—45页。

在《商书·伊尹朝献》中，就记录了当时来自远方各地的珍贵物产。

第二，在周人方面，"小邦周"推翻了"大邑商"之后，并没有简单换代成为"大邑周"，而是非常进取甚至超前地建立起"天下宗周"大一统，一个范围广阔、"协和万邦"的天下国家。这很伟大，因为建立和管理一个天下国家，不是一般的建国和治国，而是平天下，本质上就是在当时有限的地域内，越过诸侯层次的国家政治，而直接建立一种"世界性"的政治秩序①。

《尚书》中的三篇文诰反映了周朝统治者矢志于"德治天下"的开阔气象。在《康诰》中，周公要求同姓诸侯们"弘于天，若德裕乃身，不废在王命！""汝惟小子，乃服惟弘王，应保殷民，亦惟助王宅天命，作新民。"这意味着什么呢？意味着新王朝的统治者们集体转型成为了一种心怀天下的"事业型"贵族，格局升级，视野扩大，从此远离俗事，不再直接涉足唯利是图的商业。

武庚之乱被平定后，殷商遗民地位更低，被劝导"肇牵车牛，远服贾用"（《尚书·酒诰》），沦为专门从事商业的职业奴隶。从此，由官府管理工商业的"工商食官"制度出现了。商业被列为"九职"之一，由商族奴隶具体从事，"凡民自七尺以上属诸三官，农攻粟，工攻器，贾攻货"，由官府设贾正、工正进行监督管理，按人户编制，世代为奴，不准迁徙改业。周族贵族们与奴隶们严格分开，购买东西只能通过手下仆役去办理，"士大夫

---

① 参见赵汀阳：《天下的当代性：世界秩序的实践与想象》，中信出版社2016年，第52页。

不杂于工商”①。

中华天下国家独特的政商关系自此滥觞：贵族官府从事着高尚的平天下事业，奴隶商贾从事着低贱的商业，从此上下两隔，三千年不曾翻转。“官工商”“官山海”“官盐铁”等政策相继出现，意味着官府对于商业不容置疑且为所欲为的管制，商朝以前那种自然状态的商业，从此被人为设计的天下国家制度永久框定在了一个固定的地位上。

2. 利弊总盘点

西方学者不解何为天下国家、何为天下型经济体，自然也看不懂商周之变的本质与中华独特的政商关系；即使是研究中国问题的大学者，也难免迷惑。费正清问道：

> 在中国历史上，美国人迫切想得出答案的一个问题是，为什么中国的商人阶级不能冲破对官场的依赖，以产生一股独立的创业力量呢？②

问题本身已经包含了判断：中国历史上这种政府高高在上、商人低低在下的关系，完全是弊端。费尔南·布罗代尔也说：中国社会，政府的权力太大了，使富有的非统治者不能享有任何真正的安全。他们对任意征收的恐惧始终挥之不去。

很多中国学者也持类似看法。中国历史学者王亚南、傅衣凌早在20世纪40年代就提出：“秦汉以后的历代中国商人都把

---

① 参见吴慧：《商业史话》，社会科学文献出版社2011年，第14页。
② 〔美〕费正清著，张理京译：《美国与中国》（第四版），世界知识出版社2001年，第46页。

钻营附庸政治权力作为自己存身和发财的门径。"王毅在《中国皇权制度研究》一书中写道:"托庇于官僚政治之下,是制度环境对于中国商人生存出路的根本性规定。"①

即使是发现了"中国大历史"规律的黄仁宇也不能免俗,他在与李约瑟合写的《中国社会的特质——一个技术层面的诠释》一文中写道:

> 中国从来就没有尝试过让社会经济群体作为"社会阶层"进入政府。实际上,传统中国的政府运作,跟詹姆士·哈林顿在《大洋国》里所拟定的原则总是相反的。传统中国正是通过将主要经济群体逼向死角,以展示自己的力量。一旦私人团体能够将它们的经济实力转化为政治权力,那么这个政府离崩溃也不远了。②

中国历史上工商业发展备受压制,商人不得不依附于官僚,从未成为独立的力量,这一特殊现象就应该归罪于统治者的狭隘和自私,而且也应被视为中国社会的一大弊病和近代以后落后于西方的一大原因,在大多数中外学者当中,这几乎成了一个定论。近年来关于"国进民退"的争论,关于政府在市场中的作用的争论,关于国家产业政策的争论,也大都以此作为前提。

此定论表面上看似合乎道理,但实际上犯了一个基本的前提错误:中国不是普通国家,而是天下国家;不是列国型经济

---

① 转引自吴晓波:《浩荡两千年:中国企业公元前7世纪—1869年》之"前言"部分,中信出版社2012年,第16页。

② 〔美〕黄仁宇:《现代中国的历程》,中华书局2011年,第11页。

体，而是天下型经济体；中国政府不是守夜人政府，而是怀抱平天下理想的"官僚—士人联合体"。

中国人对政治统一的那种永恒追求，对于研究中国问题的西方学者来说，是个难以理解的巨大难题。秦始皇吞并六国完成天下一统，汉高祖以一介白徒全取天下且汉承秦制，隋文帝在历经四百年军阀割据之后通过篡位成功恢复统一，满族入主中原而完成了草原与中原的大一统。历朝历代的统治者无不对"大一统"持之以恒地"不忘初心"。基辛格《论中国》一书在提到孙中山将临时大总统职位让给袁世凯时写道：

> 然而，冥冥中似乎有一条法则，注定帝国必须统一，孙中山只当了3个月的临时大总统就让位给了袁世凯——一个掌握唯一一支能统一中国的军队的统帅。[①]

这其实就是天下国家和天下型经济体独特政商关系的另一面。经济学家们不使用天下型经济体这个概念，不把朝贡体系视为正常的国际贸易；但他们都会认为，中国自古以来的巨大统一市场为中国的长期经济繁荣和经常是世界第一的经济总量提供了最大保障。

即使只看到巨大的统一市场这一面，也必须要问一问：这个得天独厚的经济发展条件，又是如何创造出来的呢？是天然具备的吗？历史上有过不少四分五裂和兵荒马乱的时期——秦末乱世、五胡十六国、唐末五代十国，包括元初和元末的中央政权真空时期，有人会问这些时期是人民的好光景吗？是经济发展

---

① 〔美〕基辛格著，胡利平等译：《论中国》，中信出版社2012年，第80页。

的好时期吗？那些大崩溃性质的黑暗时期，到底是如何结束的？又是如何重建了统一、恢复了和平呢？

关于中国这个天下国家，首先应有一个基本的事实判断：从周期性的四分五裂中一次又一次地重新统一，在分裂与统一的循环中一次又一次地扩大版图和人口规模，这个持续数千年一以贯之的事业，正是由一以贯之地追求平天下理想的"官僚—士人联合体"所主导的；而重要的是，统一大业在经济上的客观效果，正是内含统一市场的天下型经济体的重建。

当然，事情的另一面就是事业的垄断性和商业的依附性。事实是：天下型经济体并不是商人们开创的，而是政府打造的；被天下国家的制度固定在一个低下地位上的商人集团，并不与事业型的"官僚—士人联合体"共享同一个远大抱负，也不属于天下一统事业的主要力量，而是只专注于商业和企业。由于天下一统事业过于宏大，不容挑战，事业与商业之间实际上存在不可跨越的鸿沟，所以在中国历史上，商人集团尽管有过强盛的时期，却从未成为国家事务中的独立部分，从未主导国家事务。

20世纪20年代曾经创造过"柯立芝繁荣"的美国总统卡尔文·柯立芝曾经有一句广为流传的"名言"："美国人民的事业就是商业。"（After all, the chief business of the American people is business.）这句话很适合美国，也适合大部分欧洲国家，甚至适合当代世界上大多数国家。事实上，所谓的重商主义一直就是很多国家的发家之道。在一个信奉"事业就是商业""商业之外无事业"理念的国家中，商人阶级不要说作为一个独立的创业力量，就是作为一个独立的政治势力甚至控制整个国家的特殊势力也毫无障碍。

从这个角度上看,中国从古至今巨大的统一市场和人口规模,与西方国家"事业就是商业"的商业立国传统,两者之间其实是鱼和熊掌不可兼得的关系。欧洲不是不希望统一,而是分裂的力量远大于统一的愿望。没有强大的中央政府,就没有大型国家,没有统一红利;而商业立国的政府,源于城邦文明的传统,不能为大型国家的长期统一提供保障,只有在配合帝国主义海外殖民征服政策时才有可能建立基于殖民地的统一市场。这两个基本的历史事实不能被轻易忽视。

顺便说一句,当年大英帝国所建立起来的那个巨大的海内外统一市场,也是英国政府通过战争打造出来的。

3. 几种变异的情况

历史上的中国并非总是天下国家,甚至在大部分时间里,平天下也只停留在理想当中。在"礼崩乐坏"的时期、四分五裂的时期、休养生息的时期、夷狄环伺的时期、天下将亡的时期,平天下的理想和事业就只能暂时搁置了。

在这些"弱事业"时期,天下国家也会退化成普通国家,政商关系就会出现各种变异。而即使是在大一统得以实现的时期,政商关系也会因不同的阶段、不同的地域和不同的统治者而呈现出不同的模式。这就是中国历史上虽然以集权和抑商为主线,但也会此起彼伏地出现商业的膨胀,甚至出现商业立国、商业战争局面的原因。

例如在"周道衰微"之后的春秋战国时期,由于各诸侯纷纷称王称霸，整个社会处在"礼崩乐坏"的"据乱世"，客观上形成了一种返回商朝的复辟。大商人的地位甚至超过了官吏，"如贾三倍，君子是识"（《诗经·大雅·瞻卬》）。当时的齐国在"管仲相齐"的四十年里，出现了难得一见的"国家重商主义"，不仅靠"轻重"之道以商业强国，还通过发动商战来争夺中原霸权。这是商业凭其本来的"自然状态"重新发育，各种形态纷纷出现的时期，除管仲的"轻重法"之外，范蠡的"待乏术"、李悝的"平籴法"、白圭的"弃取术"，都是当时工商业繁荣的体现。

到了汉朝初期，由于战乱刚刚平复，又恢复了分封制，天下国家的宏大事业暂时被搁置，朝廷"无为而治"，天下休养生息。所以，虽然也实行"贱商""抑商"政策，"高祖乃令贾人不得衣丝乘车，重租税以困辱之"（《史记·平准书》），但还是采取了一系列自由放任政策，开关梁，弛山泽之禁，除田租税之半，允许民间自行铸钱。其结果是，商业的"自然状态"重新发育，"富商大贾周流天下，交易之物莫不通"（《史记·货殖列传》），景帝时期的"有市籍不得宦"的法律成了一纸空文，大商人"因其富厚，交通王侯"，"千里游敖，冠盖相望"。历经"文景之治"，终于在开国七十年后，迎来了国强民富的盛世，《史记·平准书》记载：

> 国家无事，非遇水旱之灾，民则人给家足，都鄙廪庾皆满，而府库余货财。京师之钱累巨万，贯朽而不可校。太仓之粟陈陈相因，充溢露积于外，至腐败不可食。众庶街巷有马，阡陌之间成群，而乘字牝者傧而不得聚会。

战国和汉初的商业繁荣，说明当天下型经济体成型之后，古代中国的经济增长常常是自动发生的。自古以来独享的天下型定居文明，天然就蕴含优越的资源禀赋，天然就养育富于商业精神的人民，天然就创造天下型经济体。定居文明中的人，与游牧、游商、游盗民族大不一样，大多数人都有勤劳致富的动机和本领，"富者，人之情性，所不学而俱欲者也"（《史记·货殖列传》）。因此，只要"国家无事，非遇水旱之灾"，一两代人的光景，即可出现经济繁荣。

但是，对于一个以平天下为永恒事业的天下国家，"国家无事"的时候不多。首先，天下国家的集权与抑商是同一个事业的两面，因此对于商业的"自然状态"发展总是有容忍限度的。社会两极分化一旦到了"富者田连阡陌，贫者亡立锥之地"的地步，富人地位上升一旦到了"封君皆低首仰给"（《史记·平准书》）的地步，政商关系一旦到了"贵人之家……攘公法，申私利，跨山泽，擅官市，……执国家之柄，以行海内"（《盐铁论·刺权》）的地步，国家的干预就必然发生，"无为"必然要转入"有为"。

再者，即使不是因为商人分权而引发国家出手抑商，天下国家也会因为别的事业直接或间接打击工商业。汉武帝刘彻登基后，"外事四夷，内兴功利，役费并兴"，"兵连而不解，天下共其劳"，为了解决中央财政"用度不足"的问题，开始推行一系列强硬的国家专营政策。首先是盐铁专卖，一举数得，"令意总一盐铁，非独为利入也，将以建本抑末，离朋党，禁淫侈，绝并兼之路也"（《盐铁论·复古》）。而桑弘羊的"均输"和"平准"两项政策，前者是商品流通上的统购统销，后者是商品市场上的物价管制，"万物不得腾踊"，同样成效显著，中央财政收入大增，"民不益赋而天下用饶"。但是，与此同时，"商贾无所贸利"（《盐铁论·本议》）。最要命的是，一旦黩武与抑商同时成为国之大事，商人们的集体末日就到来了，随着强硬的"算缗令"和后续的"告缗令"相继推出，终于"商贾中家以上大率破"（《史记·平准书》）。

汉武帝对于自己的是非功过也有所反省，他曾对大将军卫青说："汉家庶事草创，加四夷侵陵中国，朕不变更制度，后世无法；不出师征伐，天下不安；为此者不得不劳民。若后世又如朕所为，是袭亡秦之迹也。"（《资治通鉴》卷二二，汉武帝征和二年）这说明此一时彼一时，武帝"强事业"路线的正面效果，到宣帝时期充分体现出来，"汉秉威信，总率万国，日月所照，皆为臣妾"（《后汉书·南匈奴列传》）。此后越两千年，中原定居文明在这个时期拥有的压倒性强势，再也没有出现过。

当代学者们从商业发展的角度审视中国历史，往往将商业兴衰的原因简单归结为制度或文化的好坏对错，而少有在天下国家、天下型经济体以及文明史的尺度中综合考察。汉武帝时期，民间工商业的确遭遇过毁灭性打击，但此后相当长的时期中国都享有一个比之前规模更大的天下型经济体。若抛开王朝循环的表象，仅关注秦汉以后两千年来中华定居文明圈和统一市场的大小变化，就会发现每一次大一统的重建，实际上也是天下型经济体规模的扩大。隋唐和元明清的几次大一统都是如此。

值得一提的是，在中华政商关系中，有一种最特殊的情况，就是政府的事业中包括了商业发展的内容，政商两方面的目标在客观上保持了一致，并有互相促进的效果。例如两宋时期，由于当时宋朝所统一的天下是一个被压缩了的"小天下"，北面是辽，西面是西夏和吐蕃诸部，西南是大理国，从"大天下"的角度看，相当于一个割据局面。所以会出现与春秋时期管仲改革类似的范仲淹改革和王安石变法，即以富国强兵而不以平天下为目标。王安石变法，贯彻"当今理财最为急务，养兵备边，府库不可不丰"的方针，"方田均税""青苗""募役""市易""免行""均输"等政策都围绕理财展开，前三条针对农业，后三条针对工商业。就是说，当国家本身相对弱小，而且处在强敌环伺的"环境"中时，事业的目标会大大降低，就可能会退到与商业目标重合的位置上。而事实上，宋代的经济发展是中国历史上的一个高峰，很多学者相信，当时中国的GDP位列世界第一。

三、打天下与坐天下

唐朝的吴兢在《贞观政要·君道》中记载：

贞观十年，太宗谓侍臣曰："帝王之业，草创与守成孰难？"尚书左仆射房玄龄对曰："天地草昧，群雄竞起，攻破乃降，战胜乃克。由此言之，草创为难。"魏徵对曰："帝王之起，必承衰乱，覆彼昏狡，百姓乐推，四海归命，天授人与，乃不为难。然既得之后，志趣骄逸，百姓欲静而徭役不休，百姓凋残而务不息，国之衰弊，恒由此起。以斯而言，守成则难。"太

> 宗曰："玄龄昔从我定天下，备尝艰苦，出万死而遇一生，所以
> 见草创之难也。魏徵与我安天下，虑生骄逸之端，必践危亡之
> 地，所以见守成之难也。今草创之难既已往矣，守成之难者，
> 当思与公等慎之。"

这是关于打天下与坐天下问题的经典对话。唐朝之后，再次面临打天下和坐天下这个天下政治第一困局的是蒙古人。

1215年，成吉思汗的蒙古大军攻占了金朝的中都，也就是今天的北京。此前，蒙古人已经接受了金朝的臣服和纳贡，但最终他们还是在劫掠了所有的财物之后，彻底毁灭了这座城市。虽然成吉思汗的继任者们逐步懂得了如何统治和管理中原的定居社会和城市，但在当时，蒙古人对于这些繁华的城市却完全不知所措。同一年，蒙古大将木华黎用了短短一个秋天即在金国土地上"取城邑凡八百六十有二"（《元史·太祖本纪》），但最后或者屠城，或者丢弃。

蒙古人自己没有城市，有时会仿照城市的模样将毡帐围成一个圆形。但是，他们在定居民族土地上攻城拔寨的速度奇快，每次进攻一个城市，蒙古人首先会清除四周所有的乡村，一方面将这些成为俘虏的当地农民用作攻城的前锋，一方面通过断绝城市的供给线困死城中的居民。既然城市和周围四域的农村对于蒙古人来说都是不可理解也是不需要的，那么连同建筑物和人口一起消失，变成平地或牧场，对他们来说就是最好的结果。杰克·威泽弗德写道：

> 于蒙古人而言，农田就是草地，就是花园，农民就像是放
> 牧着的动物，而不是食肉的真正人类。蒙古人用指称牛羊的相

同词汇，来指称这些吃草的人。众多的农民就如同是许多的牧群，而当士兵把他们围捕起来或赶走他们的时候，士兵们也会使用围捕牦牛一样的词汇与情感，来围捕农民。[1]

1215年的亚洲大陆，除蒙古人的成吉思汗帝国之外，中国北方是女真人建立的金朝，中国南方是中原汉人退守南方后以杭州为都城建立的南宋，西北部的甘肃和内蒙古西部等地是西夏国的领地，塔里木河西北居住着回鹘人，楚河一带由喀喇契丹帝国统治，整个伊朗由花剌子模的苏丹统治，塞尔柱苏丹们则瓜分了亚洲剩下的地区。

虽然此时距离最早的定居社会出现已经过去一万多年了，距离中华文明起源时期也已经过去数千年了，但由于在地理上遥远的相互隔离，13世纪的这几个社会仍然各自保持在从文明初期就开始分岔的演化轨道上。

而蒙古大军在中原大地上的出现，让文明演化的问题再次复杂化了。这个时期的南宋，程朱理学正盛。二程说："父子君臣，天下之定理，无所逃于天地之间。"（《二程集·河南程氏遗书》卷五）"大纲不正，万目即紊。""名分正则天下定。"朱熹说："纲常千万年磨灭不得，只是盛衰消长之势，自不可已，盛了又衰，衰了又盛，其势如此。"（《朱子语类·论语六·为政篇下》）

二程和朱熹都没看到南宋灭亡。但即使是北宋，在当时也是个收缩的、偏安的"小天下"。南宋更是退到了淮河，连华

---

[1]　〔美〕杰克·威泽弗德著，温海清、姚建根译：《成吉思汗与今日世界之形成》，重庆出版社2017年，第178页。

夏族发祥地中原都丢了,"登临莫向高台望,烟树中原正渺茫"(〔南宋〕柴望:《越王勾践墓》),与秦汉和隋唐时期的"大天下"早已不可相提并论了。设身处地为当时的士大夫们想想,家国天下破碎如此,大纲名分紊乱如此,还在继续坚持"天下之定理""纲常千万年"毫不动摇,真是不容易。这至少说明两点:一、无论"大天下"还是"小天下",只要定居农耕文明还在延续,中华政治中的正统观念就不会动摇;二、只要是中华定居农耕文明中人,对于自身文明的信仰就永远坚定。

什么是正统?欧阳修说,"王者,所以一民而临天下"。意思是:天下是地缘概念,不是血缘概念,民是天下人的概念,不是某一族的概念。所以,王者是华夏人还是蛮夷戎狄,并不重要,王者是正还是篡,也不重要,唯一重要的,是能够"合天下于一"。尧舜夏商周秦汉唐,属于居天下之正,合天下于一,这固然好;可是,如晋、隋,王者不得其正,但在乱世里奋力而起,有功有德,最终也合天下于一,所以也算是正统。

"大天下"时期,"合天下于一"是完成时,王者已成正统;"小天下"时期,"合天下于一"是进行时,王者还未真正产生。按中华正统政治观念,统一天下就是功德,合天下于一者即是王者。

在当时的世界,这就意味着,即使中原定居农耕社会已经几千年了,而蒙古部落不过是公元9世纪才从那个有几条河流贯穿被称为"蒙古地方"的位置出现;即使尧都古城建于4000年前,良渚古城建于5000年前,而当时蒙古人连一个真正的城市也没建设过;即使代表文明发达程度的各种东西如典章文物、礼器乐器、文学艺术、饮食服饰等，蒙古人都比中原落后不少；但是，当他们代表了从未在文明历史中缺席的游居社会的新一代，代表了有史以来最具有战斗力的骑马民族，他们就当仁不让地以更加强势的介入回到了文明演化的主流中来了。

1233年，蒙古大将速不台围攻金朝的汴京数月之后，金朝守将崔立投降。按照蒙古的军事传统，凡出现顽强抵抗的，必以屠城相报。眼见18年前金朝中都毁灭的历史就要重演，却出现了里程碑式的转折。此时的蒙古国大汗窝阔台（庙号太宗），听从了中书令耶律楚材的劝告，下诏给速不台等前方将领"除完颜氏一族外，余皆原免"（〔元〕苏天爵：《元朝名臣事略·中书耶律文正王》），城中百四十七万户得以生还。

打天下与坐天下这两种思想观念和两种实际政策的碰撞再一次发生。

耶律楚材是接受过完整儒学文化教育的契丹贵族子弟，也是金朝的旧官僚尚书右丞。这个特殊身世背景使他在辅佐蒙古太祖和太宗两朝君主的三十多年中，正好起到了将草原蛮族的打天下模式扭转到中原文明的坐天下模式上来的历史性作用。

一个先后服务过女真人和蒙古人的契丹人，来解读中原汉人的儒学经典，反而比南宋的汉族士大夫们还要深刻一些。两者的区别在于：后者思想中的"民"主要意味着"民生"，而前者思想中的"民"则更多地意味着"民力"；后者劝导君王实行仁政，主要是为了"平天下"，前者劝导君王实行仁政，更多是为了"生赋税"；后者将"天下大同"理解为以中原定居农耕的文化为中心,对四周蛮夷戎狄的同化,所谓"观乎人文,以化成天下",前者将"天下大同"理解为以草原骑马民族的武力为依托,将所有民族纳入帝国治理,所谓"威德洋洋震天下,大功不宰方为功"(《全元诗·用前韵送王君玉西征二首(其一)》)。

中原民族敬老爱幼,因为这是有利于定居社会人口繁衍的道德;草原民族"贵少壮,贱老幼",中原人认为不道德,但其实是有利于保持游居社会整体机动性的道德。中原民族男女有别、非礼勿视,因为这是有利于定居社会稳定的道德;草原民族"妻后母,报寡嫂",中原人认为不道德,但其实是有利于保持游居社会人口规模的道德。其他方面,如崇文与尚武之别、好仁与重义之别等等,也都是对立的道德。

若不能看到这一点,程朱理学就走不出南宋,在境界和格局上,反倒不如被耶律楚材所改造的一种草原化的或者称为帝国化的新儒学。

耶律楚材劝告窝阔台不要屠城汴京,理由是:"将士暴露数十年,所欲者土地人民耳。得地无民,将焉用之!""奇巧之工,厚藏之家,皆萃于此,若尽杀之,将无所获。"(《元史·耶律楚材传》)虽然这完全就是一种把土地人民当作贡赋来源的功利主义算计,与正统儒学宣扬的"仁政"思想相去甚远,但是相较于整个城市和上百万户人民的毁灭,这个利益逻辑在道德上也是成立的。

不过,这也正说明了儒学强大的适应性。说忠孝、道中庸、与民言服从、与君言仁政,这一套既可以作为"道"来长久地支撑一种天下学说,也可以作为"术"来方便地解决现实的国家治理问题。《元史·耶律楚材传》记载：

> 楚材又请遣人入城，求孔子后，得五十一代孙元措，奏袭封衍圣公，付以林庙地。命收太常礼乐生，及召名儒梁陟、王万庆、赵著等，使直释九经，进讲东宫。又率大臣子孙，执经解义，俾知圣人之道。置编修所于燕京、经籍所于平阳，由是文治兴焉。

蒙古人在其统治之下的中原地区重修孔庙，大兴文治，而且在统治者集团内部宣讲"圣人之道"，这在13世纪的世界，应该是绝无仅有的奇观。因为这实际上意味着，中原定居农耕社会凭借自身独一无二的天下型经济体规模，就将只懂得打天下的蒙古人扭转到坐天下的统治模式上来了。换句话说，虽然草原蛮族是通过野蛮的方式进入中原定居文明的，但中原定居文明反过来又用创造和再生的方式融合了它。

除了中原天下型定居文明，欧亚大陆其他所有处在蒙古人攻击范围内的分散定居文明，绝无可能出现这种逆转。城市被整个屠城、文明被彻底毁灭，是他们无法逃脱的命运。

历史是这样记录当时的中亚和西亚的：1220年2月，成吉思汗和幼子拖雷进攻布哈拉城，该城沦陷后，守城官兵无一人生还，那些企图参加抵抗的居民也全部被处死。随后，成吉思汗进入撒马尔罕城，守军和居民大部分被杀害，财宝也被抢劫一空。1221年4月，术赤、察合台和窝阔台联合通过引渡河水将花剌子模原都城玉龙杰赤全部淹没。之后，哲别和速不台先后袭击了尼沙普尔和图斯、达姆干、塞姆南、剌夷，并将大量男性居民屠杀，妇女儿童则掳为奴隶。同年在呼罗珊，成吉思汗派幼子拖雷进攻莫夫城,拖雷在莫夫城进行了一场大屠杀,除了400名工匠之外,剩下的居民被全部杀害,拖雷则坐在金椅上目睹了整个过程。主导尼沙普尔大屠杀的是脱合察的遗孀,他们将城中所有居民全部杀死,将他们的头垒成金字塔,甚至城里的猫狗等动物都没能幸免。接着,拖雷又攻克了也里,除了开城门的百姓,其他人全部被屠杀。然后,成吉思汗、拖雷、察合台和窝阔台在塔里寒城会师,毁掉了塔里寒城。在围攻巴米安的过程中,察合台之子木阿秃干战死,巴米安被攻克后,就遭受到蒙古人疯狂的报复,这里的一切生物都遭受到野蛮的摧残和屠杀……① 勒内·格鲁塞继续写道:

> 东伊朗一直没有从成吉思汗造成的破坏中恢复过来,即使过了几百年,当地的一些城市也残留着那个时代蒙古人的痕迹,经过15世纪的铁穆耳文艺复兴,这些痕迹也没有被掩盖。②

全真教第五代掌教丘处机来到撒马尔罕觐见成吉思汗,完成"龙马相会",这是在1222年,没能赶上用他"敬天爱民"的说教提前阻止成吉思汗的大屠杀。但这都是历史中的偶然,东西两个世界的两种命运,究其根本,与其说是丘处机的道家思想和耶律楚材的儒家思想挽救了整个中原汉地,毋宁说是中原定居农耕社会的巨大规模挽救了自己。让蒙古统治者看中的,还

---

① 参见〔法〕勒内·格鲁塞著,刘霞译:《草原帝国》,文化发展出版社2018年,第126—128页。
② 〔法〕勒内·格鲁塞著,刘霞译:《草原帝国》,文化发展出版社2018年,第129页。

是中华这一世界上最大定居国、这一天下型经济体无与伦比的生产能力和财富创造能力。

忽必烈于1251年在漠北开府金莲川，先后罗致了海云禅师（宋印简）、刘秉忠、张文谦、张德辉、李冶、王鹗、赵璧等一批信佛崇儒的汉族士大夫，提出了"行汉法"的主张，欲"思大有为于天下"。这是在时隔600多年后向唐太宗守成坐天下的伟大业绩致敬。受命主管漠南汉地后，实施招抚流亡、禁止妄杀、屯田积粮和整顿财政等政策。1260年继为蒙古大汗后，他进一步经略中原，"援唐宋之故典，参辽金之遗制"，"颁章服，举朝仪，给俸禄，定官制"。1271年，"盖取《易经》'乾元'之义"，改"大蒙古"国号为"大元"，史称元朝。

从打天下到坐天下跨度最大也最为艰难的一次转化，至此完成。虽然算不上是隋唐的复活，但至少避免了五胡十六国的再现。

一个文明，围绕着天下政治这个中心，展开了郡县与封建、事业与商业、打天下与坐天下等多个方面的冲突与对抗，从自身的发展和演化角度看，是一种独一无二的自我锻造。

就像是冥冥之中有所安排，历史留给中华文明足够长的时间来进行自我锻造，让它可以凭借其天下国家的伟力，应对终将会来临的文明冲撞。

第五章　文明的冲撞

隋唐是秦汉的成功复活，在各主要文明的对比当中，这个复活的成功实际上是唯一的。西方的罗马帝国和东正教的拜占庭帝国，都未能成功复活古希腊文化；而无论是神圣罗马帝国还是自称"第三罗马"的俄罗斯帝国，也不是罗马帝国的成功复活。

8世纪的盛唐时期，中华定居农耕文明已经从四百年魏晋南北朝的民族大融合中完成了涅槃再生，看起来像是登上了这个文明历史上一个新的高峰。《隋书·食货志》记载：

> 自魏、晋二十一帝，宋、齐十有五主，虽用度有众寡，租赋有重轻，大抵不能倾人产业，道关政乱。隋文帝既平江表，天下大同，躬先俭约，以事府帑。开皇十七年，户口滋盛，中外仓库，无不盈积。所有赉给，不逾经费，京司帑屋既充，积于廊庑之下，高祖遂停此年正赋，以赐黎元。

经历隋末的短暂动荡，初唐出现了贞观大治。《唐会要·杂录》记载：

> （贞观）四年三月，诸蕃君长诣阙，请太宗为"天可汗"。
> 乃下制，令后玺书赐西域北荒之君长，皆称皇帝"天可汗"。

诸蕃渠帅有死亡者，必下诏册立其后嗣焉。统制四夷，自此始也。

中国加四夷，皇帝兼天可汗，大唐全盛时期的疆域超过了西汉。《新唐书·地理志序》记载：太宗贞观元年（627），并州郡为省，又因山川形便，分天下为十道：

> 一曰关内，二曰河南，三曰河东，四曰河北，五曰山南，六曰陇右，七曰淮南，八曰江南，九曰剑南，十曰岭南。至十三年定簿，凡州府三百五十八，县一千五百五十一。

李世民雄才伟略，平定了高昌之后，又增加了二州六县；灭东突厥、俘虏了颉利可汗之后，疆域北逾阴山，西抵大漠。《新唐书·地理志一》记载：

> 其地：东极海，西至焉耆，南尽林州南境，北接薛延陀界；东西九千五百一十一里，南北一万六千九百一十八里。景云二年，分天下郡县，置二十四都督府以统之。

招降开置，声教所暨，华夷如一：

> 突厥、回纥、党项、吐谷浑隶关内道者，为府二十九，州九十。突厥之别部及奚、契丹、靺鞨、降胡、高丽隶河北者，为府十四，州四十六。突厥、回纥、党项、吐谷浑之别部及龟兹、于阗、焉耆、疏勒、河西内属诸胡、西域十六国隶陇右者，为府五十一，州百九十八。羌、蛮隶剑南者，为州二百六十一。蛮隶江南者，为州五十一，隶岭南者，为州九十二。又有党项州二十四，不知其隶属。大凡府州八百五十六，号为羁縻云。

到了8世纪的开元时期，烽燧不惊，华戎同轨，天下太平。《旧唐书·玄宗本纪下》记载：

西蕃君长，越绳桥而竞款玉关；北狄酋渠，捐罍幕而争趋雁塞。象郡、炎州之玩，鸡林、鲲海之珍，莫不结辙于象胥，骈罗于典属。膜拜丹墀之下，夷歌立仗之前，可谓冠带百蛮，车书万里。天子乃览云台之义，草泥金之札，然后封日观，禅云亭，访道于穆清，怡神于玄牝，与民休息，比屋可封。于时垂髫之倪，皆知礼让；戴白之老，不识兵戈。虏不敢乘月犯边，士不敢弯弓报怨。"康哉"之颂，溢于八纮。所谓"世而后仁"，见于开元者矣。年逾三纪，可谓太平。

当时的北半球，沿北回归线自东向西分别是唐朝中华、波罗王朝印度和囊括了波斯及北非的阿拉伯。这是三个帝国规模的大型定居农耕文明圈，并且分别与太平洋、印度洋和地中海相濒临。唐朝经历了近三十年的"开元盛世"之后进入了中华文明的一个高峰期；印度次大陆自8世纪后期形成了波罗王朝、瞿折罗—普腊蒂哈腊王朝、罗湿陀罗拘陀王朝三足鼎立的局面，是伊斯兰教传入之前的一段黄金时期；8世纪的阿拉伯帝国在先后经历了倭马亚王朝和阿拔斯王朝之后也进入了全盛时期。

由于中华大唐帝国和阿拉伯帝国都大大扩展了定居农耕文明的范围，因此，定居农耕文明相对于游牧文明在整体上的优势已经形成。虽然几个世纪后蒙古帝国的崛起证明历史还有反复，定居文明离取得最后的胜利还有一段漫长的道路要走，但是局面却越来越明朗化。由于最终的决胜取决于哪一方率先将自己的力量扩展到海洋，相对于内亚草原的游牧文明，南方定居文明对于海洋的驾驭无论在地缘上还是技术上都占据很大优势，更有可能发展成为海洋帝国。根据历史记载，宋代初期，朝廷就在广州和杭州等多个沿海城市开设了市舶司，开展海外贸易。1987年在广东外海发现的"南海I号"沉船，就是宋代从中国前往东南亚或中东地区的远洋贸易商船。北宋时期的吕昌明编制了实用的实测潮汐表《浙江潮候图》，张君房发展了潮汐是月亮和太阳共同作用的结果这一潮汐成因理论①。

8世纪的世界是一个光明的世界，沿北回归线分布的各个巨大的南方定居文明社会，处处是繁荣昌盛的景象，没有任何理由用"黑暗的中世纪"来定义这个历史阶段。但是，今天如果问一般人对"中世纪"有何认识，因为受到西方世界历史教科书的影响，他们一定会提到古怪的城堡、阴暗的修道院、身披甲胄的骑士、顶着圆锥形帽子的女人、贫穷肮脏的农夫……其实，这种回答就如同用今日非洲的形象来代替今日欧美的面貌一样谬之千里。

彼得·弗兰科潘在《丝绸之路：一部全新的世界史》一书中写道：

> 在其巅峰期，巴格达是一座绚丽辉煌的城市。公园、市场、清真寺、公共浴室，还有学校、医院和慈善机构，使这座城市成为"豪华镀金装饰的、悬挂着华丽挂毯和丝绸锦缎"的殿堂之都。客厅和迎宾室布置得"轻盈雅趣。沙发精致华丽，桌台昂贵无比，室内点缀着成色绝佳的中国花瓶和无数的金银饰品"。底格里斯河顺流而下，岸边满是宫殿、华亭和花园，都

① 参见白至德编著：《大动乱·中古时代·五代辽宋夏金（白寿彝史学二十讲）》，红旗出版社2017年，第193页。

是贵族阶层享受的场所；"河面上有上千只小船，个个插着小旗，跃动在河面上如阳光飞舞，将巴格达城内寻乐的人们从一个景点带往另一个景点"。[1]

奢侈品潮水般地从国外涌来。中国陶瓷器的大批量进口，直接影响了当地同行业的设计及工艺风格：独具特色的白釉唐碗成为当时的绝对潮流。……9世纪在印度尼西亚海岸沉没的一艘海轮上竟运载着7万多件瓷器，另有多种装饰盒及银器、金锭、铅锭。这只是当时阿拔斯王朝大批进口瓷器、丝绸、热带硬木和奇异动物的冰山一角。此外，大量遭遗弃的货物漂流到波斯湾各港口，政府必须雇用专人清理和运送从商船上掉落或被丢弃在港口的各种商品。[2]

当时，还没有一个旅行家周游过整个世界，当然也无法从整体上对比当时的文明社会与蛮族社会。但是，先后也有从中国出发和从阿拉伯出发的伟大旅行家或多或少地留下了他们的记录。

唐朝人杜环，于玄宗天宝十载（751）在参加右羽林大将军高仙芝的怛逻斯之战后被大食军俘虏。此后十多年，他一直游历于大食占据的各地区，大体相当于今天的乌兹别克斯坦、哈萨克斯坦、吉尔吉斯斯坦、土库曼斯坦、亚美尼亚、叙利亚、伊拉克、伊朗、埃及、摩洛哥等地。在他编写的《经行记》中，记载了当时的阿拉伯大城市：

---

① 〔英〕彼得·弗兰科潘著，邵旭东、孙芳译，徐文堪审校：《丝绸之路：一部全新的世界史》，浙江大学出版社2016年，第88页。

② 同上，第82页。

> 四方辐辏，万货丰贱，锦绣珠贝，满于市肆，驼马驴骡，
> 充于街巷，每至节日，将献贵人，琉璃器皿，鍮石瓶钵，盖不可
> 数算……

> 其士女环纬长大，衣裳鲜洁，容止闲丽，女子出门，必拥
> 蔽其面，无问贵贱，一日五时礼天，食肉作斋，以杀生为功德；
> 系银带，佩银刀，断饮酒，禁音乐……①

更为著名的玄奘，于贞观年间历时十九年行走西域和印度，
"亲践者一百一十国，传闻者二十八国"②。在他回国后写成的
《大唐西域记》中，对于其他文明社会也多有赞美。如描写乌铎
迦汉荼城"周二十余里，南临信度河。居人富乐，宝货盈积，诸方
珍异，多集于此"；屈支国"管弦伎乐，特善诸国"；瞿萨旦那国
"国尚乐音，人好歌舞"；滥波国"国俗丰乐，人尚歌咏"。在描
写中印度地区时，书中写道：

> （语言文字）特为详正，辞调和雅，与天同音，气韵清亮，
> 为人轨则。邻境异国，习谬成训，竞趋浇俗，莫守淳风。③

古人大多质朴，基本不会因自我宣传的需要而滥用虚浮矫
饰之辞，这种描写，反映的就是各文明社会之间的相互惊羡。

而对于文明社会之外的化外之地，玄奘通过佛教思想中
"赡部洲"的"四主之地"做了区分和对比。在"南象主""西宝

---

① 吴毅：《杜环〈经行记〉及其重要价值》，《西北大学学报（自然科学版）》2008年12月，第38卷第6期，第1030—1031页。

② 〔唐〕玄奘、辩机原著，季羡林等校注：《大唐西域记校注·序》，中华书局2000年，第9页。

③ 〔唐〕玄奘、辩机原著，季羡林等校注：《大唐西域记校注》卷二《三国》，中华书局2000年，第182页。

主""北马主"和"东人主"中，"象主之国""宝主之乡"和"马主之地"等都略显野蛮：

> 故象主之国，躁烈笃学，特闲异术，服则横巾右袒，首则中髻四垂，族类邑居，室宇重阁。宝主之乡，无礼义，重财贿，短制左衽，断发长髭，有城郭之居，务殖货之利。马主之俗，天资犷暴，情忍杀戮，毳帐穹庐，鸟居逐牧。人主之地，风俗机惠，仁义昭明，冠带右衽，车服有序，安土重迁，务资有类。①

各个国家的具体观感，皆不出这个大的四分框架，如安呾罗缚国"人性犷暴，俗无纲纪，不知罪福，不尚习学"；尸弃尼国"风俗犷勇，忍于杀戮，务于盗窃，不知礼义，不识善恶"；屈浪拿国"俗无法度，人性鄙暴，多不营福"；商弥国"俗无礼义，智谋寡狭，伎能浅薄"；朅盘陀国"俗无礼义，人寡学艺"等等。②

中国自玄奘之后对西方的兴趣，阿拉伯帝国以伊本·法德兰使团和伊本·巴图塔使团为代表的对东方的兴趣，早晚会相遇，并发生全面的文明融合。事实上，文明的交流甚至借助怛逻斯战役而进行。在此战中，被俘的几千唐军兵士中有许多工匠，他们中的一些造纸工匠随后被带到撒马尔罕，建立了穆斯林世界的第一座造纸坊；不久，撒马尔罕纸就以其精美适用的优点闻名于

---

① 〔唐〕玄奘、辩机原著，季羡林等校注：《大唐西域记校注》卷一《三十四国》，中华书局2000年，第43页。
② 〔唐〕玄奘、辩机原著，季羡林等校注：《大唐西域记校注》卷一二《二十二国》，中华书局2000年，第961—983页。

大食统治下的亚洲各地。这是一个超出战争目的的意外结果,包括纺织、造纸等在内的多种中国先进技术,由被俘士兵中的工匠传到了中亚、西亚各国,并最终传遍了整个西方世界。

文明之间的交流和融合就是这样,只要发生了接触,就有一个自动开始的后续进程。除非发生了最野蛮的种族灭绝,否则连战争都可能是交流进程的助推器。所以,不难设想,一旦繁荣富庶的南方定居文明发展出海洋事业,那么新的近代世界历史将会从阿拉伯人或中国人或印度人首先发现并移民美洲和澳洲大陆开始,美洲和澳洲的土著很可能是被融合同化,而不是被种族灭绝。这样,世界很可能出现普遍的和平,而不是一再爆发世界大战。

一、与西方文明相遇

然而,历史没有假设。在公元第二个千纪开始的时候,蛰伏在欧洲原罗马帝国废墟上的基督教社会通过野蛮血腥的"十字军东征"进入了世界历史,扭转了原来的方向,扼杀了本来的可能性。

按照利奥波德·冯·兰克的史观,十字军东征是西方文明诞生过程中承前启后的"第二次深呼吸",距离"第一次深呼吸"——入侵罗马帝国,已有500年了;距离"第三次深呼吸"——大航海时代,还有500年时间。整整1000年间的三次"深呼吸"之后,南方定居农耕文明与北方草原游牧文明的二元世界格局在16世纪被打破,后起的西方社会通过大西洋上的

"奴隶三角贸易"积累了巨量财富,并最终通过在现代科学领域捷足先登而成为整个新世界和地球海洋的霸主。

就像决堤的洪水一样,西方社会的先锋队伍首先从伊比利亚半岛冲出来,涌向海洋,涌向新大陆,涌向东方世界。关于这一巨大历史运动的内在动力,阿诺德·汤因比用其"压力—反应"理论给出了一种解释。他认为,正是由于公元8世纪阿拉伯帝国的版图扩张强加给西方社会以持续的压力,引起了公元732年法兰克人在图尔战役中对于阿拉伯人的成功抵抗。此后,西方对抗阿拉伯人压力的反应日益增强,结果:

> 七八百年后,它的力量将西方基督教世界的两个先锋——葡萄牙人和卡斯提尔人推出伊比利亚半岛,葡萄牙人远航海外,绕过非洲到了果阿、马六甲和澳门,卡斯提尔人横渡大西洋到了墨西哥,并继续前进,渡过太平洋到了马尼拉。[1]

中华文明与这个新兴的西方文明的第一次接触,就是在这个时期的澳门和马尼拉开始的。

用文明史的尺度看,8世纪南方定居农耕文明的成功扩张,在东方体现为隋唐大一统强加给北方突厥、鲜卑、契丹、女真、党项、蒙古等草原—森林社会的持续压力,最终导致了五代十国大乱局,并引发了辽、金、西夏、蒙古对中原的迭次反攻。而在西方,则体现为倭马亚王朝和阿拔斯王朝的成功扩张,但由于欧洲的蛮族社会相对弱小,并且其间也遭受到蒙古大军的猛烈打击,再加上黑死病的灾难,所以直到七八百年之后,才引发了葡

---

[1] 〔英〕阿诺德·汤因比著,〔英〕D·C·萨默维尔编,郭小凌等译:《历史研究》(上),上海人民出版社2010年,第123页。

萄牙人和西班牙人从海洋方向的大反攻。

虽然隋唐大一统是秦汉大一统的成功复兴，而且远比其他文明历史中的古典复兴更为成功，但是，唐朝末年五代十国的局面却也是东汉末年五胡十六国的重演。这是中国历史上"定居文明兴衰周期律"的再次显现，就像六百年前的东晋一样，中原定居文明在来自北方的压迫之下先后退缩成为北宋和南宋，通过一个多中心的格局与不同的草原文明之间维持着脆弱的进退平衡，但最终在13世纪归于蒙古草原帝国的统治。

然而，中华文明的独特性在这种极端的局面下再次体现出来。如前所述，最早、最连续、最成熟的天下型定居文明毕竟不同于新兴的、分散的、晚熟的定居文明，即使在整个中国完全被蒙古族统治的时期，"定居文明兴衰周期律"仍然发挥着维持定居文明连续性的作用。随着蒙古草原帝国的解体，明朝通过复制元朝、吸收草原文明，让中华定居文明再一次以中原和南方为中心实现复兴，重建了大一统。

对于明朝来说，天下始终是这个天下，九州也一直是这个九州。邹衍当年说九州之外还有另外八十个九州，同代人认为荒诞不经，一千六七百年过去了，今天的人也还是不信。元朝自称"北逾阴山，西极流沙，东尽辽左，南越海表。……东南所至不下汉、唐，而西北则过之，有难以里数限者矣"（《元史·地理志序》）。但也不过如此，并没有把另外那几十个九州都带给中国。所以，明太祖朱元璋开国之后，心中的头等大事还是朱姓王朝的天命，毕竟宋朝灭亡殷鉴不远，元朝灭亡就在眼前，他心中念兹在兹的是：本朝国祚几何？

所以，当第一批西洋人绕过印度洋和太平洋来到中国东南沿海时，中国人并不想费心去理解这一群新面孔所属的社会和他们所居住的地方，当然也不可能像今天的历史学家一样，真正理解来自海洋的"海上民族"与来自草原的骑马民族之间的关系，以及当下这个西洋与唐朝时的黑衣大食之间的关系。

《明史·外国七·拂菻》记载：元末有个西洋人捏古伦在中国做生意，因为元朝灭亡而无法回国。明太祖朱元璋于洪武四年（1371）八月召见了此人，写了一封诏书托他带给国王，诏书曰：

> 自有宋失驭，天绝其祀。元兴沙漠，入主中国百有余年，天厌其昏淫，亦用陨绝其命。中原扰乱十有八年，当群雄初起时，朕为淮右布衣，起义救民。荷天之灵，授以文武诸臣，东渡江左，练兵养士，十有四年。西平汉王陈友谅，东缚吴王张士诚，南平闽、粤，戡定巴蜀，北定幽燕，奠安方夏，复我中国之旧疆。朕为臣民推戴即皇帝位，定有天下之号曰大明，建元洪武，于今四年矣。

这就是明初的历史观和世界观——天绝了宋祀，也绝了元命，天助我先后灭了陈友谅和张士诚，最终恢复了我中国之旧疆，现在是我做皇帝，已经四年了。这些事，我必须要让你们这些四夷诸邦知道，"朕虽未及古先哲王，俾万方怀德，然不可不使天下知朕平定四海之意，故兹诏告"。

今天的中国人动辄批评古人，曰傲慢自大，曰愚昧无知，曰不知天外有天。考虑到几百年后堂堂大中华被这些跨洋而来的四夷诸邦打得落花流水，这些批评当然不是没有道理，但如果从历史中走出来看看今天，看看重新崛起之后的中国仍然是世界上唯一的连续文明，是世界上唯一的广土巨族，我们在批评的时候恐怕就要留些余地了。毕竟，一个天下型定居文明几千年来起起落落延续到今天，绝不是一个简单的事情。

16世纪以后，世界各地都开始与西方相遇，而相遇后的结果大不相同。南、北美洲的各大古文明由于演变过于缓慢，复杂社会没有发展起来，在西方人带来的钢铁、马匹和病菌的组合冲击之下彻底覆灭。印度文明在历史上始终被动接受外来文明的冲击，面对各方面都非常强势的西方文明，只有沦为西方殖民地这一个命运。阿拉伯帝国的伊斯兰文明与西方文明在地理上最为接近，社会也最为相似，但在坐拥现代科学优势的西方文明的冲击之下，逐渐陷入四分五裂，最终被西方文明各个击破。总之，经过了大航海时代，西方文明通过海洋扩展到全世界，一个偏安一隅的小社会摇身一变而成为一个全球大社会。汤因比这样写道：

> 这些伊比利亚的先锋们为西方基督教世界建立了不朽功勋。他们扩大了自身代表的社会的视野，从而潜在地扩大了其疆域，直至它囊括了一切有人居住的陆地和有人通航的海洋。正是由于这种伊比利亚活力树立的榜样，西方基督教世界才如同寓言中变成参天大树的芥菜籽一样，变为一个"大社会"；全世界的各个民族都在这棵树的枝干上搭巢住下来。①

按汤因比的意思，"全世界各个民族"当然也包括中华民族。在最初的时候，情况似乎是这样，明朝时期的中华与西方的

---

① 〔英〕阿诺德·汤因比著，〔英〕D·C·萨默维尔编，郭小凌等译：《历史研究》（上），上海人民出版社2010年，第123页。

相遇，没有表现出明显有别于其他文明的特别之处。葡萄牙人绕过非洲好望角来到澳门，西班牙人横渡太平洋来到吕宋岛，是在明中期的正德、嘉靖年间，从一开始，这个文明的相对优势就在武器、工程、商业和学术等几个方面同时表现出来。

《明史·外国六·佛郎机》记载了当时葡萄牙人的坚船利炮，正德十五年（1520）：

> 御史何鳌言：“佛郎机最凶狡，兵械较诸蕃独精。前岁驾大舶突入广东会城，炮声殷地。留驿者违制交通，入都者桀骜争长……”

三年之后的嘉靖二年（1523），发生了葡萄牙海盗侵入广东新会西草湾的事件，明朝官军生擒包括首领在内的葡人42人，斩首35人，缴获船只两艘及大炮若干。《明史·外国六·佛郎机》记载：

> 官军得其炮，即名为佛郎机，副使汪铉进之朝。九年秋，铉累官右都御史，上言：“今塞上墩台城堡未尝不设，乃冠来辄遭蹂躏者，盖墩台止瞭望，城堡又无制远之具，故往往受困。当用臣所进佛郎机，其小止二十斤以下，远可六百步者，则用之墩台。每墩用其一，以三人守之。其大至七十斤以上，远可五六里者，则用之城堡。每堡用其三，以十人守之。五里一墩，十里一堡，大小相依，远近相应，寇将无所容足，可坐收不战之功。”帝悦，即从之。

这是中国使用西洋武器之始。

到了万历年间（1573—1620），葡萄牙人在中国东南沿海的势力越来越大，《明史·外国六·佛郎机》记载：

万历中，(佛郎机)破灭吕宋，尽擅闽、粤海上之利，势益炽。至三十四年，又于隔水青州建寺，高六七丈，闳敞奇闳，非中国所有。知县张大猷请毁其高墉，不果。明年，番禺举人卢廷龙会试入都，请尽逐澳中诸番，出居浪白外海，还我壕镜故地，当事不能用。番人既筑城，聚海外杂番，广通贸易，至万余人。

澳门的青洲在靠近今天珠海关闸的一侧，与大陆之间只隔一条百十米宽的濠江水道。一座高六七丈的教堂正对着中国大陆矗立在那里，"闳敞奇闳，非中国所有"，按说应该引起国人的极大注意。从道理上讲，如果觉得好，就该主动学习，从此中国也会有新哥特、巴洛克之类的宏大建筑；如果觉得不好，拿缴获来的佛郎机大炮轰了它，也是一个处理方法；不明白为什么最后是"不果"。

万历年间，西洋人横行于中国外海，至少说明了两方面的大变化：其一，在哥伦布发现美洲之后的一个世纪里，欧洲人作为新的"暴发户"开始称霸海洋，并且利用得自于美洲和非洲的财富，参与到全球的经济活动当中。其二，明朝初期的开拓进取气象，随着永乐一朝的结束而消失殆尽；郑和的舰队当年在南海和印度洋攻城拔寨，所向披靡，一百多年后的子孙们竟然坐看西洋人"破灭吕宋，尽擅闽、粤海上之利，势益炽"而无可奈何。

当然，明朝郑和的宣威舰队与西、葡等国的海盗舰队是不同的性质，而且明朝也并不将西洋人在海上的蕃舶交通视为单纯的边患，所以尚不能简单认为因为没有了郑和的舰队而导致了蕃舶的猖獗。综合当时的情势来看，明朝与海上诸藩之间的商贸关系还处在一种剪不断理还乱的调整状态中。《明史·外国六·佛郎机》记载：

> 巡抚林富上言："粤中公私诸费多资商税，番舶不至，则公私皆窘。今许佛郎机互市有四利。祖宗时诸番常贡外，原有抽分之法，稍取其余，足供御用，利一。两粤比岁用兵，库藏耗竭，籍以充军饷，备不虞，利二。粤西素仰给粤东，小有征发，即措办不前，若番舶流通，则上下交济，利三。小民以懋迁为生，持一钱之货，即得展转贩易，衣食其中，利四。助国裕民，两有所赖，此因民之利而利之，非开利孔为民梯祸也。"从之。自是佛郎机得入香山澳为市，而其徒又越境商于福建，往来不绝。

文中提到的四个理由，第一条是说贸易本身贡献"抽分"，就是今天所说的关税利益；第二条是说用兵的军饷直接取自于边贸，就是今天所说的国防经济；第三条说番舶流通解决上下交济，就是今天所说的区域经济一体化；第四条说小民依靠贩运交易解决衣食问题，就是今天所说的民营经济开放搞活。每一条都符合现代经济原理，利国利民，思想非常先进。林富于嘉靖七年（1528）以兵部右侍郎兼右佥都御史的身份巡抚两广，这次上书是嘉靖九年的事，距离中英第一次鸦片战争还有足足三个世纪。

如果根据林富的上书就宣称明朝中期中国人的经济思想世界领先，远比当时西方成熟得多，而且不仅有思想理论，还直接融入政策，这恐怕有点过分；今天那些奉西方主流经济学为"圣经"的经济学家们听后一定要跳起来了。但历史事实却也不能无视，亚当·斯密等人是在林富等人二百多年之后才出现的。

借用贡德·弗兰克关于近代早期全球经济体系的比喻："西方最初在亚洲经济列车上买了一个三等厢座位，然后包租了整整一节车厢，直到19世纪才设法取代了亚洲的火车头位置。"①从历史的这一面看过来，明朝中期出现在福建、广东外海上的葡萄牙人和西班牙人，就是那个刚刚买到亚洲经济列车三等厢座位的乘客，真正的大故事还没开始。

1."大分流"

当时的中国人没有机会知道这位刚刚上车的乘客是从哪里弄来的车票钱。弗兰克写道：

> 最重要的途径是，欧洲人从他们在美洲发现的金银矿那里获得了金钱。……他们在那个最佳的赢利行业中"制造"了更多的金钱，主要是开采白银，更准确地说是强迫美洲当地人为他们开采白银。欧洲人也参与他们在美洲经营的或对美洲经营的其他各种赢利的商业活动，其中最重要的是巴西、加勒比海地区和北美南部的奴隶种植园；当然，他们也经营、维持和扩大这些种植园中的奴隶贸易。按照布劳特的统计，在这种有利可图的生意中，欧洲人大概始终雇用和剥削着100万名劳动力（1993a:195）。欧洲人通过向美洲的这些工人和其他阶层

---

① 〔德〕贡德·弗兰克著，刘北成译：《白银资本：重视经济全球化中的东方》，四川人民出版社2017年，第39页。

的人销售欧洲制造的产品而挣得更多的金钱。①

中国人见到的，是葡萄牙人和西班牙人手里似乎永远花不完的白银；中国人见不到的，是来到中国的每一个银锭背后的白骨和鲜血。自从欧洲人开辟了大西洋上连接欧洲、非洲和美洲的"三角贸易"航线，欧洲社会与新世界原住民社会的每一次接触都是最野蛮的暴力。西非的黑人奴隶被当作牲口运往欧洲，一位见证者写道："再怎么铁石心肠的人，都无法忍受这样撕心裂肺的场景！"②哥伦布的运气更好，他发现新大陆的美洲人"非常温柔，不知道什么叫罪恶"，"赤身裸体，没有武器，也不会使用武器"。结果可想而知，随着珍珠、白银和黄金陆续被发现，原住民就只能在自己的土地上被清除了。一位见证者写道："我看到过……任何活人都不忍看到的情景。"③

相对于明朝所了解的"四海之内"，在大西洋上沿着"三角贸易"航线进行的各种罪恶活动，则是在"四海"的背面所发生的事，完全无法得知。尽管明朝早在永乐年间就开展了大航海活动，郑和"经事三朝，先后七奉使，所历……凡三十余国"（《明史·郑和传》），但还是未能接触到那几个仅仅数十年后就改变整个世界历史的重要地区。近代世界历史的所谓"大分流"，就在郑和去世几十年后，悄然开始。

耶稣会教士马泰奥·里奇，汉名利玛窦，是万历十年（1582）

① 〔德〕贡德·弗兰克著，刘北成译：《白银资本：重视经济全球化中的东方》，四川人民出版社2017年，第284页。

② 〔英〕彼得·弗兰科潘著，邵旭东、孙芳译，徐文堪审校：《丝绸之路：一部全新的世界史》，浙江大学出版社2016年，第177页。

③ 同上，第181页。

来华的，此时距离哥伦布发现美洲已近一个世纪。他给中国带来了全新的世界地理知识。《明史·外国七·意大里亚》记载：

> 意大里亚，居大西洋中，自古不通中国。万历时，其国人利玛窦至京师，为《万国全图》，言天下有五大洲。第一曰亚细亚洲，中凡百余国，而中国居其一。第二曰欧罗巴洲，中凡七十余国，而意大里亚居其一。第三曰利未亚洲，亦百余国。第四曰亚墨利加洲，地更大，以境土相连，分为南北二洲。最后得墨瓦腊泥加洲为第五。而域中大地尽矣。其说荒渺莫考，然其国人充斥中土，则其地固有之，不可诬也。

虽然利玛窦送给中国官员一册世界地图，还专门绘制了一本《大瀛全图》，但利玛窦等人的主要工作还是传教。他们翻译了《十诫》《天主经》《圣母赞歌》以及《教理问答书》，并撰写了《天主实录》，以中文解释天主教教义。另外，他们还花费大量的时间攻读"四书"等中国经典，并将其翻译成拉丁文。

今天回顾地看，利玛窦传到中国的西洋知识，虽然有欧几里得的《几何原本》，还有包含在天体仪、地球仪、地图册中的那些新的天文地理科学知识，但全加在一起仍不足以引起中国人思想和精神的震动。说到底，无论是郑和下西洋所获得的新知识，还是西洋传教士带来的新知识，对于那个时期中华的整个学术体系来说，都只是一些可加可减的无本之末。直到距利玛窦来华整整三百年后的清末，面对当时已成汹涌澎湃之势的西学大潮，中国士大夫们仍然不肯轻易放弃在中学和西学之间进行严格区分的努力，或曰中学为本、西学为末，或曰中学为政、西学为艺，或曰中学为体、西学为用，总之不可能全盘接受西

洋的学术和知识，必须将其置于中华数千年不变且至高无上的
"天地之学"的某个位置上。

1896年，梁启超开列了一个"西学书目表"，他在《后序》中
写道：

> 要之，舍西学而言中学者，其中学必为无用；舍中学而言
> 西学者，其西学必为无本。无用无本，皆不足以治天下，虽庠序
> 如林，逢掖如鲫，适以蠹国，无救危亡。[①]

意思是，即使中国正在经历"西学东渐"和"西力东击"的
双重打击，对于西学可以挽救危亡的功用已经完全了解，但西
学仍然不能是"本"，不能是"体"，甚至也不能是"政"，而只是
有用。按康有为的区别，西学可以叫做"智学"，而中学则是"圣
学"；"圣学"永远不会错，不会过时，而且最终仍是引导整个天
下进入"太平世"的大学问。但在当今的"据乱世"，"智学"不
可不学，不学就要亡国灭种。

但是西方的这套"智学"毕竟很特殊，能有今天的厚重也是
有其来龙去脉的。在阅读了大量西学书籍并周游了欧美列国之
后，康有为这样理解：

> 泰西当宋、元之时，大为教王所愚，屡为回国所破，贫弱
> 甚矣。英人倍根当明永乐时创为新义，以为聪明凿而愈出，事
> 物踵而增华，主启新不主仍旧，主宜今不主泥古，请于国家，
> 立科鼓励。其士人著有新书，发从古未创之说者，赏以清秩高
> 第。其工人制有新器，发从古未有之巧者，予以厚币功牌，皆

① 梁启超：《西学书目表后序》，见《饮冰室文集之一》，第129页，《饮
冰室合集》（第1册），中华书局1989年。

许其专利，宽其岁年。其有寻得新地，为人迹所未辟，身任大工，为生民所利赖者，予以世爵。于是国人踊跃，各竭心思，争求新法，以取富贵。各国从之，数十年间，科仑布寻得美洲万里之地，辟金山以致富，每年得银巨万，而银钱流入中国矣。墨领遍绕大地，知地如球，而荷兰、葡萄牙大收南洋，据台湾而占濠镜矣。哥白尼发地之绕日，于是利玛窦、熊三拔、艾儒略、南怀仁、汤若望挟技来游，其入贡有浑天地球之仪，量天缩地之尺，而改中国历宪矣。至近百年来新法益盛。①

然而，即便如此，也不过尔尔，对于"圣学"的天然优越和不可动摇的本体地位，康有为仍信仰如初：

> 我辈圆颅方趾，不是天神，不是禽兽。无论为官为民，为士农工商，总而言之曰人。既在世界生而为人，即有人之道，即应知人之所以为人之道。……中国汉前诸教未入，所谓教者，非孔子而何也？孔子之教，不专言灵魂，而实兼身兼魂，无所不包，简而言之，曰人道教而已。《中庸》曰：修道之谓教。中国于佛教未入之先，三代及后汉政化至盛，岂曰无教，盖皆孔子之教，二千年来以迄于今矣。②

从认为中学是本、西学只是末，到承认中学是本而西学也有本，在当时算是一大思想突破。1875年，郭嵩焘上奏称："窃谓西洋立国有本有末，其本在朝廷政教，其末在商贾、造船、制

---

① 康有为：《上清帝第四书》，见汤志钧编：《康有为政论集》（上），中华书局1981年，第150页。

② 康有为：《开封演讲辞》，见姜义华、张荣华编校：《康有为全集》（第十一集），中国人民大学出版社2007年，第236页。

器，相辅以益其强，又末中之一节也。"①

关于晚清中国思想界各派的大争论，论文和著作汗牛充栋，本书不再赘述。有意思的是，晚清中国人围绕"体用说""本末说"的大争论，实际上一直都没有真正结束，因为这个议题与西方学术界关于近代以来欧洲与亚洲之间发生的"大分流"在根本问题上是混合交织在一起的，都是针对东方在历史上一直领先而在近代之后被西方赶超这个巨大的世界历史现象的理论回应，直到今天还在热烈地讨论着。

围绕"大分流"议题争论的焦点是什么？其实也可以归到"体用""本末"的理论框架当中。这些观点大体可以分为如下三类：

一类观点认为，西方文明存在着发展资本主义的内生因素，欧洲完全靠自身的文化、宗教、制度、理性、创业精神、技术、地理……简言之就是文明的"特殊性"，独立积聚起了强大的经济力量，实现了国家崛起，并主导了整个世界。这就是以马克斯·韦伯等人为代表的欧洲例外论或西方中心论的观点。

另一类观点与此正好相反，认为欧洲在很长时间里一直是真正的世界经济整体的一个边缘部分，欧洲能够加入到由亚洲所支配的世界经济中，所借助的唯一有效手段就是从美洲获得的金钱。利用这笔通过殖民掠夺获得的金钱，欧洲"强行分沾了亚洲的生产、市场和贸易的好处——简言之，从亚洲在世界经济中的支配地位中谋取好处。欧洲从亚洲的背上往上爬，然后暂

---

① 〔清〕郭嵩焘撰，梁小进主编：《郭嵩焘全集》史部之一《奏稿》，岳麓书社2012年，第783页。

时站到了亚洲的肩膀上"①。这就是以贡德·弗兰克为代表的重新认识东方论的观点。

第三类观点处于上述两种观点的中间，例如所谓"加州学派"代表人物彭慕兰认为，在18世纪中叶以前，英格兰和中国江南处于同一发展水平，从生活水准（卡路里的消费、日用家居和纺织品、储藏和分发粮食以备饥荒的能力）到商业化的程度，以及农业与手工业劳动力的分工和人的寿命等方面都大致相当。东、西方之间拉开差距是因为两个偶然因素：一是英格兰的煤矿，二是美洲新大陆的开发。

相较于比较接近第二类观点的彭慕兰，芝加哥大学社会学系教授赵鼎新更靠近第一类观点。他针对彭慕兰《大分流》一书的观点提出了批评并反驳说，"中国在19世纪或此前或稍后的任何时候都没有可能出现工业资本主义方面的根本性的突破"。即便明清时期中国的富庶地区有较高的生活水准，但存在一些制度性的因素，例如技术创新并没有鼓励性的回报，理论/形式理性极不发达；最重要的是，新儒家意识形态没有面临重大的挑战，而商人无法利用他们的财富来获取政治、军事和意识形态方面的权力从而抗衡国家的权力。

总而言之，第一类观点就是坚持认为西方文明有本有末，甚至只有西方文明有本，而其他文明都只有末，所以，西方中心论是无可置疑的。当西方文明主导了全球之后，就像汤因比所描述的，所有其他文明都寄生在西方文明这棵枝繁叶茂的大

---

① 〔德〕贡德·弗兰克著，刘北成译：《白银资本：重视经济全球化中的东方》，四川人民出版社2017年，第6页。

树上。

第二类观点正好相反，认为西方文明没有本，只有末。真正的人类文明之本在东方，在亚洲；西方只是一个得了意外之财的暴发户，暂时爬到了亚洲巨人的肩膀上。

第三类观点，无论怎样调和，也不过是这样一个立场：既承认中国和亚洲在世界历史上的主体位置，同时也承认"西洋立国有本有末"。国家就是文明的标志，立国有本有末，说的就是文明有本有末；而既然文明有本有末，从这个文明中生长出来的各种事物，也就或多或少有了一定的内在性和必然性。

可见，清末中国士大夫们关于中西"本末"和"体用"的争论，与西方学术界关于"大分流"根本原因的争论，其实都可以化约为关于不同文明和文明历史之间的对比。这也就回归到了本书的主题上。如前几章所述，所谓中学的本，指的就是中华文明的根本，归根结底还是源于定居农耕生产生活方式这个基础。既然天下型定居文明未变，天下国家和天下型经济体还在，中华文明的根本当然不会消失。

例如宗教这个本中之本，康有为比较了不同文明中的宗教之后说：

> 诸教只言天，只修魂，道教只修魄。基督教至仁，盖专重天也。……基督与佛同言魂，盖与佛之人天教同，故不嫁娶，独尊天而寡及父母，言仁而寡言孝，尊魂而少言修身也。孔子则天与父母并重，故仁孝兼举，魂与体魄交养，故性命双修。[①]

① 康有为：《开封演讲辞》，见姜义华、张荣华编校：《康有为全集》（第十一集），中国人民大学出版社2007年，第236—237页。

前面论述过，仁孝廉举，人立身以孝为本，官从政以廉为方，这是典型的定居农耕社会的道德标准；一旦出了定居农耕文明圈，进入游牧、游猎、游商、游盗社会，基本就不适用了。

所以，定居农耕文明有本有末，这本不是问题，但自家的本并不能代替别人家的本。契丹的辽尊孔，党项的夏尊孔，女真的金、蒙古的元都尊孔，不是因为别的，只是因为它们进入了中原定居农耕文明圈，也只是因为它们需要用尊孔来维持定居农耕社会的基本秩序。一旦明白了这一点，就不必非要像康有为那样，把孔子和佛祖、基督放在一起品头论足话一番短长了。真正需要做的，是将西方文明当作一个完全不同的异质文明，去认真研究它的本末。

郭嵩焘的"西洋立国有本有末"其实只是个猜测，凭当时中国人的世界历史知识，对任何一个异域文明从本到末的完整研究都是难以做到的。例如，古希腊—古罗马与近代以来的西方文明到底是一种什么样的接续关系？这个问题直到郭嵩焘之后一个半世纪的今天，还在各种不同意见交织的话语迷雾当中。

2. 海上民族作为游居社会的一种

中国史书上记载佛郎机的地理位置，曰"近满剌加"，满剌加就是后来叫做马六甲的那个王国。明朝时已有葡萄牙人在那里活动，所以，明朝官员想当然地认为佛朗机就在距离满剌加很近的地方。

史书上记载利玛窦的祖国，曰"意大里亚，居大西洋中"，其实也是想当然。中国人的地理知识长期以来都没有包括地中海这个区域，这不能不说是一大缺陷，也是一大遗憾。

　　根据汤因比的研究，地中海这个区域所创造出的古代文明数量最多，人类文明史存在过的二十三个文明，在地中海地区先后出现过九个。这九个不同且先后相继的文明，无论是兴起还是覆灭，无不是地中海上长期激烈战争的结果。如果与中国的历史对照，中国历史上的列强争霸，如春秋战国时期、魏晋南北朝时期、五代十国时期、元末或明末时期，都是围绕中原进行的，所谓逐鹿中原、问鼎中原是也。相比之下，在地中海地区，列强的争霸都是围绕地中海的海上霸权展开的。

　　这一点导致了很大的不同，所造成的影响一直持续到今天。

　　今天，这一波由西方主导的全球化，与当年由蒙古帝国主导的全球化相比，最根本的区别在于，后者是通过欧亚干旱带和大草原展开的，而前者却是通过海洋这个通道展开的；实现地理扩张的工具，后者使用的是马匹，前者使用的是船只。其共同之处在于，相对于定居农耕民族，马背上的民族与舰船上的民族，都是游居的，都是以武力的方式掠夺定居社会或者以占据定居社会的土地为生存手段。

　　而1492年之后从伊比利亚半岛冲杀出来的这一支"海上游牧民族"，以及随后开始的全球大航海时代，追根溯源是地中海数千年争霸史的延伸。王赓武教授在他的《王赓武谈世界史》一书中写道：

　　　　那是一场真正的全球化进程，它从十八世纪中叶开始逐步将世界经济整合了起来。这一扩张是海洋性的，而它的起源可以追溯到几千年来地中海主要海军力量之间的控制权之争。

一场场无情的争霸孕育出一种进犯性的文化，这种文化产生了要把陆地和海洋全都掌控在自己手上的帝国。当斗争最终蔓延到大西洋时，其势已锐不可当，很快就远播四海，蔓延到印度洋和太平洋。那种跨洋性的扩展彻底改变了三大文明之间的相互关系。

美洲新大陆的意义在于，它直接成为了地中海争霸战延伸为全球海洋争霸战的一个"前进基地"。一方面，从美洲获得的巨额财富，让欧洲人拥有了足够的战争经费和进入亚洲经济体系的贸易经费。另一方面，借助这个新大陆，欧洲人在大西洋沿岸的探险船只，得以进入另外两个大洋，葡萄牙人绕过非洲进入印度洋，西班牙人等则取道另一边，绕过南美洲进入太平洋。短短几十年间，全球就通过海洋通道连接在了一起。

这是在郑和下西洋结束后一个世纪发生的事情，也是在明朝所理解的"四海"之外发生的事情。而全球海洋连接为海洋通道之后的故事，则已众所周知，王赓武教授写道：

> 十八世纪崛起的新兴力量继续为世界其他地区建立新的系统规范（systemic norms）。这些规范以飞速发展的科学技术为支撑，以工业革命和资本主义为后盾，以在民族国家（nation states）基础上创造出新型财富和权力的富于凝聚力的民族帝国（nationalempires）为靠山。

在18世纪后的这段世界历史中，今天的中国是亲历者。1840年，用大炮打开了中国南方口岸的那支英国舰队是从海上来的，此后的一个多世纪里，除俄国之外，入侵中国的西方列强，都是从海上来的。但是，在中国自身的主流历史运动中，海洋从来不是一个主要部分，而是一个边缘事务。

一方面，清朝建立之后，中国再一次完成了中原文明与草原文明的融合与共生，这是自黄帝至今长达四千多年的文明融合与共生历史的最后一个阶段，也是一个大结局。据历史学家们考察，1759年清军占领了喀什和叶尔羌城之后，中国的版图达到历史上最大。但历史的另一面，是中原文明与海洋文明的融合与共生，自郑和下西洋活动中断后，又从葡萄牙人和西班牙人分头到达中国闽粤外海之时重新开始。

从此，中国人开始了一个新的历史进程，开始像认识草原那样去认识海洋，像驾驭战马那样去驾驭战船，像融合草原文明那样去融合海洋文明。但这个历史进程毕竟时间还短，从16世纪初的澳门到今天的亚丁湾，不过才四百年，只是中原与草原互动历史长度的十分之一而已。

对中国人来说，要真正理解人类的海洋文明，就要像理解人类的草原文明一样，从起源之处开始。王赓武教授写道：

> 自从五千年前文明的开端以来，那里所发生的事情就与众不同。腓尼基人和希腊的海上殖民地为伟大的陆—海帝国奠定了基础，在此之上塑造出一个能够多方位扩张的权力系统，并如此这般地向北、向东、向南施展了拳脚。大约1500年前，那里发生了一场剧变，当时地中海周边国家因对一神论的解读存在激烈分歧而形成割据局面，地中海文明从此或多或少地一直处于分裂状态。这与上一个千禧年的情形有很大不同——想当年，地中海就如一个内湖，万邦及帝国在湖上自由地竞逐商机、争享荣耀。

　　为了方便描述，我们不妨先做个假设：假如不是从直布罗陀沿地中海中间划线分出欧洲与非洲，而是靠北沿比利牛斯山、阿尔卑斯山、南喀尔巴阡山和黑海划一条线，再靠南沿撒哈拉沙漠北部与北回归线平行划一条线，将中间这一包括了地中海南北两部分沿海地区的部分单独命名为"地中海洲"，那么这个假设的地理划分，可能会提供一个更清楚的世界历史图景。

　　关于这个"地中海洲"的古代文明历史，可以确认的基本事实有如下几个方面：

　　第一，"地中海洲"的东部地区，或者称"东地中海洲"，是人类文明最重要的起源地之一。这一地区的青铜时代从公元前3000多年开始，持续了约两千年，在相当于中国商朝时期的几百年里，曾经达到过很高的文明程度。考古和文献证实，青铜时代晚期，这一地区兴起了众多王国，王国之间的贸易和人员往来频繁，互派外交使节，发生过王室之间的联姻，也有国际阴谋和战争冲突。1984年发现的"乌鲁布伦沉船"可以追溯到公元前1300年，船上物品包括玻璃生料、生锡、粗铜、大麦、树脂、乌木、香料、象牙、河马牙、葡萄酒、储藏罐和大量铜锭，种类之多，令人惊叹。据分析，船上货物至少来自七个不同的王国。这证明，在沿着东地中海海岸分布的各城市之间，存在着一个发达的贸易网络。

　　第二，这个曾经非常辉煌的文明在公元前12世纪前期突然迎来了一次末日降临般的崩溃，所有王国都迅速瓦解，城市遭到彻底毁灭，文明发展戛然而止。文明覆灭的原因，至今仍是一个历史之谜，专家们给出的解释五花八门，包括气候变化、地质灾害、饥荒、社会暴动等等，也无法排除外来蛮族入侵的可能。考古报告发现，毁灭于公元前1190年前后的乌加里特城"整个城市都有毁坏和火灾的证据"，还发现"散落在被毁或被弃的遗迹中数不胜数的箭头"①。而同一时期的埃及庙宇墙壁铭文中曾多次提到来自"海上民族"野蛮敌人的入侵。法老拉美西斯三世的一段话描述了"海上民族"的可怕，"各国疆土在战（火）中一同灰飞烟灭。在其武器面前，无一领土可得幸免"②。

第三，相对于东地中海沿岸的文明世界，"海上民族"毫无疑问是属于蛮族，而且与骑马民族一样，属于游居的蛮族，也就是历史学家们所说的游团。正如那些游走在大陆上的游团一样，人们根本无从知道他们的行踪。埃里克·H.克莱因写道：

> 除了埃及人的文献记载之外，我们对这些人知之甚少。对于海上民族的起源我们也无法确定：一说源自西西里岛、撒丁岛和意大利，一说来自爱琴海地区或安纳托利亚（Anatolia，土耳其的古称）西部，甚至塞浦路斯（Cyprus）或地中海东部地区。迄今发现的古代遗址中从未找到他们的发源地或出发点。我们推测，这些人一直在不停地迁移，所经之处，一个个国家和王城皆被征服。据埃及史料记载，他们先在叙利亚安营扎寨，然后沿迦南海岸（包括现代叙利亚的部分地区、黎巴嫩和犹太地）前进，最后进入埃及尼罗河三角洲

---

① 〔美〕埃里克·H.克莱因著，贾磊译：《文明的崩塌：公元前1177年的地中海世界》，中信出版社2018年，第160页。

② 同上，第5页。

地区。①

在埃及，虽然拉美西斯三世成功击溃了"海上民族"的进攻，可是整个国家也被拖得精疲力竭，走向了衰弱和分裂。最终的结果不过是蛮族以某种"和平渗透"的方式，在此后两百年的时间里逐步建立了对埃及的统治。而在希腊地区，却是"突然死亡"的方式，曾经毁灭了米诺斯社会的迈锡尼社会这一次遭遇了更为彻底的文明毁灭，"石工技术湮没无闻，制灯行业无人问津，黄金销声匿迹，从米诺斯文明继承下来的精美服装式样也已弃而不用。文化财富之源枯竭殆尽"②。甚至连古爱琴海文字也在这一时期完全失传。文字在短时期内发生了失传，新的文字突然取代旧的文字而出现，这在人类文明历史上是一种非常罕见的现象，可以据此推断旧文明毁灭时的惨烈程度。因为这种情况往往意味着定居区完全毁灭，而且发生了种族灭绝。

综合以上基本情况，可以得出一个有重大意义的对比：若将"东地中海洲"也看成一个自成一体的"天下"，那么，它与东亚大陆以中原为中心的"天下"有着相同之处：两个"天下"都是定居农耕社会和游居蛮族社会两个相互对立世界的混合。但两个"天下"之间又有很大的不同：第一，后者的定居农耕社会的区域以中原为中心、以同心圆或同心方形式向外扩展，前者的定居农耕社会的区域则沿地中海海岸呈半环形分布；第二，后者的

---

① 〔美〕埃里克·H.克莱因著，贾磊译：《文明的崩塌：公元前1177年的地中海世界》，中信出版社2018年，第3页。

② 〔英〕阿诺德·汤因比著，徐波等译，马小军校：《人类与大地母亲：一部叙事体世界历史》，上海人民出版社2016年，第116页。

游居蛮族社会主要是骑马民族，前者的游居蛮族社会主要是"海上民族"。

从这个对照中可以得出一个重要结论：如果说中华文明有本有末，而文明之本归根结底基于中原的定居农耕生产生活方式，那么，当人们说西方文明有本有末时，即可以认为西方文明之本归根结底源自于地中海"海上民族"的军事、贸易、探险等各类海上活动。

二、两种"天下"和两种"霸政"

但是，与"骑马民族"不同的是，"海上民族"作为蛮族游团，作为文明的对立面，作为一个负面的、黑暗的形象，在历史记录中只存在了很短的一段时间。随着地中海周边强大国家的先后崛起，国家所主导的海洋活动和海上霸权是作为正面的、光明的或者说是文明的组成部分而载入历史的。关于历史上第一次大规模的海洋争霸战，即希腊与波斯之间的萨拉米斯海战，詹姆斯·费尔格里夫写道：

> 一个海上民族只能通过一个海上强国去征服。因此，波斯最后是使用其属地的船只，尤其是腓尼基人的战舰，也有西利西亚人甚至埃及人的战船，试图征服大海另一边的希腊。[1]

由波斯君主大流士之子薛西斯发动的这场大海战，最终的结果是小小的海上城邦国家雅典背水一战，摧毁了波斯的舰队，

---

[1] 〔英〕詹姆斯·费尔格里夫著，胡坚译：《地理与世界霸权》，浙江人民出版社2016年，第53页。

使这个东方大帝国控制海洋的企图彻底破灭。对此，费尔格里夫总结道：

> 我们现在要关注的乃是波斯君主的心态，薛西斯并不缺乏舰船，他缺乏的是对海洋的认识，这才是问题的关键。在这场战役结束时，薛西斯手中能够作战的船只仍多于希腊人，但由于薛西斯来自大陆，海洋在他的眼里是一个陌生的事物，他不是一名水手，他信不过大海，于是选择了撤退。如果他的舰队被完全摧毁，撤退也许只意味着他经历了一场不幸的失败，他还可以卷土重来。但是，他在自己的战舰数量仍占优势的情况下撤退，则意味着承认海洋已超出波斯帝国的统治范围之外。[1]

正如同一时期中国的"春秋五霸"称雄争霸，中原大地上不可以一日而无霸，公元5世纪及其后的地中海，同样也是不可以一日而无霸。所以说，波斯输掉的不是一场海战，而是它与希腊之间的海洋争霸战，因为当时的地中海，海上民族各自为战的时期已经被海上强国称雄争霸所取代，地中海这块海域成了"地中海洲"这个"天下"的中原，逐鹿中原的争霸战，在这里成了制海权的争夺战。

中国的《孙子兵法》成书的时间大约在第一次希波战争期间，书中涉及到战争的方方面面：经之以五事，"一曰道，二曰天，三曰地，四曰将，五曰法"；用之以九地，"有散地，有轻地，有争地，有交地，有衢地，有重地，有圮地，有围地，有死地"；

---

[1] 〔英〕詹姆斯·费尔格里夫著，胡坚译：《地理与世界霸权》，浙江人民出版社2016年，第53—54页。

"善用兵者，屈人之兵而非战也，拔人之城而非攻也，毁人之国而非久也，必以全争于天下"，等等。但其实谈的都是中原争霸之法，无一字谈到海洋和海战。

薛西斯之所以在舰船数和兵员数远远超过希腊舰队的情况下决定撤军，无非是认为海洋并不是其帝国的基础，即使没有了制海权，其帝国的国本也不会动摇。而雅典人之所以宁肯放弃自己的城市，全部集结到海上与波斯人决战，无非是意识到海洋才是雅典的"死生之地"，不可不当作天下来全力争取。

可以认为，从此以后，人类文明史就有了两种"天下"和两种"霸政"：一种是围绕陆地某个"天下"范围争霸的霸政，一种是围绕海洋某个"天下"范围争霸的霸政；陆地的"天下"最典型者，就是中国以禹域九州为中心区，并逐渐扩展到整个东亚甚至中亚的这个同心圆形状的大陆"天下"；而海洋的"天下"最典型者，就是以地中海为中心区，并逐渐扩展到大西洋和印度洋，最后通过美洲新大陆扩展到各个大洋的全球海洋"天下"。

所谓霸政，就是"天下"范围内不能出现权力真空，不可一日而无霸，多个强权通过你死我活的战争争夺霸主地位，各领风骚一个时期。在中国，春秋初期尚有百数十国，但霸政一旦开启，则篡弑之祸迭出，攻伐之乱频现，从此进入无岁无战事、大国并小国、各国称王称霸、竞相黩武陵天子的战国局面；直到"六王毕、四海一"，强秦一统中国才宣告结束。

1. 海洋"天下"的历史演化

秦统一中国，在地中海这个海洋"天下"所对应的事件，就是罗马海军击败迦太基海军，成为地中海唯一的海上霸主，将地中海变成了罗马帝国的内湖。

开始的时候，正如秦国最初并无逐鹿中原的实力一样，罗马也根本没有称霸海上的实力。公元前264年，第一次布匿战争爆发，一支罗马军队从意大利本土离开，首次渡海开往墨西拿，但因为没有强大的舰队，罗马向中西部的推进长期没有进展。战争爆发后的第五年，一支由120艘战舰组成的罗马舰队终于建成，并在意大利沿海连续两次取得胜利。但也像秦国艰难曲折的崛起之路一样，此后，罗马舰队多次在海上遭遇风暴，其中一支舰队还遭受了迦太基人的重创，刚刚夺下的制海权又被抢走了，并在很长一段时期内都没有恢复过来。

公元前242年，主要依靠私人的捐助，由200艘五排桨战舰组成了一支新的罗马舰队，并于第二年完全摧毁了迦太基舰队。最后，迦太基人向罗马求和，并接受了罗马提出的苛刻条件——迦太基放弃西西里岛及附近的若干岛屿，在十年内向罗马支付3200塔伦特的战争赔款。

布匿战争是海洋霸政的杰作，尽管迦太基英雄汉尼拔以劣势兵力围歼优势之敌，给罗马以沉重打击，但罗马海军所创造的接舷战，深刻影响了此后的海洋争霸史。此后在"地中海洲"历史上出现的一代又一代强权，通过在地中海上无数次罗马模式的激烈海战，磨砺出一种特殊的战争能力。就像骑马民族通过经年累月的草原作战培养出横扫一切的铁蹄政策一样，海洋国家也通过持续的海战获得了从海洋上发起进攻的炮舰政策，并在大航海时代之后将这种政策强行施加在原本没有持续性海战传统的所有地区。

如前所述，地中海就相当于是"地中海洲"这个西洋"天下"的中原，布匿战争让罗马控制了"海洋中原"，并打开了称霸西洋"天下"的大门。赢得布匿战争的罗马，又继续向地中海东部扩张，接连征服了马其顿王国和小亚细亚的西部和中部。到公元前44年之后的恺撒时期，罗马殖民地已西至西班牙，北到瑞士和法国，东迄叙利亚，南至埃及。到公元117年，西洋"天下"的范围北到英国，东到波斯湾，以地中海为中心，包括了几乎全部欧洲，以及非洲和亚洲的一部分。

关于罗马赢得地中海霸主地位的这段历史，J.H.布雷斯特德写道：

> 罗马坚定地迈出了关键的一步，这一步决定了它未来的命运，让它第一次拥有了本土以外的领地，成为了海上大国。但是这一步一旦迈出，就再也无法回头了。为了获得海外利益，罗马就必然会与其他国家继续发生冲突。这样的利益冲突永无止境，只会带来一场接一场的战争。[①]

历史正是这样走下去的。地中海上的争霸战争始终未曾中断，罗马之后是拜占庭时代；拜占庭之后有一个时期是被称为"撒拉逊人"的阿拉伯人，他们控制腓尼基和埃及的沿海城市之后，拥有了海上远征军，随后甚至越过直布罗陀海峡征服了

---

① 〔美〕J.H.布雷斯特德著，马丽娟译：《地中海的衰落》，中国友谊出版公司2015年，第450页。

整个西班牙;同时还有阿尔及尔和摩洛哥的摩尔人,他们作为海盗和劫掠者在地中海上存在了几百年。

阿拉伯人控制地中海的时代终结于11世纪之后的"十字军东征"。这个时期的海上霸权是利用"十字军东征"的机会而崛起的威尼斯和热那亚。这两股海上强权的相互斗争很像是罗马与迦太基海上较量的重演,曾有句著名的流行语说"封锁了马六甲海峡,就扼住了热那亚的咽喉",由此可见其贸易网络之大。

还有一段时间出现过来自北欧和突厥的海上力量,他们也积极参与到地中海的争霸战中。自罗马之后,围绕地中海这个"海洋中原"的争霸战,持续了一千年,直到伊比利亚人从大西洋方向冲了出来,先后绕过诺恩角和好望角,打破了原来的小天下格局,进入了大天下的新时代。

> 此后,在历史上就不再有两个大洋而只有一个大洋,并且从那以后世界贸易就转到了跨大洋的水手们手中,因为货物经由海上运输更节省能量。文明的又一个伟大进步就此得以实现。达·伽马从印度回来后,不到五年时间,过去常常带来香料的来自亚历山大港和贝鲁特的桨帆船,进入威尼斯港时就成了无货可运的空船。在他回来后的12年内,葡萄牙完成了对东印度群岛的征服,阿拉伯人在阿拉伯海和马六甲海峡被击败,葡萄牙在印度沿岸建立了自己的势力。[1]

海洋"天下"的历史在近代之后的高潮是18—19世纪英国

---

[1] 〔英〕詹姆斯·费尔格里夫著,胡坚译:《地理与世界霸权》,浙江人民出版社2016年,第128页。

这个工业化"海洋行国"的崛起，就像13世纪以骑兵部队为运动基础的"草原行国"蒙古一样，以远洋舰队为运动基础的英国，也建立起一个庞大的世界帝国。帝国时期的英国本土就是现代"海洋行国"的一个典型，虽然人口大部分定居在城市和乡村，但有很大的比例从事着与海军活动有关的行业。正如皮尔·弗里斯所说：

> 1780—1830年是世界史上的重要时期，英国在陆军和海军方面的开支年均约2000万英镑。换算成等额的白银，接近清政府总的常规税收收入，而中国的人口是英国的30倍。……无须另外讨论其他西欧国家的情况，这些国家都与英国类似：战事费用十分巨大，且不断上涨。[1]

2. 中原"天下"的历史演化

与此同时，或者说与此平行，在世界的东方，自秦汉大一统之后，中原成了中国的腹地，就像地中海成了罗马帝国的内湖，此后的历史也就成了统一的中国与周边各民族围绕中原霸权不断发生冲突的历史。

首先，是中原王朝自身的内乱。东汉末年，宦官与外戚轮流"劫持"国家，他们的势力一旦崩溃，也就是国家的崩溃；而国家一旦崩溃，结果就是天下起兵，群雄并起，九州皆反。《后汉书·朱儁传》记载：

> 自黄巾贼后，复有黑山、黄龙、白波、左校、郭大贤、于氐

---

① 〔荷〕皮尔·弗里斯著，郭金兴译：《国家、经济与大分流：17世纪80年代到19世纪50年代的英国和中国》，中信出版社2018年，第175页。

根、青牛角、张白骑、刘石、左髭丈八、平汉、大计、司隶、掾哉、雷公、浮云、飞燕、白雀、杨凤、于毒、五鹿、李大目、白绕、畦固、苦酒之徒，并起山谷间，不可胜数。其大声者称雷公，骑白马者为张白骑，轻便者言飞燕，多髭者号于氐根，大眼者为大目，如此称号，各有所因。大者二三万，小者六七千。

这就是"据乱世"，逢此乱世，民皆极苦。董卓死后，李傕、郭汜自相攻伐，《晋书·食货志》记载："长安城中以为战地。是时谷一斛五十万，豆麦二十万，人相食啖，白骨盈积，残骸余肉，臭秽道路。"及至天下一并于晋，安定了一段时间，天下无事，赋税平均，人咸安其业而乐其事，但这只是内乱与外祸之间的片刻安定，华夏民族自崛起以来第一次彻底的大溃败很快接踵而至，中原迎来了只有人命最不值钱的"亡天下"时代。《晋书·食货志》写道：

> 及惠帝之后，政教陵夷，至于永嘉，丧乱弥甚。雍州以东，人多饥乏，更相鬻卖，奔进流移，不可胜数。幽、并、司、冀、秦、雍六州大蝗，草木及牛马毛皆尽。又大疾疫，兼以饥馑。百姓又为寇贼所杀，流尸满河，白骨蔽野。刘曜之逼，朝廷议欲迁都仓垣。人多相食，饥疫总至，百官流亡者十八九。

历史上"永嘉之祸"和随后而来的"五胡十六国"时代，被一些学者视为历史分期的一个节点，例如雷海宗先生将公元88年汉和帝刘肇即位到公元383年淝水之战东晋以少胜多击退前秦这一段历史命名为"帝国衰亡与古典文化没落时代"，此后的中国则是北方各种胡族屡次入侵，印度的佛教深刻影响中国文化的时期，确切地说"中国已不是当初纯华夏族的古典中国，而是胡汉混合、梵华同化的新中国，一个综合的中国"①。

但由于隋唐之后又出现多次帝国衰亡和新的古典文化没落，所以史学家们更多是用周期性循环的分期来描绘中国历史。他们还发现周期性的治乱因循、周期性的内忧外患，都有其内在原因，归根结底是由定居农耕文明的特性所决定的。定居内在地要求秩序，秩序内在地要求统一，统一内在地要求强制，"以天下为一家，以中国为一人"，都是内在逻辑。而秩序的强制就难免滑向暴政，暴政就会引发抵抗，抵抗多了，就是天下皆反。这也是内在逻辑，非人力所能敌。《后汉书·仲长统传》中有仲长统引《昌言·理乱篇》：

> 秦政乘并兼之势，放虎狼之心，屠裂天下，吞食生人，暴虐不已，以招楚汉用兵之苦，甚于战国之时也。汉二百年而遭王莽之乱，计其残夷灭亡之数，又复倍乎秦、项矣。以及今日，名都空而不居，百里绝而无民者，不可胜数。此则又甚于亡新之时也。悲夫！不及五百年，大难三起，中间之乱，尚不数焉。变而弥猜，下而加酷，推此以往，可及于尽矣。嗟乎！不知来世圣人救此之道，将何用也？又不知天若穷此之数，欲何至邪？

中原膏腴之地，本来就强邻环伺。北狄西戎，在弱的时候表示畏服，在强的时候则成为边患。如殷商武丁时备受鬼方侵扰，周文王时难敌昆夷、猃狁，汉高祖困于白登，孝文帝军于霸上，正如写过《徙戎论》的江统所言："虽有贤圣之世，大德之

---

① 雷海宗：《断代问题与中国历史的分期》，见《雷海宗史论集》，天津人民出版社2016年，第30页。

君，咸未能以通化率导，而以恩德柔怀也。"(《晋书·江统传》)
简单说，就是拿他们没什么好办法。

世界交通未开的古代，人们相互之间不了解。中国的"江统
们"不知道罗马帝国衰亡之后地中海上海盗蜂起的情况，也不
清楚欧洲大陆日耳曼蛮族在罗马帝国废墟上鹊巢鸠占的情况，
更不明白定居社会与游居社会、农耕文明与游牧文明之间根本
性的对立和历史演化的过程。如果对这些都有所了解，中国人将
会意识到：自己面对的"南夷与北狄交侵，中国不绝若线"的局
面，其实是世界范围内的普遍情况，并不新鲜；还会意识到：相
较于世界其他地区定居文明在蛮族入侵浪潮冲击之下彻底毁灭
的情况，中国的情况其实并不是最坏，因为无论蛮族入侵的局面
多么严重，对于社会的创伤多么严重，中国的天下型定居文明发
展到秦汉，建立了大一统天下国家之后，就无论如何也不会覆灭
了。王朝可以衰亡，社会可以崩溃，但天下型定居文明的根基不
会动摇。

《晋书·载记序》记载：

> 大凡刘元海以惠帝永兴元年据离石称汉。后九年，石勒
> 据襄国称赵。张氏先据河西，是岁，自石勒后三十六年也，重
> 华自称凉王。后一年，冉闵据邺称魏。后一年，苻健据长安称
> 秦。慕容氏先据辽东称燕。是岁，自苻健后一年也，僭始僭
> 号。后三十一年，后燕慕容垂据邺。后二年，西燕慕容冲据阿
> 房。是岁也，乞伏国仁据枹罕称秦。后一年，慕容永据上党。
> 是岁也，吕光据姑臧称凉。后十二年，慕容德据滑台称南燕。
> 是岁也，秃发乌孤据廉川称南凉。段业据张掖称北凉。后三

年，李玄盛据敦煌称西凉。后一年，沮渠蒙逊杀段业，自称凉。后四年，谯纵据蜀称成都王。后二年，赫连勃勃据朔方称大夏。后二年，冯跋杀离班，据和龙称北燕。提封天下，十丧其八，莫不龙旌帝服，建社开祊。华夷咸暨，人物斯在。或篡通都之乡，或拥数州之地，雄图内卷，师旅外并，穷兵凶于胜负，尽人命于锋镝，其为战国者一百三十六载。

由此可见，一方面是胡族的入侵和占据，另一方面则是"称赵""称秦""称魏""称燕"甚至"称大夏"，自动归顺于定居农耕生产生活方式。

而他们一旦全部转入定居农耕生产生活方式，前面所说的定居文明历史运动内在逻辑——定居内在地要求秩序，秩序内在地要求统一，统一内在地要求强制，"以天下为一家，以中国为一人"，就会自动发挥作用，不以人的主观意志为转移。

在这片土地上，无论是什么民族，进入定居农耕社会与接受儒家学术两者必定同步。《晋书·载记一·刘元海》记：胡族匈奴单于刘渊，"幼好学，师事上党崔游，习《毛诗》《京氏易》《马氏尚书》，尤好《春秋左氏传》《孙吴兵法》，略皆诵之。《史》《汉》、诸子无不综览"。羯族人石勒，"虽在军旅，常令儒生读史书而听之，每以其意论古帝王善恶，朝贤儒士听者莫不归美焉"（《晋书·载记五·石勒下》）。建立后赵之后，"增置宣文、宣教、崇儒、崇训十余小学于襄国四门，简将佐豪右子弟百余人以教之"（《晋书·载记四·石勒上》）。氐族人首领苻坚，"八岁，请师就家学。……博学多才艺，有经济大志，要结英豪，以图纬世之宜"（《晋书·载记十三·苻坚上》）。羌族人姚襄，"好学博通, 雅善谈论"(《晋书·载记十六·姚襄》); 姚兴, "讲论经籍, 不以兵难废业"(《晋书·载记十七·姚兴上》)。

3. 秩序主义与运动主义

若按行国与居国划分, 成吉思汗时期的蒙古是个典型的行国, 没有固定的都城, "上马则备战斗, 下马则屯聚牧养"(《元史·兵志一》); 而到了忽必烈定都元大都时的元朝, 漠南汉地则完整保留为传统的居国。

蒙古人从一个极端到另一个极端的大转变, 充分说明了行国和居国的形成不是由民族和人种决定的, 而是由定居和游居的生产生活方式决定的。经过数千年发展, 已经扩大成天下国家和天下型经济体的中原居国, 可以将任何一个行国消化在自己的内部, 这就是秩序原则的力量。一旦从游居转为定居, 运动的原则就必须让位于秩序的原则, 定居社会一旦没有了秩序就会崩溃, 一如游居社会一旦失去了运动就会崩溃一样。

如前所述, 中国的儒道释传统, 就只是关于定居文明而不是关于游居文明的。所以, 无论是鲜卑人、契丹人、党项人还是蒙古人、女真人, 在进入中原汉地之后, 都会放弃本民族过去的传统习俗, 而开始尊孔崇儒, 礼佛习道。

草原行国是这样, 海洋行国也是如此。在数千年地中海争霸战传统中产生出来的一整套思想观念、行为规范、学术传统, 归根结底也是关于游居文明、海洋国家和海上民族的, 而不是关于定居文明、大陆国家和农耕民族的。

但是, 与草原行国的情况有所不同的是, 历史上中国北方草原上此起彼伏的各大行国都先后被中原居国消化了，而远在中国四海之外的海洋行国却从来没有被中原居国所消化。不仅如此，两条文明路径各自经过数千年的演化之后，秩序的原则和运动的原则也都走向了各自的极端，分别发展成为不可动摇的秩序主义和不可遏制的运动主义。

在中华方面，从元朝到明朝和清朝，随着有效控制疆域的扩大和有效管辖人口的增加，其秩序主义在曲折和起伏中日益加强。在西洋方面，从十字军东征到大航海和地理大发现，随着新世界的不断扩大和新事物的不断增加，其运动主义也是在曲折和起伏中日益加强。如果这两个世界始终被千山万水所隔阻，没有相互接触，而是互不相干地各自发展，原本也是没有问题的。但是，15世纪之后的大航海，打破了地理上的隔绝状态。随着欧洲人远洋探索活动的不断扩大，西方运动主义的前锋终于冲撞到了中华秩序主义所控制的疆域。

冲撞的结果，在中国士大夫的头脑中激发了"本末"和"体用"之争。当人们终于承认西洋文明也有本有末时，其所指的"本"其实就是从游居文明、海洋国家和海上民族中产生的某种不同于定居文明、大陆国家和农耕民族的"本"。

但西洋文明的"本"到底是什么呢？可谓是众说纷纭，思想家们一直不知道应该如何将两个不同的"本"进行对应解释。1895年，严复发表《论世变之亟》，文中说：

> 中国最重三纲，而西人首明平等；中国亲亲，而西人尚贤；中国以孝治天下，而西人以公治天下；中国尊主，而西人隆民；中国贵一道而同风，而西人喜党居而州处；中国多忌讳，而

西人众讥评。其于财用也，中国重节流，而西人重开源；中国追淳朴，而西人求欢虞。其接物也，中国美谦屈，而西人务发舒；中国尚节文，而西人乐简易。其于为学也，中国夸多识，而西人尊新知。其于祸灾也，中国委天数，而西人恃人力。[①]

清末民初，应用这种"极端化的二分法"来解释中西之间的差异和对立，是非常多见的。李大钊在1918年发表的《东西文明根本之异点》中写道：

> 南道文明者，东洋文明也；北道文明者，西洋文明也。……一为自然的，一为人为的；一为安息的，一为战争的；一为消极的，一为积极的；一为依赖的，一为独立的；一为苟安的，一为突进的；一为因袭的，一为创造的；一为保守的，一为进步的；一为直觉的，一为理智的；一为空想的，一为体验的；一为艺术的，一为科学的；一为精神的，一为物质的；一为灵的，一为肉的；一为向天的，一为立地的；一为自然支配人间的，一为人间征服自然的。[②]

可以理解，随着东西方文明之间冲撞的日益加剧，特别是出现了中华文明即将被西方文明从整体上颠覆的形势，人们普遍产生了这种"极端化的二元论"认知。或者也可以理解为，这是一个提前进行的心理准备——最终也许不得不面对西洋之本强于、高于、优于中华之本的问题，否则不足以解释当时中国面

---

① 严复：《论世变之亟》，见王栻主编：《严复集》（第一册），中华书局1986年，第3页。
② 李大钊：《东西文明根本之异点》，见《李大钊全集（修订本）》（第二卷），人民出版社2013年，第308—309页。

临的危局。

1898年，康有为在京师保国会上疾呼：

> 吾中国四万万人，无贵无贱，当今一日在覆屋之下，漏舟之中，薪火之上，如笼中之鸟，釜底之鱼，牢中之囚，为奴隶，为牛马，为犬羊，听人驱使，听人割宰，此四千年中二十朝未有之奇变。[①]

以今日立场观之，当时的认知的确是极端化了。两种文明都有本有末，这个认识是正确的，不过肯定不是绝对的谁高谁低、谁优谁劣的问题。当我们追溯到文明的根本问题上时即可看出，中西文明的冲撞无非是定居文明和游居文明、大陆居国文明和海洋行国文明的差异造成的。抽象地看，也无非就是秩序主义和运动主义的对立和差异造成的。

也许正是鼓励变革、拥抱颠覆的运动主义，特别是以海洋探索和新世界发现为时代背景的运动主义，最终促成了现代科学和现代工业的诞生。

此外，作为运动主义的一种极端形式——战争，起到了特殊的作用。越来越多的历史学家同意这样的认识：战争和国家共同推动了资本主义和工业革命。弗朗西斯·福山说过："战争最重要的影响可能不是谁赢谁输，而是它们产生的更深远的影响，这涉及战争对我们所生活的社会形态的长期影响。"查尔斯·蒂利在《强制与资本》一书中以及波特在《战争和大国崛起》中也

---

① 康有为：《京师保国会第一集演说》，见汤志钧编：《康有为政论集》（上），中华书局1981年，第237页。

都表达了类似的看法①。通过这个观点理解十字军东征和地理大发现的意外收获，是完全适用的。

1898年，当时的英国首相索尔兹伯里（Salisbury）爵士声称："由于这样或那样的原因（出于政治需要或在博爱的名义下），有生命力的民族将逐渐侵占行将消亡者的领地。"②

"有生命力的民族"指的当然就是被连续数百年的运动主义刺激出来的西方各民族，这句话无异于西方的运动主义在帝国主义全盛时期的胜利宣言。

三、科学发现与工业革命

现代科学率先在"地中海洲"和欧洲诞生，而没有在历史更悠久、文明更成熟的中国、印度等国诞生，这基本上是运动主义和秩序主义两者之间对立和差别导致的结果。

11—13世纪的"十字军东征"，是典型的运动主义。来自阿尔卑斯山以北的文化上野蛮落后的基督教国家，并没有多少秩序需要维护，无论是半真半假的宗教激情，还是无法遏制的劫掠欲望，都推动着一种面向远方世界的、改变当前现状的、摧毁并颠覆所遇到的一切的强烈运动主义精神的形成。

在追随"上帝的意愿"（Deus lo volt）的口号下，原本就粗

---

① 参见〔荷〕皮尔·弗里斯著，郭金兴译：《国家、经济与大分流：17世纪80年代到19世纪50年代的英国和中国》，中信出版社2018年，第294页。

② 转引自〔美〕沙培德著，高波译：《战争与革命交织的近代中国（1895—1949）》，中国人民大学出版社2016年，第52页。

陋简单的野蛮社会，将能够运动起来的一切都投入到十字军东征中——教皇的野心、流行的宗教观念、当时的僧侣等级制度、贵族的骑士传统等等，如同洪水猛兽一般向撒拉逊国家猛扑过去。经过艰苦的较量之后，于1099年占领了耶路撒冷，撒拉逊人被成群地杀害，圣城血流成河。"这是过去世界上从来没有人敢发动的奇特的行动"，西方史学家兰克如是说。

确切地说，欧洲基督教国家最初的模样，也就是在这时才初步形成。兰克写道：

> 就这样，一系列城市从十字军东征开始并在欧洲贵族的影响之下接受了僧侣等级制度。站在十字军东征之首的教皇通过东征与以下几种力量结成了同盟：一、大领主封臣，二、整个贵族阶层，三、各个城市，四、所有的居民。这些人头脑里除了十字军东征之外几乎别无他物。[1]

兰克的史观是典型的西方中心论，对于这场与历史上无数次蛮族入侵运动并无本质不同的十字军东征，即使在他"唯西方论"的美化和拔高的叙述中，也只能说成这样：

> 十字军东征不讲究战略战术，没有能够达到他们的预期目标。尽管如此，他们还是取得了一系列具有重要意义的成果。十字军东征使人产生一种强烈的感觉，即西方国家是一致的、统一的。同时，十字军东征也激发了人们到东方国家去的持续热情。十字军在东征的过程中建立了城市、骑士制度，并发

---

[1] 〔德〕利奥波德·冯·兰克著，〔德〕斯特凡·约尔丹、耶尔恩·吕森编，杨培英译：《历史上的各个时代：兰克史学文选之一》，北京大学出版社2010年，第67页。

展了交通，特别是大大提高了宗教领袖的地位。教皇们甚至愿意看到进攻耶路撒冷的失败，因为只有失败才更有理由继续促使欧洲不断地为着自身的目标而采取行动。①

这种叙述，可以适用于描绘中国历史上所有的蛮夷戎狄入侵——进攻时看起来像是乌合之众，各部落感觉是一个统一的整体，激发了进入中原的持续热情，只有失败才更有理由继续采取行动……匈奴如此，鲜卑、突厥、契丹、蒙古莫不如此。

中国历史上的"蛮夷戎狄"入侵，作为运动主义的一种形式，其积极因素主要体现在民族的融合、文化的同化、贸易的发展、定居文明范围的扩大等方面，就像五胡十六国的混乱之后是隋唐大一统的重建，五代十国的混乱之后是两宋大一统的重建，最终都是回归传统的秩序，秩序主义重新压倒运动主义。

十字军东征的情况却大不相同。这场运动，一方面表现为阿尔卑斯山以北的基督教国家通过东征，在地中海以东阿拉伯帝国的土地上建立一些定居城市，并利用哈里发统治区之间的不和站住了脚，将新生的西方文明中的一些东西带到了东方；另一方面表现为西方社会当中的一些有识之士，从被入侵的阿拉伯先进文明那里获得了一些非常有价值的知识和思想，成为了西方社会发展自身文明的跳板。

两方面综合起来的结果是：遭到军事入侵的阿拉伯以及反过来受到文明入侵的西欧，都不会再出现传统秩序重建的情

---

① 〔德〕利奥波德·冯·兰克著，〔德〕斯特凡·约尔丹、耶尔恩·吕森编，杨培英译：《历史上的各个时代：兰克史学文选之一》，北京大学出版社2010年，第68—69页。

况，都开始发生连续的变化；也就是运动主义继续着新一轮的运动主义，连续的运动主义完全压倒了秩序主义。

1. 十字军东征使西方获得了发展科学的起点

来自英格兰巴斯的阿德拉德（Adelard of Bath）是将阿拉伯的先进文明传回欧洲的先锋人物，"他翻阅了安条克和大马士革图书馆的资料，才将数字运算表格带回了欧洲，奠定了基督教世界数学研究的基础"[①]。他于1126年回国，从阿拉伯带回了天文学、几何学、气象学、医学、植物学和动物学等各学科的知识，这成了当时英国那个黑暗洞穴里最初的几缕先进文明之光。

在"地中海洲"的广泛游历让他大开眼界，以至于回到英格兰后看什么都不顺眼：

> 王子粗俗不堪，主教贪杯好饮，法官收取贿赂，主顾不可信赖，顾客趋炎附势，承诺全是谎言，朋友相互嫉妒，几乎所有人都野心勃勃。[②]

这种描写，反映的是当时西欧社会一边倒的"亲阿"崇拜。12世纪后半叶，莫雷的丹尼尔（Daniel of Morley）也是当时的"阿粉"，他发现法国巴黎尽是些装模作样、欺世盗名的知识分子，他们就"像雕塑一样端坐在那里，一言不发，假装自己无所不知"。于是他辗转来到穆斯林的托莱多城（Toledo），"以便尽

---

① 〔英〕彼得·弗兰科潘著，邵旭东、孙芳译，徐文堪审校：《丝绸之路：一部全新的世界史》，浙江大学出版社2016年，第126页。
② 同上。

快聆听世上最聪明的哲人的教诲"①。

当时的阿拉伯社会给西方社会的启蒙，这个重要的历史事实显然在后来"西方中心论"的世界历史学术建构中被有意淡化了。但是无论怎样淡化，想要把历史痕迹涂抹干净是不可能的，一个很重要的证明是，英语里很多涉及科学的词汇都来自阿拉伯语。

例如化学（chemistry）、代数（algebra）、算法（algorithm）、密码（cipher）、平均（average）、方位角（azimuth）、年鉴（almanac）、炼金术（alchemy）、锑（antimony）、酒精（alcohol）、军火库（arsenal）、克拉（carat）、口径（caliber）、检查（check）、万灵药（elixir），等等，都源于阿拉伯语。还有大量动植物的专有名词、医学的专有名词、矿物学的专有名词，也都源于阿拉伯语。

追踪语言的演变也是一种复原历史的方法，通过词源学研究，可以发现文明真实传递的路径。在食品方面，糖果（candy）、咖啡（coffee）、柠檬（lemon）、茉莉花（jasmine）都源于阿拉伯语，说明此前的"小欧洲"没有这些东西。穿衣方面更是如此，棉花（cotton）、床垫（mattress）都是阿拉伯语。实际上，棉布（muslin）一词就是源于摩苏尔城（Mosul），锦缎（damask）就是源于大马士革（Damascus），而纱布（gauze）就是源于加沙（Gaza）。

今天的中国人都还记得称火柴为"洋火"、称铁钉为"洋

---

① 〔英〕彼得·弗兰科潘著，邵旭东、孙芳译，徐文堪审校：《丝绸之路：一部全新的世界史》，浙江大学出版社2016年，第126页。

钉"、称蜡烛为"洋蜡"的那个落后时期，做个换位想象，就能明白当时西方与阿拉伯之间的差距有多大。迈尔斯教授在他的《中世纪史》里写道：

> 巴格达哈里发政权的黄金时代从8世纪晚期到9世纪，大致在曼苏尔（Al-Mansnr, 754—775）和著名的哈伦·拉希德（Harun-al-Raschid/Harun al Raschid, 786—809）统治期间。这一时期，阿拉伯学者孜孜不倦地促进科学、哲学和文学的发展，而哈里发的宫廷在文化和奢华方面都与西方基督教世界统治者粗鲁、野蛮的宫廷形成了鲜明对比。[①]

如果没有这一时期阿拉伯学者对于古希腊哲学和科学文稿的翻译、研究和发展，西方社会可能只能在黑暗中继续徘徊。最合乎逻辑的历史是：西方社会首先通过"十字军东征"接触到了阿拉伯世界的"洋糖""洋茶""洋布""洋缎"等各类奢侈品，然后整个社会掀起了"东方热"，学习阿拉伯语成了流行时尚，上流社会处处模仿阿拉伯人的生活方式，宫廷里都设有专门陈列阿拉伯"洋货"的"安条克宫"。在持续长达两三百年的"东方热""阿拉伯热"的基础上，以阿拉伯语为基础的古代哲学和科学开始进入西方社会的知识界，为后来的文明发展奠定了基础。斯图亚特·戈登写道：

> 伊本·西拿的一生与著作，呈现了从西班牙到中亚的穆斯林精英在学术奉献上的深度。罗马衰亡之后，学术世界便转移到了亚洲世界，古希腊的知识在那儿得到翻译、评论、发展，

---

① 〔美〕菲利普·范·内斯·迈尔斯著，王小忠译：《迈尔斯教授讲世界历史·中世纪史》，天地出版社2019年，第75页。

最终也被人超越。①

这里提到的伊本·西拿（980—1037），出生在今天的阿富汗，是一位西方哲学史和科学史中无论怎样都绕不过去的学术巨人。此人在欧洲被叫做阿维森纳（Avicenna），名气甚至比在阿拉伯地区还大，因为他的医学百科全书《医典》成为欧洲大陆的医学课本长达四百多年，他的哲学和神学著作影响了托马斯·阿奎那（1225—1274）、大阿尔伯特（1200—1280）、罗杰·培根（1214—1294）等那个时期最主要的几位西方思想家。这位新柏拉图主义最主要的代表人物被认为有可能写了超过一百本书，从医学、哲学、神学、逻辑学、伦理学、几何学到军队管理，无所不包。他在自传中说，自己在少年时就解决了欧几里得《几何原本》的全部问题，亚里士多德的《形而上学》他读了四十多遍，最后都能背诵下来。

概言之，单纯从科学发展史上看，中古时代的阿拉伯人先于欧洲人产生了对于科学的现实需要，并取得了初步的科学成就，继古希腊时期之后，再一次来到了进入现代科学大门的最后一级台阶上。而就在这个关键时期，发生了"十字军东征"。持续长达两百年的"十字军东征"导致了一个历史转折：一方面，阿拉伯的科学发展事业被打断，丧失了率先进入现代科学大门的机会；另一方面，欧洲人从阿拉伯人手里接过了科学发展的"半成品"，为冲入现代科学的大门做好了最后的准备。对于科学发展这个历时两千年的接力路径，迈尔斯教授写道：

---

① 〔美〕斯图亚特·戈登著，冯奕达译：《极简亚洲千年史》，湖南文艺出版社2017年，第56页。

（阿拉伯学者）从希腊人和印度人那里获得了天文学、几何、算术、代数、医学、植物学和其他科学的启迪。亚里士多德（Aristotle）、欧几里得（Euclid）和盖伦（Galen）的科学著作，以及印度教关于天文学和代数的论述，分别从希腊文和梵文翻译成阿拉伯语，进而形成了阿拉伯研究和调查的基础。几乎所有他们所能触及的科学都被其加以改进和充实，然后再传播给欧洲学者。他们首次把医药变成了真正的科学。从他们那里得知其设计了阿拉伯记数法或十进制记数法，并将这一所有科学研究都不可或缺的数学计算工具传到欧洲。[①]

2. 地理大发现让西方率先进入了现代科学领域

今天的世界，每当提到现代科学，几乎所有人都承认这是西方的一个独占优势，各个现代科学领域的开创者都是西方人，最重要的科学定理和定律都是西方人发现并命名的，这是一个不容争辩的事实。其他所有的非西方文明，无论有过多么悠久的科学技术发展史，取得过多少科学技术成就，也无论曾经领先西方多少年，面对现代科学时，都必须虚心地向西方学习，并承认西方这一独占的优势。只要西方在现代科学各领域继续前进，其他国家就只能在西方已经走过的道路上埋头追赶，并尽可能缩小差距。

在现代科学之前的古代时期，各大主要文明基本都是独立发展的，没有很多交流。而一旦发生了交流，总会有取长补短、

---

① 〔美〕菲利普·范·内斯·迈尔斯著，王小忠译：《迈尔斯教授讲世界历史·中世纪史》，天地出版社2019年，第78—79页。

互通有无的情况；不大会出现单独一个社会独自占有了大量新的发现和发明，并且在一段时间内遥遥领先，最后还迫使其他社会不得不追随其后这种奇特的现象。

就好像一群人本来在各条道路上各自前行，然后突然有一些人在一条道路开始快跑，由于快跑的人获得了一种超常的新能力，迫使其他人也不得不转向这条路并从头开始学习快跑，巨大的差距就此产生。

于是所有人，包括西方人自己，都开始问这个问题：为什么偏偏是西方率先冲进了现代科学的新天地？

长期以来，世界上流行一个关于这个问题的"标准答案"：西方之所以能够率先进入现代科学领域并迅速取得绝对的领先优势，是因为西方从古希腊开始就出现了最早的科学萌芽，在当时就已经领先于全世界。虽然后来出现了黑暗的"中世纪"，但经过"文艺复兴"，西方又"重新发现"了古希腊的文明成就，于是这个两千年的"西方科学发展史"就连接起来了，所以西方就遥遥领先了。阿拉伯、波斯、印度和中国，虽然历史上也有很高的科学技术成就，但没有古希腊这个起点，所以只能承认自己自古以来在科学上一直落后。

在中国，由于已经将"中国的科学在历史上一直落后于西方"当成了铁案，后面的讨论就只能沿着"为什么会落后"的方向找原因，于是衍生出"因为儒家思想""因为专制制度""因为人口众多""因为民族性格"等各种否定自身文明、虚无自身历史的论点。

真实的历史是，古希腊的文明成就与近代以来西方社会的现代科学发展，并不在一个连续的文明演变路径上。前者的光明并不能遮掩后者的黑暗。

关于前科学时代的欧洲，英国约克大学历史学教授戴维·伍顿（David Wootton）写道：

让我们暂时回到1600年，选取一个典型的受过良好教育的欧洲人。虽说我们将从英国选取某个人，但其实从别的任何一个欧洲国家选取，也没多大差别。这是因为，在1600年，他们拥有的知识文化完全一样。这个人相信巫术，可能读过苏格兰王詹姆斯六世（James VI, 未来的英国国王詹姆斯一世）的《魔鬼学》（Daemonologie, 1597）。就魔鬼的代理人施加的威胁，《魔鬼学》描绘了一幅令人惊恐、容易让人相信的图画。这个人相信巫婆能够掀起风暴，使海上的船只沉没。詹姆斯差点儿就在这样一场风暴中丧命。这个人相信有狼人。尽管英国碰巧没有狼人，但他知道它们将在比利时被发现。他相信喀耳刻真的把奥德修斯的船员变成了猪，相信老鼠是在干草堆里自然产生的。他相信同时代的魔法师，听说过约翰·迪伊（John Dee）。他可能还听说过尼特西姆的阿格里帕（Agrippa of Nettesheim, 1486—1535）。阿格里帕的黑狗"先生"被认为是一个伪装的魔鬼。如果他生活在伦敦，那么他也许认识那些曾向西门·福曼（Simon Forman）咨询的人。福曼是执业医师和占星家，曾利用魔法帮助他们找回了被偷的物品。他曾经看见独角兽的角，但没有见过独角兽。

他相信，如果谋杀者在场，被谋杀的人的尸体会流血。他相信，如果把一种油膏抹在造成伤口的匕首上，伤口会愈合。

他相信，就植物的药性来说，植物的形状、颜色和口感可以提供线索，因为上帝之所以设计自然，就是为了让男人解释。他相信能够把常见金属转化成黄金，不过他怀疑是否有人知道怎么做。他相信自然厌恶真空。他相信彩虹是来自上帝的征兆，彗星预示着罪恶。他相信，如果我们知道如何释梦，那么梦就能预言未来。他当然相信"地"静止不动，太阳和星星每24小时绕着"地"转一圈儿。他听别人提起过哥白尼，但他不敢想象他会把哥白尼以太阳为中心的宇宙模式当真。他相信占星术，但由于他不知道他出生的准确时间，于是他认为，即使是最专业的占星家，也几乎讲不出多少他在书籍中找不到的东西。他相信亚里士多德（Aristotle，公元前4世纪）是有史以来最伟大的哲学家，普林尼（Pliny，公元1世纪）、盖伦（Galen）和托勒密（Ptolemy）分别是自然历史、医学和天文学的最佳权威。他知道这个国家有耶稣会士，据说他们正在表演奇迹，但他怀疑他们是骗子。他拥有20多本书。①

如果当时有一位周游世界的人，他应该能做出比较，1600年的"小欧洲"与同时期的中国、印度、波斯和"地中海洲"任何一个地方都无法相比，其文明程度相差数百年甚至上千年。在那个前科学时代，按古代学术的标准衡量，"一个典型的受过良好教育的欧洲人"在文化上都非常落后，更不用说大多数普通人了。

至于古希腊的科学发展，单纯从学术上看，泰勒斯的宇宙

---

① 〔英〕戴维·伍顿著，刘国伟译：《科学的诞生：科学革命新史》（上册），中信出版社2018年，第6—7页。

本原学说、希波克拉底的医学文稿、德谟克利特的原子论等早就实现了对神学的排除，亚里士多德、毕达哥拉斯、欧几里得、阿基米德等人的物理学和数学成就则提前发展出科学的方法，可以说，这个天才群体当时就已经来到了现代科学的入口处，进入新天地只需最后一步。然而，直到1620年弗朗西斯·培根才发现应该用归纳法代替亚里士多德的演绎法来作为科学探索的新工具，也是到了这个时期，伽利略才发现应该用"关于地球运动的假设"来代替亚里士多德确立的地球恒定不动的宇宙模型。那么问题来了，如果科学仅靠学术圈内部的理论思辨即可自行取得进展，何至于要等到整整两千年之后才迈出最后那一步呢？古罗马时代一千年，基督教时代一千年，聪明人一代又一代，为什么连一步都迈不出去呢？

　　直到今天，仍有中国的科学家用唐初李淳风等人的《九章算术注》甚至比汉朝刘徽的《九章算术注》更不科学这一观点，来说明中国古代科学不仅没有进步反而在退步，并得出中国在科学方面一直就落后这个结论。那么我们要反问：这是否意味着"西方科学"自古希腊之后一直都在自行进步呢？若将6世纪波伊提乌斯的几何学与毕达哥拉斯的几何学相比，或将13世纪托马斯·阿奎那的哲学与亚里士多德的哲学相比，会得出什么结论呢？到底进步了还是退步了？亚里士多德体系被伽利略推翻并被牛顿体系所取代是在整整两千年之后，如此长的一段时间，欧几里得《几何原本》的新版本在哪里呢？如果在两千年的大部分时间里，世界上各大文明的科学发展相较于古希腊时期都是退步的，相较于自身古典时代的文化繁荣时期也是退步的，至少是停滞的，那么何来谁先进谁落后之说呢？

明白了古希腊科学成就与近代西方的现代科学突破两者之间不是线性继承的关系之后，下一个问题便是：通过"十字军东征"从阿拉伯世界获得了知识准备的西方，又是如何率先进入现代科学之新天地的呢？要回答这个问题，首先要弄清楚古代科学与现代科学最根本的不同在哪里。

爱因斯坦有一个著名的比喻：人类的科学发现，就好像是一个从未见过钟表的人对着一块手表，开始时对表盘上的时针分针运动惊讶不已，然后开始想象表盘背后那个决定表针运动的东西是什么，由此产生关于神灵的各种想象，同时也产生了一些非神灵的解释。而排除关于神灵的想象，只要能解释一部分，哪怕是一点点，就都属于科学探索。

这个比喻非常恰当，可以解释很多问题。什么是神学？就是将表针运动归因于神灵拨动的所有学说。什么是唯心主义哲学？就是将表针运动归因于人的心在动的所有学说。什么是古代科学？就是将表针运动归因于某种客观规律并想象出一些理论解释的所有学说。什么是现代科学？就是1. 科学精神：想到并敢于打开手表的后盖观察内部；2.科学思维：提出各种关于内部机械原理的理论假设；3.科学方法：观察内部机械装置，精确测量机械运动，与头脑中的理论假设进行对照；4.科学进步：推翻以前的理论并提出新的假设，通过重复3和4，使理论与实际之间不断逼近一致。

由此可见，现代科学不是一个简单的事情，它必须从反常思路和超常勇气开始。18世纪的康德提出人类要"敢于知道"

（Sapere Aude）（Dare to Know），今天的人们会觉得很平常，但在当时却是石破天惊的口号。因为此前的人类社会，无论哪个部分，都没有形成一个以揭开整个宇宙秘密为目标的思想运动。

今天还有很多人在争论古代科学到底算不算是科学的问题，如果借用上述比喻，就可以明白：古代科学在试图解释表盘背后的运动原理这个意义上当然算是科学，在这个领域，中国、印度、波斯和阿拉伯等社会，都有不小的成就。但是，它们都没有走到执意要打开手表的后盖这第1步，当然也就没有后面的2、3、4步了。中国古代的数学很了不起，天文学很了不起，中医中药很了不起，四大发明很了不起，但无论哪个领域都没有超出古代科学阶段，即面对表盘猜测其背后这个阶段。

这是什么原因呢？仍借用爱因斯坦的手表比喻：为什么人类会如此长时间地相信表盘的表针运动为神意、为心相，或者满足于简单而又模糊的理论，不去毅然翻过表盘正面、打开手表后盖、睁大双眼观察和研究里面的机械装置呢？这显然不仅仅是一个智力的问题。现代人动辄嘲笑古人的愚蠢，其实只是暴露出自己既无知又无明。

众所周知，科学精神从一开始就受到来自各方面的遏制。但是并不能简单将这种遏制归为愚蠢，而应该意识到这些如影随形的遏制也自有其道理。在文明的早期，神灵信仰在人类社会中不可或缺，统治者需要借助神灵来维护基本的秩序，普通人需要借助神灵来安顿自己的心灵，任何挑战神灵的人，无论出于什么理由，都是整个社会的颠覆者。从一种演化主义的观点看，所有生存至今并不断发展的社会，一定是在其文明历史上自始至终都有某种机制能够成功遏制颠覆思想和活动的社会，否则它早就崩溃了。柏拉图是天才的科学哲学先驱之一，他在《蒂迈欧篇》中深入讨论了"世界生成过程中的必然性"：

> 我们必须认识火、水、气、土的真实性质。诸如：它们是存在于天体产生之先的，在那个先前状态中它们有什么特性，目前还没有人解释过它们的生成。但我们假定人类知道什么是火及所有这些事物。我们称它们是本原，是宇宙的音节……①

但是他同时也奉劝人们千万不要去怀疑神的存在，因为无论世界的本原、宇宙的音节究竟是什么，它们统统都是由造物主创造出来的。也就是说，柏拉图看到了表盘运动所表现出来的完美、理智、变化和秩序，但他坚信这背后是造物主的意志，人作为宇宙的一部分，不可以去挑战整体。

其实，这几乎是所有古代哲学家一致的、共同的观念。中国人甚至更进了一步，因为中国古代哲学很早就完成了从信仰某个人格神到信仰"天"的跨越，而相较于人格神，"天"所表现出的完美、理智、运动和秩序更为显著，更加不容挑战。

所以，真正决定现代科学能否发展起来、对科学探索的遏制能否被克服，或借用手表的比喻，决定人们敢不敢去打开手表的后盖、放任人类的理性去颠覆神定的秩序，这背后仍是秩序主义与运动主义两者谁压倒谁的问题。而西方社会中的科学探索

---

① 苗力田主编：《古希腊哲学》，中国人民大学出版社1989年，第386页。

活动,在地理大发现时代终于冲破了社会精英长期以来对于科学的遏制,终于开启了"敢于知道"的前进道路,也正是因为西方社会自十字军东征之后运动主义并未消退,反而因为大航海和地理大发现而持续高涨、长盛不衰。

做个假设:西方社会自十字军东征之后,与东方的阿拉伯社会合并成为一个以地中海为中心的新的天下;而这个新的天下又由于定居农耕生产生活方式的发展,出现了一种近似于"周礼"的整体秩序;新的统治者通过"德治天下""协和万邦"等策略进一步巩固这种秩序;经过一段时间后,大一统局面终于形成,全天下迎来了太平盛世。

既然在人类文明史上出现过这种情况,这样一种历史可能性就不能完全被排除。要点在于,假如真的出现这种情况,那么在相当于中国明朝的某个时期,西方社会也将会是秩序主义压倒运动主义,对天下和谐和安定的追求压倒对人类知识和技能的追求。

通过这个历史假设,人们可以清楚地看出,西方社会自十字军东征之后持久高涨的运动主义,以及运动主义对于秩序主义的压制,正是现代科学得以诞生的最主要原因。

1492年之后的地理大发现,让西方社会的运动主义达到了一个新的高潮,更多的新土地、新民族、新物种,都毫无保留地展现在原本就被十字军东征刺激得兴奋不已的西方人面前。正是因为这一波运动主义高潮,让西方社会一鼓作气而终于突破了古代科学的徘徊状态,借着与地理大发现一样的模式,推开了现代科学的那道从来未被踏足的大门,又在巨量财富和过剩能量的推动下,全面展开了科学的探索事业。

大规模开疆扩土对于整个社会在精神和思想上的刺激和震荡,中国历史上的春秋战国时期也出现过。在中原大地,诸子百家短时间内涌现出来,这与现代科学在欧洲的集中出现有相似之处,都与新世界出现后带来的精神不安定有关。傅斯年在解释"春秋战国之际为什么诸家并兴"这个问题时,有一段精到的论述:

> 春秋之世,保持传统文化的中原国家大乱特乱,四边几个得势的国家却能大启土宇(编者按:"宇"原文为"字",恐误)。齐尽东海,晋灭诸狄,燕有辽东,以鲁之不强也还在那里开淮泗;至于秦楚吴越之本是外国,不过受了中国文化,更不必说了。这个大开拓、大兼并的结果:第一,增加了全民的富力,蕃殖了全民的生产。第二,社会中的情形无论在经济上或文化上都出来了好些新方面,更使得各国自新其新,各人自是其是。第三,春秋时代部落之独立,经过这样大的扩充及大兼并不能保持了,渐由一切互谓蛮夷互谓戎狄的,混合成一个难得分别"此疆尔界"的文化,绝富于前代者。这自然是出产各种思想的肥土田。[1]

不难看出,傅斯年总结出来的这三点,套用在大航海时代的欧洲,完全适合。正如他所说:"思想本是由于精神的不安定而生,'天下恶乎定,曰,定于一';思想恶乎生,曰,生于不一。"[2]在探讨近代欧洲人的精神解放时,很多人会将其归因到

---

① 傅斯年:《春秋策:先秦诸子与史记评述》,中国华侨出版社2013年,第14页。
② 同上。

个性解放和冲破宗教束缚等次生因素上，但其实应该看到，新世界的发现才是更为根本的那个震源。

正是因为这个震源引发的大震荡，人类面前的那块手表，在被人类从正面观察、猜测了数千年之后，终于被一群不受文明规则束缚的野蛮人翻了过来，并打开了后盖。从此以后，就有了一种从手表内部机械装置反过来认识整个手表包括观察表盘的人类自身的全新的世界观。

令人震惊的现代科学，是在16世纪后期至18世纪初期这两百年时间里被创造出来的。根据英国约克大学历史学教授戴维·伍顿（David Wootton）的精确划分，这个时期以1572年第谷·布拉赫（Tycho Brahe）观测到一颗新星为开始的标志，以1704年牛顿出版《光学》（*Opticks*）一书为结束的标志。[1]

实际上，即使在这个时期，对于科学的遏制仍然存在。哥白尼是最早的颠覆者之一，他在1543年出版《天体运行论》时，不得不在"导言"中解释说，他的这个日心说模型只是一种计算用的工具、一种数学方法，"这些假设不必是真的，甚至不必有可能是真的"，以此求得与罗马教会的妥协。而伽利略在进一步解决日心说遗留的问题并解释了潮汐的原理之后，最终在1633年不得不接受教会的判罪：软禁，在三年内每周背诵一次《圣经》中的悔罪诗，《对话》一书永远被封禁。

让科学能够冲破秩序主义束缚的运动主义能量，与来自地理大发现带来的大刺激和大解放密不可分。弗朗西斯·培根的

---

[1] 参见〔英〕戴维·伍顿著，刘国伟译：《科学的诞生：科学革命新史》（上册），中信出版社2018年，第1页。

《新工具》一书是科学革命的奠基之作，这本书的封面是一艘航船正在通过"赫拉克勒斯之柱"竖立之地的海峡，这个神话中的石柱代表了大力神赫拉克勒斯去往"极西"时所到达的最远地方，其寓意是古代世界的最外缘，也代表了古代世界知识的极限。人类的航船向西穿过"赫拉克勒斯之柱"，既代表了"极西"之外那个地理的新世界，也代表了知识的新世界。

当年，哥白尼在对《天文学大成》中的托勒密体系表示怀疑时曾经说：只有眯着眼看，而且必须使劲眯着眼看，托勒密的轨道才是圆形的。这句话其实代表了古代科学的基本态度：不能太过认真，不能太相信人类自己的理性，要做到"难得糊涂"，才是好的人生。但是，当时的西方社会根本没有这种"精致文明"，他们已经开始在地理上的新世界颠覆所遇到的一切，现在又发现了知识上的新世界，当然也没有什么不能颠覆的。

历史上第一次，人类打开了手表的后盖，培根的《新工具》就是揭开后盖那一刻的第一缕烛光。培根在《新工具》一书中解释他的新研究方法时写道：

> 真正的经验的方法……是首先点起蜡烛，然后借蜡烛为手段来照明道路；这就是说，它首先从适当地整列过和类编过的经验出发，而不是从随心硬凑的经验或者漫无定向的经验出发，由此抽获原理，然后再由业经确立原理进至新的实验。[1]

这就是颠覆了亚里士多德"演绎推理"的"归纳推理"：不

---

[1] 〔英〕培根著，许宝骙译：《新工具》（第一卷），商务印书馆1984年，第60页。

再顾及权威和惯例，大胆地运用人的理性，紧紧盯住基本事实，对大量新经验进行组织和归纳，从中推导出公理，无论这些公理是什么，都要勇敢地接受，哪怕明天洪水滔天、天崩地裂！

与地理大发现时第一次踏上新大陆的情形一样，一切都是新鲜的，一切都可以重新开始。短短半个多世纪之后，牛顿发表了《自然哲学的数学原理》一书，他在书中首次提出了研究解释未知现象的四条方法论原则：

第一规律：求自然事物之原因时，除了真的及解释现象上必不可少的以外，不当再增加其他。

第二规律：所以在可能的状况下，对于同类的结果，必须给以相同的原因。

第三规律：物体之属性，倘不能减少亦不能使之增强者，而且为一切物体所共有，则必须视之为一切物体所共有之属性。

第四规律：在实验物理学内，由现象经归纳而推得的定理，倘非有相反的假设存在，则必须视之为精确的或近于真的，如是，在没有发现其他现象，将其修正或容许例外之前，恒当如此视之。

这套原则已不再是照亮后盖内部的烛光，而是关于如何观察和理解手表内部整套机械装置的具体方法了。

整个西方社会都已经兴奋起来，来自地理新世界的巨量财富和来自科学新世界的全新知识，让西方人终于成了名副其实的"高贵的野蛮人"。如果那个时候有一位能够在卫星上观察整个地球的人，他一定会惊讶不已，因为在欧洲这块土地上发生的变化实在太快了。曾几何时还是最落后、最贫困、最无知的一群人，短短几十年里就摇身一变，成了最先进、最富裕、最博学的一群人。

从此以后，西方人成了一种特殊的民族，正如罗素所说，科学知识让西方人民获得了一种像神一样的地位，可以对所有不科学的民族为所欲为。依仗先进武器的暴力，是绝对优势；依仗先进知识的话语，也是绝对优势。

1902年梁启超发表《论自由》一文，其中对于欧洲历史上的十字军东征与大航海之于西方文明有一个简短的论述。当时的他也能清醒地认识到，十字军东征"前后凡七役，亘二百年，——卒无成功。乃其所获者不在此而在彼"。他写道：

> 以此役之故，而欧人得与他种民族相接近，传习其学艺，增长其智识，盖数学、天文学、理化学、动物学、医学、地理学等，皆至是而始成立焉；而拉丁文学、宗教裁判等，亦因之而起。此其远因也。中世末叶，罗马教皇之权日盛，哲学区域，为安士林Anselm（罗马教之神甫也）派所垄断，及十字军罢役以后，西欧与希腊、亚剌伯诸邦，来往日便，乃大从事于希腊语言文字之学，不用翻译，而能读亚里士多德诸贤之书，思想大开，一时学者不复为宗教迷信所束缚，卒有路得新教之起，全欧精神，为一之变。此其近因也。其间因求得印书之法，而文明普遍之途开；求得航海之法，而世界环游之业成。[①]

概言之，持续不断的运动主义以及运动主义对于秩序主义

---

① 梁启超：《论学术之势力左右世界》，见《饮冰室文集之六》，第111页，《饮冰室合集》（第1册），中华书局1989年。

的持续胜利,是西方社会率先发明了现代科学并因此而获得巨大竞争优势的根本原因,同时也是中国没能在现代科学上领先并因此失去竞争优势的最根本原因。但是,重要的是,秩序主义与运动主义并无对错之分。从本源上讲,人类从关于整个宇宙的全部感觉经验中归纳出的最重要的两种认知,就是秩序和运动。天体是运动的,但也是有秩序的;生物是运动的,但也是有秩序的。万物莫不如此。因此,秩序感的产生和运动感的产生,都是自然发生的,没有应该不应该的问题。然而,其差别在于,人类文明一旦区分为定居文明和游居文明两大类型,定居文明对于宇宙中无处不在的秩序会解读得更多一些,而游居文明对于宇宙中无处不在的运动会解读得更多一些,因此分离出重秩序、轻运动、拒绝颠覆的秩序主义和重运动、轻秩序、热衷颠覆的运动主义。

近一千年来,西方社会与中华社会分别成为运动主义和秩序主义的两个典型,因而导致了从现代科学诞生开始的文明演化路径的巨大分岔。

3. 运动主义在中国的酝酿

在巨大分岔发生之前,中国与欧洲分别处在何种状态? 中国是否自行陷入了停滞和静止? 关于这个问题,学者们一直争论不休。一些学者如贡德·弗兰克,还有编写《技术史》一书的查尔斯·辛格(Charles Singer)等人承认并且强调:

> 从公元500年到1500年,"在技术方面,西方几乎没有传给东方任何东西。技术的流向是相反的"(1957:vol. 2,

756）。书中复制了李约瑟（Joseph Needham）的一张图表
（1954），上面列出了中国的几十项创造发明与欧洲最初采用
它们之间的时间差。大多数时间差都长达10—15个世纪（铁铧
犁则相差25个世纪）；少数的时间差为3—6个世纪；火炮和
金属活字印刷术的时间差最短，也有一个世纪。"基本上是模
仿，有时对技术和原型加以改造，由此……西方的产品最终达
到了完美。"（Singer et al. 1957:vol. 2, 756）[1]

同时，辛格等人也断言："但是可以肯定"，到1500年局势已
经发生了变化，"由于欧洲拥有巨大的海陆军事优势，欧洲对远
东的控制几乎是不可避免的结局"。另外，书中还宣称："可以认
定，在17世纪，欧洲总体上拥有比世界其他地区更高的技术效
能"；其原因可以归结为欧洲尤其是英国的"（更）自由的社会制
度""宗教的凝聚力"以及其他的"文明"特征[2]。

另一派学者如克龙比（A. C. Crombie），在回顾13—17世
纪的中世纪和近代早期科学时，甚至根本不涉及西欧以外的任
何科学。编写《科学史》（1969）的贝尔纳等人，在论述科学如何
从中世纪破土而出时，给了中国一些赞誉，对西亚也有所肯定。
但是从1440年开始就再也不提及欧洲之外的科学了。他甚至引
用李约瑟的成果来论证："中国的这种早期的技术进展以及印
度和伊斯兰国家幅度较小的进展，本来有一个很好的开端，但
是到15世纪以前却止步不前了，结果……停留在一个较高的却静

---

[1]　〔德〕贡德·弗兰克著，刘北成译：《白银资本：重视经济全球化中
的东方》，四川人民出版社2017年，第190—191页。

[2]　同上，第191页。

止的技术水平上。"①

　　大多数研究世界体系问题的学者,并不使用秩序主义与运动主义的对立这一分析工具,因此,即使弗兰克等人雄辩地批判了资本主义起源的"欧洲内生论",强调作为一个整体的世界经济体系的存在,但仍然不能很好地解释在这个早已存在的世界经济体系中为什么欧洲能够后来居上,从亚洲的后背爬到肩膀上,并最终在19世纪成为全球经济的中心。换言之,即使承认是美洲的金银让欧洲得到了足够车费,购买到一个亚洲经济列车的三等厢座位,但随后能够包下一节车厢并最终取代亚洲成为经济列车的火车头,这个强大的动力从何而来的问题,一直未能得到充分的理论解释。

　　为了看清这个问题,我们不妨再做一个历史对比:

　　埃尔南·科尔特斯(Hernán Cortés)在16世纪20年代率领一支不到1000人的军队征服了中美洲的阿兹特克帝国,并毁灭了古代尤坦卡文明。首都特诺奇蒂特兰被屠城,目击者写道"鲜血像水,像粘稠的水一样流淌。空气中弥漫着血腥味"。但这些十足的罪行并不妨碍"科尔特斯的军队"一语在此后的几百年里成为引领西方社会前进的一面旗帜。

　　与科尔特斯军队在中美洲的行军同一时期,麦哲伦的船队成功通过麦哲伦海峡,首次进入太平洋。这一时期,整个西方社会都在运动主义新的高潮中发生着躁动。1525年,西班牙国王查理五世因为科尔特斯在征服墨西哥方面取得的惊人成就

---

① 〔德〕贡德·弗兰克著,刘北成译:《白银资本:重视经济全球化中的东方》,四川人民出版社2017年,第192页。

而授予他代表最高荣誉的徽章。国王在文告中说："我们，对于您如上所述的这些大量工作、众多危难和冒险经历……表达尊重。"

对比地看，当时中国的明朝皇帝，其实也面临自己的人民向海外发展、在海外建立殖民地的类似形势。自郑和下西洋打开了海上贸易通道之后，当时的浙江、福建、广东沿海民众，大量前往日本、琉球、暹罗、满刺加（即马六甲）等地发展；而朝廷并不了解总体的情况，也没有相应的政策，都是民间的自发活动。直到这些已经在海外扎根的人或者他们的后代以外人的身份重新回来，官方才知道事情其来有自。史载，明仁宗洪熙年间倭寇侵犯乐清，而为之向导的，其实是早年移居日本的黄岩人周来保、龙岩人钟普福等。明宪宗成化四年（1468），日本贡使中的三名通事，自称本是宁波人。成化五年，琉球贡使蔡璟，自称祖父本福建南安人，现为琉球通事。成化十四年，礼部奏言，"琉球所遣使多闽中逋逃罪人，专贸中国之货，以擅外番之利"①。

这样的情况不在少数，赵翼提到的还有：暹罗国贡使谢文彬本是闽人，满刺加贡使通事亚刘本是江西人萧明举，日本使臣宋素卿本是鄞县朱缟，琉球王的左长史朱辅本是江西饶州人，佛郎机贡使内有火者亚三也自称本是华人……②

另据《廿二史劄记》载：

万历中，有漳州人王姓者，为涍呢国那督，华言尊官

---

① 〔清〕赵翼著，王树民校证：《廿二史劄记校证（订补本）》卷三四《海外诸番多内地人为通事》，中华书局1984年，第787页。

② 同上，第787—788页。

也。……三佛齐国为爪哇所占，改名旧港，闽、粤人多据之，至数千家，有广东人陈祖义为头目，群奉之。又嘉靖末，广东大盗张琏，为官军所逐，后商人至旧港，见琏为市舶长，漳、泉人多附之，犹中国市舶官云。又吕宋地近闽，闽人商贩其国者至数万人，往往久居不返，至长子孙。[①]

出现这种情况其实很正常，郑和时期明朝的航海事业是世界第一，即使是官方主导，对于民间海洋活动的牵引和推动力量也是巨大的，汉族中远离北方政权并靠近海洋的闽粤系因此而兴起，并掀起了大规模向海外发展的浪潮。

然而，与西方社会海外殖民事业最大的不同是，明朝官方的相关态度不是鼓励和嘉奖，而是抑制和惩罚。据史书记载，外国贡使中那些被发现原本是中国人的"假外番"，除非能说明自己是被外国人劫掠去的，否则大都以负罪外逃之名而被诛杀。像科尔特斯那样，因为惊人的海外征服行动而受到国王嘉许、授予徽章的事情，在当时的明朝是不可能发生的。彭慕兰的研究也得出了类似的结论：

早在1600年时，马尼拉的中国城，规模就和日后1770年代时纽约或费城的中国城一样大，且附近有许多未开垦的农地，但乡间却未形成大型的华人聚落，原因何在？

有个简单但重要的因素，那就是中国政府不支持这类冒险事业。中国政府知道商业有助于维持华南的繁荣，但不信任那些离开中国这上国之邦而久久不归的人民。折中之道就是

---

① 〔清〕赵翼著，王树民校证：《廿二史劄记校证（订补本）》卷三四《海外诸番多内地人为通事》，中华书局1984年，第788页。

禁止人民待在海外超过一年，对贸易商而言，这只是些许不便（贸易商有时在待了两个贸易季后得动用贿赂才能返乡），但对农民则是很有力的吓阻，因为农民得在国外待上更久的时间，才能赚回远道而来所花的旅费，抱着大把钱衣锦还乡（离乡背井讨生活者大多希望如此）。

还有一个同样重要的因素，那就是中国政府无意对外殖民，致使海外侨民几乎得不到祖国的安全保障。[①]

这正是运动主义与秩序主义的巨大差别。运动主义的最主要特点就是：运动本身具有重大意义，最初的目的并不重要，后续的结果往往大大超出先前的设想，如梁任公所说，"其所获者不在此而在彼"。十字军东征在两百年里共进行了七次，无论是单次还是总体，都谈不上成功，甚至完全就是盲动。但是，其意料之外的结果却是让西方社会的文明发展跨上了一个台阶。哥伦布原本是为了寻找通往印度的新航线，这个初始目的并没有达到，但意料之外的结果，却是让欧洲人率先发现了美洲大陆，获得了巨量的金银，由此而极大地改变了世界历史的方向。

科尔特斯的军队本质上是文明的毁灭者，古老的阿兹特克帝国因为这支军队的野蛮暴行而彻底覆灭，但是"科尔特斯的军队"一语却意外成为了运动主义的一面旗帜，激励了17—18世纪西方社会在各个领域的发展。在尤坦卡浩劫一个半世纪之后，时任英国皇家学会秘书的罗伯特·胡克在为学会制定路线

---

① 〔美〕彭慕兰、〔美〕史蒂文·托皮克著，黄中宪、吴莉苇译：《贸易打造的世界——1400年至今的社会、文化与世界经济》，上海人民出版社2018年，第31页。

方针时说：从古至今，很多人都试图探寻"万物的性质和原因"，然而他们的努力只是单打独斗，几乎没有被艺术结合、改善、管控，结果只取得了一些无足轻重、几乎不值一提的产物。但是，尽管人类已经为此思考了6000年（其实应该是60万年还多），仍然是原地踏步，完全不适合、没有能力克服自然知识的困难。但是，这个新被发现的世界必须被一支"科尔特斯的军队"征服。这支军队训练有素、管理完善，但人数却很少。

胡秘书的意思是，英国皇家学会将是这支人数虽然很少但训练有素、管理完善的"科尔特斯的军队"。后来的事情也的确按照胡秘书的设计向前发展了，事实上，他本人就是欧洲历史上第一个领薪水的全职"科学家"。从此以后，科学活动在西方社会就意味着一个研究项目、一个专家团体、一笔赞助款或风险投资、一种收集新证据的方法和一系列旨在颠覆既有定论的目标，就像"科尔特斯的军队"在新世界的行军一样。

培根声称：所有新的发现都是从很小的运动开始，一步一步进入一个广大的领域，假如不首先发明罗盘，也就不会发现美洲。

这就是当时西方社会的运动主义精神，也正是在那个时期，"advancement"（进展）、"proficiency"（早先的含义是"向前移动"）、"improvement"（改善）、"progress"（进步）等词开始大量使用，一种向前看的、行进中的、不停运动甚至不断发生颠覆的运动主义世界观，取代了过去数千年不变的、停滞的或循环的秩序主义世界观。

尤瓦尔·赫拉利在《人类简史》一书中总结了现代科学区别

于古代知识体系的三大独特性：1. 愿意承认自己的无知；2. 以观察和数学为中心；3. 取得新能力。很显然，这三条都是人的思想观念的颠覆性改变，在秩序主义主导的社会里很难出现，只在被持续数百年的运动主义浪潮所冲击涤荡的社会中，才最有可能发生。

如果同时期的明朝更多一些运动主义，更少一些秩序主义；或者退一步，仅仅在海洋方向上多一些运动主义，少一些秩序主义；或者再退一步，仅仅在闽粤系人民的海外发展方面多一些运动主义，少一些秩序主义，中国近代以来的历史走向很可能会大不一样。因为海洋和海外土地本身就意味着新世界，新世界会强迫性地颠覆人们原有的知识体系，迫使人们承认自己完全无知，然后重新积累新的知识，获取新的能力。

关于科学发现为什么首先在欧洲发生，而没有在中国发生；工业革命为什么首先在英国发生，而没有在中国发生；这些问题都已经有了太多的研究，也已经有了太多的结论。但是，大多数学者都没有从定居文明—秩序主义与游居文明—运动主义这个对立区别当中寻找原因。

明朝后期的朱载堉（1536—1610），很符合欧洲近代早期科学大师或艺术大师的人物形象。他是明宗室郑恭王朱厚烷的嫡子，明仁宗第二子郑靖王朱瞻埈之后，明太祖朱元璋的九世孙。他的多才多艺即使在世界范围内也屈指可数，他是乐律学家、音乐家、数学家、舞学家、乐器制造家、物理学家、天文学家、散曲作家，其著作包括《乐律全书》《律吕正论》《律吕质疑辨惑》《嘉量算经》《律吕精义》《律历融通》《算学新说》《瑟谱》

等，被西方人称赞为"东方艺术百科全书式的人物"。他在科学方面的突出成就是，首创了著名的十二平均律，在世界上最先计算出2开12次方等于1.059463094359295264561825，有效数字达25位数；此外，他还研究出数列等式，并解决了不同进位制的小数换算等问题。

程大位是嘉靖—万历年间人，祖籍安徽休宁，公元1592年他六十岁时著应用数学书《算法统宗》十七卷，将先人的数学著作如刘仕隆的《九章通明算法》(1424)和吴敬的《九章算法比类大全》(1450)等书中的数学问题摘取出来，合成595个，就此完成了中国古代应用数学从筹算到珠算的转变，被推崇为中国"珠算鼻祖"。清康熙五十五年(1716)，程家的后代子孙在《算法统宗》新刻本的序言中写道：自《算法统宗》一书于明万历壬辰问世以后，"风行宇内，近今盖已百有数十余年。海内握算持筹之士，莫不家藏一编，若业制举者之于四子书、五经义，翕然奉以为宗"。

宋应星(1587—约1666)也是那个时代的传奇人物，因科举五试不第，感于士子埋首"四书五经"，饱食终日却不知粮米如何而来；身着丝衣，却不解蚕丝如何饲育织造，遂不再应试，而遍游大江南北，实地考察，注重实学，最终将他调查研究的农业和手工业方面的技术整理成书，于崇祯十年(1637)出版，此书即《天工开物》。全书分为上中下三篇，共十八卷，并附有123幅插图，描绘了130多项生产技术和工具的名称、形状、工序。清代官修并颁行全国各省的《古今图书集成》中的《考工》《食货》等典，大量转引《天工开物》各章的内容和插图；乾隆初年，大学士张廷玉奉敕编写大型农书《授时通考》，也多次引用《天工开物》。《天工开物》实际上是世界上第一部关于农业和手工业生产的综合性著作，书中记述的许多生产技术，一直沿用到近代。

研究中国科学技术史的学者们，无不观察到了这些非常靠近现代科学门槛的思想观念转变和科学技术进步，也意识到了这些进步就其本质而言，就是向传统的告别甚至是反叛。但是，这种告别和反叛的力量太微弱了，中国社会中的秩序主义还是太强大了，若要发生类似于欧洲的那种现代科学突破和接踵而至的工业革命，中国社会中的运动主义明显还是能量不足、动量不够。

明清鼎革，朝气蓬勃的清政权入主中原后的当务之急当然是秩序，而不是运动。在顺治皇帝统治期间，平定天下的任务过于繁重，令他内外交困——清廷控制南方的计划遭到明室遗臣的顽强抵抗，表面归顺的江南士绅对朝廷始终阳奉阴违；"国姓爷"郑成功割据福建及东南沿海，在1659年几乎占领南京。与此同时，他还面临朝廷内部满洲诸亲贵的压力，认为皇帝过于迁就汉人精英，反汉情绪日益滋生。美国汉学家魏斐德写道：

> 然而，贵族们的反应只是促使顺治更倾向于汉人的治国方式。以前，他一直相信遵循儒家观念的满汉共治，如今却完全向明朝的权力模式倾斜。顺治废除皇太极设立的内三院后，恢复了由进士组成的翰林院。此外，他像前朝一样，也选择臭名昭著的宦官担任皇帝内侍，弃内务府的包衣奴才不用。各部院的大臣和诸臣工对必须通过这些不可靠的阉人，才能知晓

皇帝意旨的情况非常不满。那些崇尚武威的满洲勋贵也深感尊严受辱。他们中少数胆大的人上疏劝谏，但大多数人还是选择了缄默不语，静待时机。[①]

所谓"明朝的权力模式"，包括设立翰林院和使用宦官，其实不过是天下国家和天下型经济体的内在要求。既然满洲人已经离开了原来的"森林行国"，成为中国这个"中原居国"的主人，这个从运动主义向秩序主义的转变也或早或晚必须完成。

旗地政策，从汉人的观点看，当然是自己的田产房宅被满洲人强行侵占，是十足的强盗行径；但若从民族融合和文明互通的角度看，则正是骑马民族转变为农耕民族、游居文明转变为定居文明的最有力的措施。如果中华文明最终必定是中原定居文明与草原游居文明及海洋游居文明之大融合，那么，旗人进入中原落户旗地，实属历史必然。俞正燮《癸巳存稿》记载：

> 顺治元年十月，户部奉谕："凡近京各州县民人无主荒田，及明朝皇亲驸马公侯伯太监等凡殁于寇乱者无主田地甚多。尔部概行清查。若本主尚存，或子弟存者，量口给予。其余田地尽行分与东来诸王勋臣兵丁人等。"三年三月，议定此项钱粮，照数永免。[②]

相对于历史上蛮族游居社会入侵定居社会的大多数情况，满洲入主中原后的行为算得上是相当克制了。毕竟这是一个以

---

① 〔美〕魏斐德著，梅静译：《中华帝国的衰落》，民主与建设出版社2017年，第85页。

② 〔清〕俞正燮：《癸巳存稿》卷九《旗地》，《丛书集成初编》（第80册），中华书局2011年，第279页。

中华正统自居的政权，而且还希望自己做得比腐朽的明朝更好一些。蒋良骐《东华录》记载：

> （顺治二年二月）御史傅景星奏："民房应给旗下者，当宽以限期，候其搬移，始令旗下管业。至于劝惩，乃驭世大柄，毋许奸宄告讦，致开诬谤之端，用刑系民命攸关，宜复秋后之条，以图尚德之治。若夫官方宜清而杂流未尽澄汰，关市有税，而诸务日见腾缩，一切制度，尚宜斟酌尽善。"下所司速议。给事中向玉轩言："民间坟墓有在满洲圈占地内者，许其子孙岁时祭扫。"从之。①

> （顺治八年二月）丙午，谕户部："朕闻各处圈占民地以备畋猎，原为讲习武事。古人必于农隙，今乃夺其耕耨之区，断其衣食之路，朕心大不忍。尔部将前圈出土地，尽数退还，令乘时耕种。"②

在这种"以图尚德之治"的仁政之下，中华秩序主义在有清一代继续大踏步前进，明朝后期出现的运动主义潜流也随之变得更加细小，更加看不到汹涌奔腾的前景。也正因为如此，在清朝前期相当长的一段时间里，即使西学越来越多地传入中国，但本土的科学技术却没有任何大的发展。

然而，若完全以这个时期西方社会愈演愈烈的运动主义为标准，以欧洲科学技术的飞速发展为标准，将清政府的各项政

---

① 〔清〕蒋良骐撰，林树惠、傅贵九校点：《东华录》卷五，中华书局1980年，第75页。

② 〔清〕蒋良骐撰，林树惠、傅贵九校点：《东华录》卷六，中华书局1980年，第103页。

策批判为愚昧落后、封闭保守甚至开历史倒车，其实是有失公允的。尤其是立于今日中国的地位，以中华文明史的角度观之，更不可轻易否定清朝这一段重要的历史时期。

顺治之后的康雍乾三朝，是清朝"太平一统之盛"的高峰时期。圣祖康熙帝颁诏，自康熙五十年（1711）以后"滋生人丁，永不加赋"。此前丁徭多寡不等，大都沿袭明代旧制，有分三等九则者，有一条鞭征者，有丁随地派者，有丁随丁派者，颇为混乱。雍正元年（1723），新皇自称"勤求民瘼，事无巨细，必延访体察，务期利民，而于征收钱粮尤为留意，惟恐闾阎滋扰，此念时切于怀"（《清实录·世宗实录》卷九），开始普遍推行"摊丁入亩"，把固定下来的丁税平均摊入田赋中，征收统一的地丁银，不再以人为对象征收丁税。

太平一统，配合以"永不加赋"和"摊丁入亩"等重大举措，加之从美洲输入的新品种农作物，多种因素共同导致了中国人口的剧增。《清朝文献通考·户口考一》曰：

> 加以列圣重光，休养生息，户口之版，日增月益，自书契以来，未有如今日之蕃衍者，益以征太平一统之盛超轶曩古也。

根据海外学者的各种研究分析，对中国人口的估计是：1500年为1.25亿（保守估计为1亿），1750年为2.7亿（保守估计为2.07亿），1800年为3.45亿（保守估计为3.15亿）。根据中国方面的相关资料，明末清初因战乱、饥馑、瘟疫等因素，中国人口有一次急速下降，有学者估计当时人口的跌幅达40%，从崇祯元年（1628）以来平均每年下降19%，至顺治末年达到谷底。康雍乾三朝人口迅速增加，学者们估算，在康熙十九年（1680）

到二十四年（1685）间超过了1亿，到乾隆时期突破2亿，到乾隆五十七年（1792）突破了3亿，再到道光十四年（1834）突破4亿，占世界人口的百分之四十多。贡德·弗兰克写道：

> 在这三个世纪里，中国人口翻了三番，远远高于欧洲的人口增长速度。在17世纪初的明代晚期出现了一些大城市（虽然五百年前的宋代已经如此），如南京的人口达到100万，北京的人口超过60万。到1800年，广州与邻近的佛山加起来有150万居民（Marks 1997a），其数量几乎相当于整个欧洲城市人口的总和。
>
> 中国的生产和人口增长得益于西属美洲和日本白银的进口。当然，这种增长首先得益于引进早熟水稻并因此而有一年两季的收成，其次得益于引进美洲的玉米和红薯，从而使可耕地面积与粮食收成都有所增长。①

可以说，这段时期正是今日广土巨族现代中国人口规模的最后一段奠定基础的时期。

与人口规模剧增同时的，是清朝实际控制疆域的剧增。清朝初期，沿用明制承宣布政使司，仅改北直隶为直隶，南直隶为江南承宣布政使司，即废除了南京为留都的地位。康熙初，改布政使司为省，并分湖广省为湖南、湖北两省，分江南省为江苏、安徽两省，分陕西省为陕西、甘肃两省，十五省被分拆为十八省。

十八省面积大约400万平方公里，这也就意味着康熙初年清朝中央政府实际控制的疆域，其实还不足清朝疆域极盛时

---

① 〔德〕贡德·弗兰克著，刘北成译：《白银资本：重视经济全球化中的东方》，四川人民出版社2017年，第109页。

期的三分之一，因为当时的南方还处在"三藩"治下的半割据状态。

　　以十八省和入关前与蒙古的联盟政策为依托，康雍乾三朝连续运用政治、军事和外交的组合手段，将实际控制的疆域扩展到了极大。康熙二十年（1681）平"三藩"，1683年克郑氏，1689年退沙俄，1690至1697年三征噶尔丹，1720年驻军西藏；雍正二年（1724）平青海，1728年清军入藏；乾隆二十四年（1759）平定准噶尔，1762年平定大小和卓，1776年平定大小金川。关于这一系列扩张行动的意义，北京大学韩茂莉教授写道：

　　　　必须承认，中国人几乎很少意识到清初康、雍、乾三世对西北军事行动的重大政治地理意义，又是一位西方学者——法国人儒勒·格鲁塞（编者按：应为勒内·格鲁塞）在他的名著《草原帝国》中清楚地指出了这一切对于中国疆土意味着什么："乾隆皇帝对伊犁河流域和喀什葛尔的吞并，标志着实现了中国自班超时代以来的十八个世纪中实行的亚洲政策所追随的目标，即定居民族对游牧民族，农耕地区对草原的还击。"[1]

她认为，清朝面对的疆域形势不仅与以往的中原王朝完全不同，也区别于元帝国。满洲人本来只拥有东北，整个内地及其他各边均不在控制之内，所以清人首先在北边采取了联蒙政策，至17世纪末，内、外蒙古全部归于清朝版图之内。这就使得清朝在将农牧交错带融于境土腹心的同时，也将疆域向北延伸至贝

————————
　　[1]　韩茂莉：《中国历史地理十五讲》之第三讲《地理视角下的历代疆域变化》，北京大学出版社2015年，第51页。

加尔湖南岸、向西抵达西域。韩教授写道：

> 中国历代王朝不乏将境土扩展到中国北方农牧交错带以西以北的事例，其中汉唐两代拓土西域尤其为历代称颂；但必须说明的一个事实是，所有清王朝以前的历史，对于年降雨量400毫米等降雨量线以西以北地区都没有持续而稳定的获取，王朝国力强盛时期拓土西北，国力衰微即固守农牧交错带。只有清朝的军事行动不仅突破了这条农耕民族守疆固土的底线，将疆土延伸至中亚草原，而且稳定、持续地拥有了这片土地，并在光绪年间设立新疆巡抚，将其置于与内地等同的管理系统之下。[①]

清朝前期在版图扩张方面建立的伟业，令所有人感到震惊，以至于海外研究中国问题的学者每每都要特别强调，清朝时的中国与此前的中国不可同日而语。他们认为，清朝是一个"组合而成"的真正帝国，区别于此前历史上那些仅仅因为有个皇帝而被方便地称为"帝国"的大一统国家。皮尔·弗里斯写道：

> 除了内地十八省以外，清朝的疆域从一开始就包括了蒙古的部分地区以及更为重要的东北"满洲"，这两个地区地位都很特殊。……在19世纪50年代清朝将"满洲"很大一部分土地割让给了俄国之前，这块土地的面积超过120万平方公里。现在，曾是"满洲"中心地区的三个所谓的"东北省份"面积约为80万平方公里。再次，面积约为3.6万平方公里的台湾于17世

---

① 韩茂莉：《中国历史地理十五讲》之第三讲《地理视角下的历代疆域变化》，北京大学出版社2015年，第50—51页。

纪80年代被收复，并入清朝的版图。

……

　　清朝于1644年入关时就已经征服了内蒙古。我们现在讨论的地区幅员辽阔。现在的内蒙古约120万平方公里。现在的蒙古国几乎就处在之前外蒙的位置，面积超过150万平方公里。现在称为青海的地方在18世纪也成了大清帝国的一部分。青海现在面积达72万平方公里。新疆在18世纪曾是巨大的"新边疆"，现在边疆有些变化，面积有160万平方公里。同样在18世纪，清朝对西藏的影响和势力明显增强了，西藏现在超过120万平方公里。随着时间流逝，大清帝国"组合而成的"特点变得越来越明显，清朝统治或管理的各个地区有着不同的行政体系，生活着不同的族群，这些族群的社会地位和法律地位也不尽相同。如果我们考虑帝国各个朝贡国的地位，情况甚至更为复杂。①

今日中国人的历史观，总带有一种"1840年情结"——近代历史从晚清开始，序幕就是列强入侵、割地赔款、瓜分豆剖……一位网友在某部清朝历史书的评论区留言说：读清史或者清朝的一些人物书籍，免不了有股悲凉和愤怒的情绪萦绕内心，也许因为这是中国历史上的最后一个朝代，而且晚清将中国拖入了无尽的痛苦和耻辱的深渊中……

　　但正如韩茂莉教授所指出的，1689年清廷与沙俄签订的《中俄尼布楚条约》是中国历史上与外国订立的第一个边界条

---

① 〔荷〕皮尔·弗里斯著，郭金兴译：《国家、经济与大分流：17世纪80年代到19世纪50年代的英国和中国》，中信出版社2018年，第50—51页。

约，划定了自沙宾达巴哈至额尔古纳河上游清朝北部与俄国边界的走向。1727年，再次签订了《中俄不连斯奇条约》，划定了清朝与沙俄在北方蒙古地区的边界。这两个条约的签订，结束了中国有域无疆的历史①。若从中华文明五千年的历史尺度上看，边界线的确立和条约的签订，是广土巨族发展的最新阶段，对于最终建立起这个以广土巨族为基础的中华人民共和国具有重大意义。从广土巨族最终形成的角度看，晚清中国国土的丧失，当然令人痛心疾首，然而这毕竟是广土巨族经过清朝中期的大规模扩张之后、在结束了有域无疆的历史之后、在通过边界线实际控制了稳定的疆域之后发生的。

世人公认，当代中国所具有的广土巨族的现实，让中国占有了极大的竞争优势。正如2018年12月彭博社网站上一篇评论文章的作者所言：

> 由于中国人口是美国的4倍，中国的增长空间要比美国大得多。中国已经拥有了全球规模最大的制造业，而且中国也已经是全球最大的出口国。换句话说，即便中国现在还不是全球最大经济体，那么很快也将是了。这件事情意味着什么呢？……中国将享受到其主要竞争对手曾经享受到的诸多好处。

但人们却不能轻易将广土巨族的现实当作想当然。对比地看，同一时期的西方，运动主义高歌猛进，科学技术快速发展，而中国这边似乎仍然是秩序主义压倒一切，甚至让文人士大夫

---

① 参见韩茂莉：《中国历史地理十五讲》之第三讲《地理视角下的历代疆域变化》，北京大学出版社2015年，第53页。

产生了"万马齐喑"之感。但如果考虑到中国自晚清以来历经19世纪的帝国主义狂潮、20世纪的两次世界大战,最终没有亡国,没有成为奥斯曼帝国第二,没有分裂成几十个中小国家;而是凭借清朝留下的历史上最大规模的广土巨族国力基础,用了短短70年时间便重新崛起,那么,是不是应该对于康雍乾那一段在人口和疆域方面高歌猛进、快速发展的时期有个重新评价呢?

以西方社会的科技和工业发展为核心的全球资本主义扩张是运动主义的结果,以中原定居社会的整体秩序为核心的同心圆疆域扩张则是秩序主义的结果。就前者而言,本土的科技和工业发展一旦停滞,全球资本主义也将难以为继;就后者而言,中原及南方定居社会的整体秩序一旦崩溃,同心圆疆域的扩张也将随之终结。归根结底,这是基于运动主义的西方帝国与基于秩序主义的大清帝国的两种扩张逻辑。

以文明论观之,在运动主义的成果方面,西方文明胜了中华文明;而在秩序主义的成果方面,中华文明胜了西方文明。近代以来发生的这一轮文明冲撞,其结局不过如此。

但历史仍在继续,运动主义与秩序主义迎头相撞之后,两者也发生了相互融合,变得你中有我,我中有你。运动主义吸收了秩序主义以稳固国家与社会,秩序主义吸收了运动主义以促动内部的变革。于是,历史见证了古老中华大地上波澜壮阔的自强运动,一场伟大的旧邦维新。

第六章　文明的维新

一、中国的工业革命

关于工业革命，关于工业革命爆发的原因，关于为什么是英国，为什么是欧洲，一直以来都是学术界最热门的话题之一，也已经有太多的讨论；与关于现代科学的相关问题类似，这些问题同样没有形成基本的共识。经济史学家格雷戈里·克拉克（Gregory Clark）说："解释工业革命仍是经济史上的终极大奖。它到目前已激励了一代又一代学者穷其一生，但总是无果而终。"

以工业革命时期的英国和欧洲为样本，学者们通常会想当然地归纳出一整套标准，然后用这些标准来衡量其他国家，找出这些国家没有爆发工业革命的原因；然后再以这些原因为根据，开出一系列政策药方，指导后发国家做出相应改变，使其能够沿着先发国家的道路开始前进并努力追赶。所谓的现代发展经济学，基本上就是这样一个思维模式。

例如经济史学家戴维·兰德斯（David Landes）在其名著

《国民财富与贫困的起源》中提出的问题：

> 在那些缺乏资本和熟练劳动力的原始落后国家，如何创造现代资本密集型工业？它们如何获得相关的高科技知识和管理技术？它们如何克服妨碍这些现代企业运作的社会、文化和体制障碍？它们如何建立与之相适应的组织和制度？它们如何应对各种剧烈的社会变化？

这一组问题的提出，无非是基于对工业革命时期英国社会的局部观察：当时的英国有充足的资本，有熟练的劳动力，于是出现了现代资本密集型工业；当时的英国有科技知识，有管理技术，有适合企业运作的社会、文化和体制环境，还有与现代企业相适应的组织和制度，于是英国的现代企业能够顺利运作；当时的英国因为工业革命导致了剧烈的社会变化，而现代企业却能够在巨变中继续成长与发展……把这几个方面组合成一个模具，拿来在所有其他国家身上套一遍，一个世界级的著名经济史学家就功成名就了。

这种思维模式自诞生之后，就在世界范围内长盛不衰，成就了一大批英美经济学或历史学的专家学者，同时也误导了几乎所有急于摆脱贫困、让本国经济起飞的发展中国家。

我们不好揣测出售这些理论的学者们的真实思想，但这些公开拿出来的理论却普遍带有明显的缺陷。文一教授对此批评道：

> 这些发展策略和理论尽管看起来各不相同，却有着关键的共同点：它们都把屋顶当作地基，把结果当作原因。它们把西方工业化的成果当作经济发展的先决条件。它们教导贫穷的

农业国通过建立先进的资本密集工业（如化学、钢铁和汽车工业），或建立现代金融体系（例如浮动汇率、国际资本自由流动以及国有资产和自然资源彻底私有化），或建立现代政治体制（如民主和普选制）来开启工业化。[①]

《中国经济季刊》创始编辑乔·斯图威尔在一本《亚洲是如何发展的》（*How Asia Works*）的书中，也尖锐批评主流经济学在解释世界上的发达国家实际如何起飞时，几乎驴唇不对马嘴。他认为没有一个重要的经济体，从一开始就采取自由贸易和放松管制的政策，然后还能成功发展。实际上，积极主动地干预，乃至"重商主义"政策，始终都是必要条件。他完全同意政治学家霍布森和韦斯（Hobson and Weiss）在《国家和经济发展》一书中的观点：

> "强大的"国家……对于国家经济发展和产业转型至关重要。[②]

这些批判和纠正无疑非常正确。但还可以更确切地指出问题的实质：被某一派别经济学家拿出来当作模板使用的这些理论，实际上都是经过某种"切割"之后专门用于"出口"的订制品。一方面，在时间上，工业革命发生之前的大部分历史都被切割掉了，工业革命成了一个突然冒出来的东西，短时间内各种科技发明、现代企业、资本主义都涌现出来，这就是文一教授观察

---

① 文一：《伟大的中国工业革命："发展政治经济学"一般原理批判纲要》，清华大学出版社2016年，第15页。

② 参见〔荷〕皮尔·弗里斯著，郭金兴译：《国家、经济与大分流：17世纪80年代到19世纪50年代的英国和中国》，中信出版社2018年，第19页。

到的倒果为因，把长期历史演化的结果集中拿出来当作工业革命成功的原因。另一方面，在空间上，成就了英国工业革命的那个既有的世界经济体系被切割掉了，英国和欧洲成了一个遗世独立的英雄，甚至成了肩挑"白种人负担"的救世主，工业革命于是被理解为只在英国和欧洲这一个局部地区发生的特殊事件。

当然，西方著名经济学家们都是自带学术光环的，这两个切割很难被识破，因为被切割掉的部分非常不容易被认识到，就像一座突然出现的冰山，形成这座冰山的历史过程以及构成这座冰山的水下部分，都不在人们目力可见的范围之内。

这个局面直到中国高速崛起之后才终于被打破。因为这显然是另外一座不同的冰山，而这座"中国冰山"的形成，又显然与"西方冰山"那个露出来的一角具有完全不同的产生原因。这就迫使人们不得不深入到水下，去探求冰山的整体和本来面貌。

经济学家张五常曾说："我可以在一个星期内写一本厚厚的批评中国的书。然而，在那么多的不利的困境下，中国的高速增长持续了那么久，历史从来没有出现过。……中国一定是做了非常对的事才产生了我们见到的经济奇迹。那是什么呢？这才是真正的问题。"[①]

厚厚的一本批评中国的书，内容是什么呢？当然就是用西方的那个冰山一角来衡量、评判中国的冰山一角，这种话已经被无数人说过无数次了，所以闭着眼睛都可以写出书来。但是，张

---

① 张五常：《中国的经济制度》，中信出版社2017年，第117页。

五常感觉到了水面之下还有个巨大的东西，但不知什么原因，他只提出了"那是什么呢"这个问题。

借用文一教授关于中国巨大生产能力的一组数据：

> 中国当前用低于世界6%的水资源和9%的耕地，一年能生产500亿件T恤衫（超过世界人口的7倍），100亿双鞋，8亿吨粗钢（世界供给量的50%，美国水平的9倍），2.4亿吨水泥（几乎是世界总产量的60%），接近4万亿吨的煤（几乎与世界其余地方的总量相同），超过2200万辆汽车（超过世界总供给量的1/4）和62000个工业专利申请（美国的1.5倍，超过美、日总和）。中国也是世界上最大的船舶、高速列车、隧道、桥梁、公路、手机、计算机、自行车、摩托车、空调、冰箱、洗衣机、家具、纺织品、玩具、化肥、农作物、猪肉、鱼、蛋、棉花、铜、铝、书籍、杂志、电视节目，甚至大学生等"产品"的制造者。一句话，承受用全球极少的自然资源养活世界20%人口的压力，中国却能提供全球1/3的主要农产品和接近一半的主要工业产品。[①]

所有人都同意，这是工业革命取得成功之后的结果，但问题显然不是这么简单。工业革命取得成功的国家不在少数，工业革命先于中国取得成功的国家也不在少数，为什么一旦中国取得了工业革命的成功，就会在极短时间内超过所有国家成为制造业世界第一大国、经济增长率世界第一大国、贸易量世界第一大国呢？

---

① 文一：《伟大的中国工业革命："发展政治经济学"一般原理批判纲要》，清华大学出版社2016年，第2—3页。

很多历史学家都认为，中国在历史上大部分时间里都是世界第一经济体。清朝在一段时间里曾是世界经济体系的龙头，这一基本判断得到了许多经济史学家的支持。被一些人批判为"修正主义"的"重新定位东方"（ReOrient）论，其主要观点仍然难以被驳倒，例如贡德·弗兰克提出的清朝时中国是当时世界经济体系的"白银秘窖"这一假说，就得到了大量的支持。《亚当·斯密在北京》一书的作者阿里吉认为，新大陆的白银有四分之三流入了中国。彭慕兰和托皮克在《贸易创造的世界》一书中则认为新世界的黄金和白银或许有百分之五十流向了中国。在霍布森的《东方起源》、威廉·麦克尼尔和约翰·麦克尼尔的《人类网络》、庞廷的《世界历史》等书中，也都支持了这一观点。

贡德·弗兰克宣称：

> 中国的这种更大的、实际上是世界经济中最大的生产力、竞争力及中心地位，表现为它的贸易保持着最大的顺差。这种贸易顺差主要基于它的丝绸和瓷器出口在世界经济中的主导地位。另外，它还出口黄金、铜钱以及后来的茶叶。这些商品反过来使中国成为世界白银的终极"秘窖"。全世界的白银流向中国，以平衡中国几乎永远保持着的出口顺差。当然，中国完全有能力满足自身对白银的无厌"需求"，因为对于世界经济中其他地区始终需求的进口商品，中国也有一个永不枯竭的供给来源。[①]

---

① 〔德〕贡德·弗兰克著，刘北成译：《白银资本：重视经济全球化中的东方》，四川人民出版社2017年，第127页。

　　明清时期的中国经济世界第一，再往前推，历史学家们还会同意，宋朝时期的中国经济也是世界第一。贡德·弗兰克当然持此看法，他认为11世纪和12世纪的宋代中国，也是世界上经济最先进的地区，在工业化、商业化、货币化和城市化方面远远超过世界其他地方[①]。

　　英国伦敦经济学和政治科学学院的邓肯特用大量数据资料证明，宋朝时史无前例的人口增长，正是高速经济增长的直接结果。按英国经济史学家麦迪森的估算，公元1000年，宋朝人均GDP按1990年美元为基准，相当于466美元，乘以当时的宋朝人口得出经济总量，必定是当时世界第一大经济体，远超世界其他地区。

　　按照麦迪森的估算，从宋朝之后直到1850年，中国人均GDP始终保持在按1990年美元为基准的600美元水平上，考虑到明清两代中国人口的激增，这一时期中国的人口与经济规模同步保持为世界第一是不成疑问的。

　　一个自秦汉之后在长达两千多年历史的大部分时间都保持世界第一经济体的国家，今天再次重回世界第一的位置，并不需要通过加入很多新的因素来给出新的解释。即使两千多年的绝大部分时间里是农业经济，而近几十年里主要是工业经济，这之间的差别也并不需要完全割裂来研究。根据西方经济学理论，经济增长的根本原因是生产力的提升，而生产力提升的驱动因素无非是实物资本增加、人力资本增加和生产技术提高等几

　　① 〔德〕贡德·弗兰克著，刘北成译：《白银资本：重视经济全球化中的东方》，四川人民出版社2017年，第107页。

个方面。即使在这个明显忽视国家和社会宏观因素、过于局限于纯经济领域的理论中，通常也不会将这几个方面分开在工业部门和农业部门中分别处理，而是一体看待。因此，无论是考虑中国的特殊情况，还是就经济增长理论本身而言，都不必专门把1978年之后的中国经济当作一个脱离历史而突然出现的奇迹来看待。这个时期的经济增长固然有工业革命成功的因素，但工业革命成功却不能作为唯一的因素，就像不能将一国的GDP增长单独归因于该国工业这一个部门的道理一样。推动中国这一波生产力提高和经济增长的宏观因素，在中国古代历史上同样出现过，这一点不能因为工业革命这个新的因素而忽略掉。

当学者们用"轰隆！这一次却'意外地'成功了，并震惊了世界（包括中国自己）"[①] 来描述中国1978年之后这一波经济起飞时，他们应该意识到，在试图描述历史上汉初、隋初、宋初以及唐朝贞观、开元盛世和明朝永乐盛世、清朝康雍乾盛世等几次同样壮观的经济起飞时，是无法千篇一律地归因于"轰隆轰隆"的意外事件的。

西方经济学家针对美国等工业化经济体的增长原因，有个基本的研究结论：大约四分之一的长期经济增长可以用人力资本增加来解释，例如更多的教育与经验；另外四分之一可以用实物资本增加来解释，即更多可用的机器及工厂；约有二分之一是因为新技术。这是工业化程度最高的经济体的情况。而对于工业化程度不如美国的其他发展中国家，生产力的增长则主要来自

---

① 文一：《伟大的中国工业革命："发展政治经济学"一般原理批判纲要》，清华大学出版社2016年，第13页。

于实物资本和人力资本的增加，较少来自于新技术。所以，考虑到中国巨大比例的农业经济，在解释近四十年中国经济增长时，就不能完全按照与先进工业国同样的分析方法，必须要将促成历史上农业时代经济增长的诸多因素也一并考虑在内。

文一教授正确地指出"一个庞大的、有组织的、无暴力的、讲信用的统一市场的存在，是规模化大批量生产方式和劳动分工的前提条件"。"工业化不只是企业层面生产技术的变革，更是民族国家的振兴。它要求所有社会阶层和利益集团的最大协调，并动员所有草根阶层（特别是广大农民）和一切自然、社会、政治资源。"[①]在这一认识上，可以说他已经触摸到了中国历史上的天下型经济体这个深层现实，往前再走一步，他就会发现当代中国巨大的统一市场、巨大的"自然、社会、政治资源"并不是刚刚出现而是从历史中再次复活。但很遗憾，他接下来把中国农业时代的经济简单描述为只有"生孩子的激情"，将工业化解释为"促成了从积累人口到积累物质财富的历史性转变"，并从"商品种类和数量"这个度量上将工业经济与农业经济割裂开甚至对立了起来。这又重新跌入了西方经济学狭隘、机械、形而上学的理论窠臼中。

一旦将工业化理解为一种从农业经济的约束中挣脱出来的努力，一种需要找到只属于工业化自身规律的"诀窍"才能成功的过程，就会得出中国的工业化自清末洋务运动开始，三次努力都不成功，只有1978年改革开放之后才"意外地"成功了这个似

---

① 文一：《伟大的中国工业革命："发展政治经济学"一般原理批判纲要》，清华大学出版社2016年，第16页。

是而非的结论；也才会得出"中国的发展道路其实与两百多年前的英国工业革命遵循相同的内在逻辑。……遵循着类似的'发展政治经济学'规律"①这个更加似是而非的结论。

为了看清楚中国工业革命成功的真实路径，先要回到英国工业革命的那个时代，去追溯一下原委。

1. 工业资本主义与近代中国

英国工业革命的成功，并不是英国一国之内某些内生因素的成功，也不是英国人碰巧搞对了某种"顺序"的结果。

研究英国皇家海军历史的牛津大学研究员罗杰（Rodger）提醒同行们说，"现在确实是时候了，应该将战争视为英国前工业化时期的经济活动之一，其重要性至少与农业和对外贸易相当"。他在题为《战争作为一种经济活动》的文章中说，"在工业革命关键的早期阶段，英国打了一场持续了近四分之一世纪的世界战争"②。

"战争作为一种经济活动"的欧洲历史，从拿破仑帝国开始出现了一个转折，因为正是拿破仑帝国"开创了洗劫艺术的先河"。从此以后，以战养战这一"真理"被发现了，传统的洗劫一空的策略，改变为强迫战败方支付大量金钱或其他形式的战争赔款的策略。据称，1803年至1814年法国纳税人为拿破仑战争支

---

① 文一：《伟大的中国工业革命："发展政治经济学"一般原理批判纲要》，清华大学出版社2016年，第17页。

② 参见〔荷〕皮尔·弗里斯著，郭金兴译：《国家、经济与大分流：17世纪80年代到19世纪50年代的英国和中国》，中信出版社2018年，第20页。

付的成本仅占战争总成本的60%，在战争耗费的42.59亿里弗尔中，超过17.43亿可以从战败国的赔款中得到补偿。法国在1806年至1812年从普鲁士一国"征缴"的钱财就超过5亿法郎。据说拿破仑自己曾炫耀，他从手下败将那里得到的收益已经超过20亿法郎[①]。

这是在大陆上，同时期的另一场"洗劫艺术"大戏是在海上。根据皮尔·弗里斯提供的资料，在七年战争（1756—1763）的前四年，英国的武装私船洗劫了1000艘法国船只，法国则"以牙还牙"地俘获了300艘英国船只。美国独立战争（1775—1783）期间，支持叛乱一方的美国武装私船俘获或摧毁了600艘英国船只，总价值约为1800万美元。拿破仑战争时期，英国人仅仅通过劫掠敌国商船获得的政府赏金合计高达3000万英镑，与当时荷兰共和国的GDP相当；同时期，法国武装私船则俘获了5114艘英国商船[②]。

查尔斯·蒂利的名言"战争造就了国家，国家推动了战争"，至少在当时的欧洲是完全正确的，而近年来历史学家们新的认识是：战争和国家共同推动了资本主义和工业革命。事实上，在近现代时期的整个欧洲，战争一直是政府最大的支出项目。尼尔·弗格森估计，18世纪的欧洲领主平均将54%的总预算用于战事。其中英国的比例最高。约翰·布鲁尔在他1990年的著作《国力之筋》一书中将18世纪的英国称为财政—军事国家，因为这一

[①]　参见〔荷〕皮尔·弗里斯著，郭金兴译：《国家、经济与大分流：17世纪80年代到19世纪50年代的英国和中国》，中信出版社2018年，第81页。
[②]　同上，第82页。

时期英国中央政府的资金主要用于军事活动。根据他的数据，整个18世纪，每年英国政府开支有75%—85%用于陆军和海军，并偿还先前战争的债务。另有学者的估计更高，在18世纪的英国，军事综合开支占政府总开支的80%—90%，在世纪之初较为接近前者，而在18世纪末则更接近后者[①]。

斯文·贝克特的《棉花帝国》一书，将15世纪末地理大发现到18世纪后期棉纺技术革命开始之前这一时段命名为"战争资本主义"，以此区别于此后才开始的"工业资本主义"和19世纪后期到20世纪中叶这一时段的"全球资本主义"。

这些学者一致的看法是：工业革命在英国取得成功的真正时代背景，是英国持续了整整一个世纪的对外战争。

1784年，塞缪尔·格雷格和他的同行们在曼彻斯特附近几个河岸边开始了成规模的机器纺纱，这被普遍认为是工业革命的开端。但实际上，仅就技术发明而言，利用水力进行纺织的阿克莱纺织机比起中国元朝时期就已经广泛使用的"水转大纺车"晚了整整四百年。所以，18世纪末曼彻斯特地区棉纺织工厂的革命性意义，并不在技术发明，而在于因为巨大需求而刺激起来的工业化。关于曼彻斯特棉纺织业的突然兴起，斯文·贝克特写道：

> 乍看起来这只是一个地方事件，甚至只是一个偏远的乡下事件，但若没有此前三个世纪棉花世界的一再重塑所提供的构想、材料和市场，它也不可能发生。格雷格的工厂处在全

---

① 参见〔荷〕皮尔·弗里斯著，郭金兴译：《国家、经济与大分流：17世纪80年代到19世纪50年代的英国和中国》，中信出版社2018年，第173页。

球网络之中,最终将在全球激发起一系列格雷格无法理解的变化。格雷格从利物浦的商人亲戚处获得生产必需的原料,后者从来自牙买加和巴西之类地区的船上购入这些原材料。我们知道,棉织物的观念和制作技术来源于亚洲,特别是来自印度;而格雷格生产棉纺织品的意愿主要是因为他希望在国内和国际市场上取代印度纺纱工和织工的产品。[①]

来自遥远海外的原材料,来自遥远海外的产品观念和技术,最后,主要存在于遥远海外的产品市场,这个围绕着棉纺织品的全球供销网络,是地方性的半封闭经济体所不可能具有的。而之所以只有18世纪末的英国能够拥有并控制这个全球网络,是因为英国长期以来通过战争获得的独有特权。贝克特继续写道:

> 从这个地方性火花开始,英国逐渐建立纵横交错的世界经济体,并主宰人类最重要的一项产业。从这个地方性火花开始,工业资本主义开始出现并且最终将其羽翼囊括全球。从这个地方性火花开始,我们所熟知的世界出现了。[②]

所以,一定不能倒果为因。根据香港科技大学人文社科学院教授李伯重的研究,水转大纺车的工具机所达到的工艺技术水平比著名的"珍妮"纺纱机更高,工作性能和工作效率也更高;甚至有学者推测,后者可能就是前者经印度传入英国后略加改良的产物。但是,这根本不重要,因为问题的关键本来就不是

---

① 〔美〕斯文·贝克特著,徐轶杰、杨燕译:《棉花帝国:一部资本主义全球史》,民主与建设出版社2019年,第58页。

② 同上。

技术发明，而是英国通过对外战争所创造出来的巨大市场需求，以及通过战争对于资本主义跨国网络的有效控制。如斯文·贝克特所说：

> 换言之，只有战争资本主义所攫取的力量才使他们从水中汲取动力成为可能。[①]

除了棉纺织业，其他方面的情况也类似。多个历史学家认为，如果没有战争的推动，在蒸汽机生产、铁路、轮船以及许多在这些生产过程中迸发出的创新激增现象，是不大可能出现的。另外，对武器装备和军需物资等标准化物品的需求产生了规模经济，随之刺激了生产的集中化。在运输现代化和通信现代化方面，来自战争的需求，是最为重要的牵引。

历史上第一次，征服战争不仅仅意味着在掠夺战利品方面的巨大收获，而且意味着对于工业化进程的巨大需求牵引，于是形成了军事能力与工业能力的同步增长。保罗·肯尼迪写道：

> 先进的蒸汽机技术和机制工具，使欧洲拥有决定性的经济和军事优势。滑膛枪炮（雷管、膛线等）的改进是十分不祥的；大大增加发射速度的后膛炮的发明甚至是更大的进步；格林机枪、马克沁机枪、轻型野战炮给一场新的"火力革命"作了最后几笔润色，这场革命在很大程度上消除了依靠陈旧武器的土著民族在抵抗中取胜的机会。……也许在19世纪末可以看到最大的差距：在1898年的恩图曼战役中，基钦纳军队的马克沁机枪和恩菲尔德步枪在半个上午消灭了1.1万名伊斯兰教

---

① 〔美〕斯文·贝克特著，徐轶杰、杨燕译：《棉花帝国：一部资本主义全球史》，民主与建设出版社2019年，第60页。

托钵僧，而自己的部队只损失了48人。结果，火力的差距，像工业生产力上已经出现的差距那样，意味着领先的国家拥有的资源，为最落后的国家的50倍或100倍，从达·伽马时代起尚不明显的西方的全球统治，这时几乎没有限界了。[①]

战争造就了国家和社会，战争也创造了经济增长，根据欧洲的近代历史而得出这样的原理并不稀奇。西班牙纳瓦拉大学桑切斯（Rafael Torres Sánchez）在对"国家、战争和发展之间的关系如何变化"这一课题进行研究之后认为，事实就在于"欧洲人成功实现了增长，不是由于享受了和平，而是由于借助了战争"。而马克思也指出过："暴力是每一个孕育着新社会的旧社会的助产婆。暴力本身就是一种经济力。"[②]

根据贝克特的研究，资本主义在每个阶段都包括了一些共同的要素，包括战争的运用、对殖民地资源的占有、对全球范围劳动力队伍的重组、跨国网络的建设以及资本势力与"国家"的结盟等。这些要素无不起源于"战争资本主义"时代，并在"工业资本主义"时代和"全球资本主义"时代继续发挥作用，只是方式不同而已。他认为，如果说英国工业革命和经济转型的成功真有什么"秘诀"，那就是英国将战争资本主义的遗产、较为成熟的资本主义经济运作、具有前瞻性眼光的资本家的积极行动以及一个具有强大行政、司法和军事能力并愿与私人资本进行合

① 〔英〕保罗·肯尼迪著，王保存、王章辉、余昌楷译：《大国的兴衰：1500—2000年的经济变革与军事冲突》（上），中信出版社2013年，第154—155页。

② 马克思：《所谓原始积累》，见《马克思恩格斯选集》（第二卷），人民出版社1972年，第256页。

作的国家成功"统合"了起来。而这个"统合"完全是国家行为，单凭市场力量或科技发明是不可能完成的。

这就意味着，正如十字军东征和地理大发现让西方国家率先发现了现代科学，大航海之后的战争资本主义又让西方国家率先爆发了工业革命。这之间一以贯之的东西不是别的什么，就是持续不断的战争，而战争不是别的什么，就是运动主义的一种极端形式。

如前所述，运动主义与秩序主义的差别与对立，导致了西方社会与中华社会文明路径的分岔。虽然18世纪的清朝也一直在发动战争平定内乱并扩张领土，但差别在于，清朝的战争是秩序主义的战争，而不是运动主义的战争。运动主义最大的特点，是运动发展起来之后的真正收获往往是运动之初未曾设想过的意外结果——十字军东征的本意是夺回圣地，但意外收获却是获得了阿拉伯和印度的文明成果；地理大发现的本意是寻找通往东方的新航线，但意外结果却是获得了美洲的财富并发现了现代科学。与此同理，大航海时代之后英国持续进行的对外战争，本意是争夺殖民地和制海权，但意外结果却是英国工业革命的成功。正如贝克特所说，战争资本主义留下的是一堆杂乱无章的"多样化的"全球网络，但由于工业革命的成功，新型的工业资本主义从中脱颖而出。

秩序主义则与此完全不同，它排斥所有杂乱无章和漫无目的的行动，更不能容忍颠覆性的行动，所有的预期利益都只能从稳定的秩序中按部就班地获取，不期望意外结果。

正因为如此，英国海军的隆隆炮声催生了工业资本主义的诞生，而清朝陆军的隆隆炮声将中国社会的农业经济维持到了鸦片战争爆发的前夜。

关于鸦片战争之后的中国近代史，已经有太多的著作，本书不再重复。在此仅就本书主题所涉及的定居文明的工业化问题，按前述的逻辑做一个一致性的论述。

2. 农业社会的工业化

有历史学家认为，明朝万历年间张居正开始推行"一条鞭法"的税制改革，即可以视为中国早期的"资本主义萌芽"。因为这种统一用银两缴纳赋税的新制度，相当于赋税的货币化，客观上鼓励了农民们种植更多的经济作物，也激励地主们搬进城市，于是人们对手工艺品的需求量大大增加，商人们也积累起了商业资本。

然而，正如中国的古代科学不太可能有所突破而转入现代科学一样，从明朝就出现的"资本主义萌芽"也不太可能发展成工业革命。很多学者都尝试对这一现象做出解释，例如因人力过剩而缺乏发明节省劳力装置的激励，或自给自足的个体经济缺乏形成大工业的机制等等。魏斐德根据他的研究发现：

> 织布的各个环节（轧棉、纺纱、染色、织造）并非在一个作坊里完成，而是倚赖一系列擅于处理复杂事务的中盘商、批发采购员、牙商和零售商，从商业角度将各个技术原始、相对分散的个体作坊联合起来完成的。在这样的情况下，市场的需求比技术进步重要得多，所以熟练的经商手腕取代了有效管理。此外，棉花批发商远离生产第一线，所以基本不知道布匹

是如何生产出来的。即便兼营批发的制造商，也因为中盘商的缘故，无法接触到实际的棉花生产过程。17世纪，苏州有七十位主要经销商以固定价格向劳工承包商购买布匹，而非自己雇用工匠织布。如此一来，商人们满足于按市场机制调整价格所带来的丰厚利润，根本没有提升技术的意识。因此，中国的商人或许能跻身世界一流商人的行列，却永远成不了大资本家。①

不难看出，这种研究思路，仍是以英国工业革命成功作为标准，再反过来寻找中国"资本主义萌芽"的不足之处，所以仍然不能得出真正有价值的理论解释。而一旦把思维方式做一个颠倒，将英国工业革命的成功视为一个特例，找出其中颠覆传统生产方式的那些特殊的激励因素，反而可以看得更清楚。正如贝克特所总结的：

> 最关键的是，在18世纪的下半叶，（战争资本主义）这一遗产使得英国商人仍然能在全球棉花工业中的许多重要节点上承担重要的指挥角色——即使英国工人的出产仅占全球产量的一小部分，英国农民也没有种植任何棉花。我们将会看到，英国对这些全球网络的掌控，对他们重塑生产的能力至关重要，也使得英国成为棉花产业引起的工业革命出人意料的起源地。尽管工业资本主义仍可以说是革命性的，但它是此前几个世纪的重大创新——战争资本主义的产物。②

---

① 〔美〕魏斐德著，梅静译：《中华帝国的衰落》，民主与建设出版社2017年，第40页。

② 〔美〕斯文·贝克特著，徐轶杰、杨燕译：《棉花帝国：一部资本主义全球史》，民主与建设出版社2019年，第61页。

那种试图在明清时期的中国内部寻找现代科学没能出现、工业革命没能爆发的制度原因或文化原因的努力，注定不会有什么结果。因为历史的例外情况不是中国的秩序主义，而是英国和欧洲的运动主义，而创造出与英国和欧洲类似的运动主义，却需要比制度和文化更多的条件，包括历史和地理方面的。

所以，正确的研究方向应该从"为什么中国没能成为欧洲"这个死胡同中走出来，重新定位在"为什么中国这个农业大国能够在一百多年时间里成功转型为一个工业大国"这个新方向上；并进一步探讨"为什么中国这个秩序主义大国能够转型为秩序主义和运动主义并重的国家"或"中国是如何消化并驾驭运动主义的"等深层问题。

到目前为止，尚没有这个方向上的力作问世，已有的一些研究大多流于表面，没能充分认识到中国经济作为天下型经济体的独特性。其中最大的难题集中在"大型定居农耕社会是如何实现全面工业化的"这个领域内。如果将农业经济视为一种与工业经济对立的、必须要尽可能摆脱掉的经济模式，继而努力寻找工业革命爆发的"内在"规律，最终很难得出令人满意的答案，因为这个解答必定只适用于解释当代经济的一部分，既无法解释为什么历史上的中国也曾多次出现高速、稳定、有时是长期的经济增长，也无法解释为什么那些已经发现了"内在"规律的先进工业国很快就被中国赶超了，更无法解释为什么众多传统的农业国即使明白了工业革命的"诀窍"也没能实现转型。

实际上，关于农业社会实现工业化的问题，在发展经济学理论中早已有了一些较为正确的理论。这种理论认为，农业经济与现代工业经济并不是对立和割裂的，不能将工业化看作是对于农业经济的摆脱，更不能将农业经济看作是对于工业化的拖累。恰恰相反，应该将农业经济看作是工业化和国民经济发展的基础和必要条件，从而正确认识农业经济对工业化以及对整个国民经济发展在多个方面的重要作用和巨大贡献。

这种理论的先驱者，实际上是1945年获得美国哈佛大学经济学博士学位并在当时开创了发展经济学理论的中国学者张培刚。在他之后很多年，美国经济学家西蒙·库兹涅茨（Simon Kuznets）写成《经济增长与农业的贡献》一书并于1961年出版，书中提出了农业部门对经济增长和发展的多种"贡献"，即产品贡献（包括粮食和原料）、市场贡献、要素贡献（包括剩余资本和剩余劳动力），以及国内农业通过出口农产品而获取收入的贡献。1984年，印度经济学家苏布拉塔·加塔克（Subrata Ghatak）和肯·英格森（Ken Ingersent）共同出版《农业与经济发展》一书，其中第三章关于"农业在经济发展中的作用"里承袭了库兹涅茨的理论，将库兹涅茨的最后一条定名为"外汇贡献"，从此形成了西方发展经济学中流行的所谓"农业四大贡献"[①]。

在张培刚先生的发展经济学理论中，农业与工业之间不存在严格的界限，更不存在割裂和对立。在20世纪40年代出版的英文书里，他把"工业化"定义为"一系列基要的'生产函数'连续发生变化的过程"；1991年，他又将定义重新增改为："国民经济中一系列基要的生产函数（或生产要素组合方式）连续

---

① 参见《农业国工业化理论概述》，载于张培刚：《农业与工业化（上卷）：农业国工业化问题初探》，华中科技大学出版社2002年，第3页。

发生由低级到高级的突破性变化（或变革）的过程。"这个尽可能宽泛的定义，是为了在农业国的经济增长分析中，"不仅包括工业本身的机械化和现代化，而且也包括农业的机械化和现代化"[①]。

关于"基要生产函数的变化"如何发生，张培刚的理论中特别强调了基础设施和基础工业的重要性和它们的"先行官"作用。他指出：

> 从已经工业化的各国经验看来，这种基要生产函数的变化，最好是用交通运输、动力工业、机械工业、钢铁工业诸部门来说明。[②]

很显然，张培刚先生的这一理论观点，在提出之后的几十年里已经从世界各地的实例中得到了多次印证。

至于中国，回顾一下近代一百多年中国的工业化之路，无论是有意识地遵循了这个理论，还是错误地背离了这个理论，在总的路径上却是不离其左右的。换句话说，无论理论上如何，中国现代化的具体实践，大体上正是将农业经济和工业经济混为一体，并在政府和社会的共同努力下，致力于促成"国民经济中一系列基要的生产函数（或生产要素组合方式）连续发生由低级到高级的突破性变化（或变革）"。这正是由天下型经济体的本质所决定的。如本书第二章第三个标题中所论述，天下型经

---

① 张培刚：《农业与工业化（中下合卷）：农业国工业化问题再论》，华中科技大学出版社2002年，第5、7页。

② 张培刚：《农业与工业化（上卷）：农业国工业化问题初探》，华中科技大学出版社2002年，第65页。

济体本身即包括所有的生产门类和巨大的统一市场。对于近现代中国，当政府在和平时期制定国民经济发展计划时，无论是决定让农业支持工业，还是安排工业反哺农业，都不会将两者对立起来，一定是全面综合发展，各部门均衡发展。

然而，之所以在晚清、民国、中华人民共和国前三十年、改革开放以来这样一个历史分期中看不太清楚这个发展路径，甚至找不到其中的连续性，并不是像一些学者所说的前几次都因为不符合市场经济规律或不符合工业化规律而失败了，只有1978年之后这一次一举成功了；真正的原因不是别的，还是那个导致英国和欧洲工业化成功的最重要因素——战争。

当人们认真地讨论"战争促进经济发展"时，必定隐含了一定的前提条件，不会不加区别地将战败国输掉的战争、亡国灭种危险之中的卫国战争或强大外敌威胁之下的全面备战，都当成能够促进经济发展的"好的"战争。本来可以用来作为投资促进经济增长的宝贵资金，却成了战争赔款，或者成了备战军费，当然不能实现预期的经济增长；本来可以制定并实行一个长期的现代化战略，将农业部门与工业部门的现代化统筹考虑，使其平衡发展、相辅相成，结果和平局面被打破，战争突然爆发，当然不能实现预期的经济增长。

而这些情况，正是自鸦片战争之后中国长期面临的局面。确切地说，1860年开始的"洋务运动"本来是势头很好的，继续下去也是大有希望的，但甲午战败一举打断了这个进程。1928年之后的民国政府也曾有过"黄金十年"，工业增长率曾达到惊人的两位数以上，但1937年之后的日本全面侵华再一次打断了这个进程。1949年之后的中华人民共和国，连续实行国民经济的"五年计划"，但也连续被"世界大战不可避免"的形势判断和全面备战所严重影响，仍然不能顺利进行。而1978年之后的改革开放，就其本质而言，首先是1840年之后长达138年的连续抗战和备战时期的彻底结束；在成为了核大国并改善了与国际社会的关系之后，中国终于再次迎来了一个外部和平、内部稳定的黄金时期，于是，新一轮经济高速增长就在天下型经济体重新释放潜能之后顺势发生了。

当然，一个多世纪的外患和内乱，中国是如何走过来的？在清朝中期为广土巨族的形成奠定了最大的疆域和人口基础之后，这个天下型定居文明、天下型经济体的伟力又是如何释放出来的？这也是一个不能不讲述的精彩故事。

二、下层社会建国与马克思主义中国化

中国与西方，并非从一开始就发生了秩序主义与运动主义的迎头相撞。从16世纪初葡萄牙人和西班牙人出现在闽粤外海，16世纪末耶稣会教士利玛窦来华，断断续续大约有长达两百多年基本正常的"中西会通"。

在一段时间里，从中国传到欧洲的思想和文化，甚至还刺激了西方社会的运动主义发展。毕竟，运动主义加速前进所需要的重要技术，如火药、指南针、造纸术和印刷术等，都是中国人发明之后经由蒙古人和阿拉伯人传到西方的。

甚至包括运动主义所需要的重要思想，也有中国的贡献。

那个时期的法国学者波提埃在《东方圣经》一书中说道："便是最前进的理论，也没有孟子'民为贵，社稷次之，君为轻'的更为激进。"① 事实上，启蒙运动重要思想家如孟德斯鸠、伏尔泰、莱布尼茨、魁奈、杜阁等人，都曾深受中国哲学和政治、经济思想的影响。德国哲学家克林士伯爵写道："中国创造了迄今为止最高层次的世界文明。……这片国土上的伟人代表着一种比我们更高级的文化形态。"②

与"中学西侵"相对的"西学东渐"，也属于正常。尽管初期曾出现了"礼仪之争"，也经历了长达一个多世纪的"禁教令"，但西方传教士带来的天文学、数学和光学等近代科学，仍然逐渐被中国朝野所广泛接受。在经历了明朝灭亡、清军入关以及"康熙历狱"等风波之后，天主教仍能在中国正常发展。康熙三十一年（1692）的"容教令"显示出中西两大文明越来越顺畅的互通互融：

> 查得西洋人仰慕圣化，由万里航海而来。现今治理历法，用兵之际，力造军器、火炮，差往阿罗素，诚心效力，克成其事，劳绩甚多……③

即使在19世纪初新教传教士来华之后，两大文明相互尊重的态度还维持了相当长的时间。新教徒马礼逊牧师编纂了巨著《英华字典》，他在鸦片战争之前向欧洲人介绍说："中国的

---

① 转引自朱谦之：《中国哲学对欧洲的影响》，河北人民出版社1999年，第374页。

② 〔美〕维尔·杜伦著，李一平等译，周宁校：《东方的文明》（下册），青海人民出版社1998年，第766页。

③ 《熙朝定案》，中华书局2006年，第185页。

古代文学和现代文学就如同希腊、罗马和现代欧洲总和一样丰富。"理雅各于第一次鸦片战争之后来华，从1861年开始陆续出版了"四书五经"的英译本。

1. 救国运动

1840年鸦片战争之后，事情完全不一样了。矗立在天安门广场的人民英雄纪念碑的碑文写道：

> ……由此上溯到一千八百四十年，从那时起，为了反对内外敌人，争取民族独立和人民自由幸福，在历次斗争中牺牲的人民英雄们永垂不朽！

鸦片战争时期的英国，得到工业革命大力推动的运动主义正处在高潮。根据保罗·肯尼迪的数据，1760—1830年，英国占"欧洲工业产量增长的2/3"，在世界制造业生产中的份额从1.9%跃升为9.5%，30年后又上升到19.9%；它生产了全世界铁的53%、煤和褐煤的50%；它消费的煤和石油是美国或普鲁士/德意志的5倍，法国的6倍，俄国的155倍；它单独占有全世界商业的1/5，制成品贸易的2/5；全世界1/3以上的商船飘扬着英国国旗，而且所占的比率正在日益增加①。

与此同时，整个国家已经变成了一架战争机器，皇家海军成了英国国内雇用平民最多的机构，而且相当于世界上第一家专业化和现代化的大型企业，所用的装备都是由当时最先进的工

---

① 参见〔英〕保罗·肯尼迪著，王保存、王章辉、余昌楷译：《大国的兴衰：1500—2000年的经济变革与军事冲突》（上），中信出版社2013年，第156页。

业技术大规模生产出来的。1799年蒸汽式水泵应用于朴茨茅斯的干船坞排水，1802年至1812年蒸汽机被用于锯木厂生产军舰所用的滑轮。根据英国海军史专家布鲁尔的数据，18世纪英国一家大型企业的资产约为1万英镑，如安布罗斯·克罗利的钢铁厂有大约1.2万英镑的固定资产。与之相比，17世纪末期海军建造一艘一级战舰需要花费3.3万—3.9万英镑，18世纪后期建造最大战舰的成本则翻了一倍，1765年建造配备100门大炮的胜利号一级战舰花费了63174英镑①。

到了鸦片战争期间，英国首批装甲舰投入了战斗，魏斐德写道：

> 广东人曾目睹英国的"复仇女神号"炮舰控制中国水道，从各处击沉中国军舰。他们知道英国的武器能如何有效地打击帝国军队。虽然大多数人都痛恨西方，但还是有人认为：这种影响已经足够强大，能够促使国人思考新的对外政策。②

蒸汽推动的装甲舰意味着这些欧洲"海上行国"不仅已称霸公海，而且能够由珠江、长江等河道侵入大陆腹地。这正式标志着西方运动主义与中华秩序主义迎头相撞的开始。

与这些海上无敌舰队共同进入中国的，还有思想上的"无敌舰队"，例如被严复翻译成"天演论"的进化论学说。由于人类历史被貌似科学地解释成为一个进化的阶梯，于是就有了

---

① 参见〔荷〕皮尔·弗里斯著，郭金兴译：《国家、经济与大分流：17世纪80年代到19世纪50年代的英国和中国》，中信出版社2018年，第297页。

② 〔美〕魏斐德著，梅静译：《中华帝国的衰落》，民主与建设出版社2017年，第144页。

"先进文明"和"落后文明"之分，也有了"高等民族"和"低等民族"之分。而在当时的中西实力对比当中，中国可以拿出来证明自己并不落后、并不低等的东西少之又少，西方可以拿出来证明自己绝对先进、绝对高等的东西多之又多，于是在进化论的理论框架中，就得出了中华文明或整个东方文明都属于落后和低等文明的悲惨结论。

然而，秩序主义之于中华，不是一个选择的问题。如前所述，它是天下型定居文明本身所决定的。不仅如此，又由于定居社会相对于游居社会天然的物质优越，居国相对于行国必然的文化发达，中华的秩序自出现以来就是一个关于整个天下的整体秩序，既包括诸夏的"内部秩序"，也包括将夷狄一体纳入的"天下秩序"。也就是说，在哲学上，天下、天道、天朝是一个秩序整体，不存在没有了天朝上国的天下秩序，也不存在不合乎天道的天下秩序。

正因为如此，自认为建立了自古未有之太平一统之盛的天朝上国，在西方运动主义的冲击之下也自认为面临自古未有之"奇变"。初看起来似乎是陷入绝境，死路一条了，因为在一个覆盖天下的整体秩序中，只有将运动主义消解在秩序主义中的可能，断无将秩序主义消解于运动主义中的可能。

秩序主义者们最后的坚守，顽强且壮烈。在半个多世纪里，传统士大夫们先后建立过"中学为政、西学为艺""中学为本、西学为末""中学为体、西学为用"三道防线，但最终都没能守住。当"新文化运动"喊出"打倒孔家店"等极端口号时，也就等于宣布了自鸦片战争以来这一段以坚守中华天下秩序为目的、自上而下寻求解决方案的历史阶段走向终结。

梁启超是最早发现西学和西力中包含运动主义本质的思想者。1902年流亡日本的他先后写了《论进步》和《释革》等文，向国人传播进步和革命等观念。他写道：

> 中国人动言郅治之世在古昔，而近世则为浇末，为叔季，此其义与泰西哲学家进化之论最相反。虽然，非谰言也，中国之现状实然也。试观战国时代，学术蜂起，或明哲理，我（编者按：应为"或"）阐技术，而后此则无有也。两汉时代，治具粲然，宰相有责任，地方有乡官，而后此则无有也。自余百端，类此者不可枚举。夫进化者天地之公例也，譬之流水，性必就下，譬之抛物，势必向心，苟非有他人焉从而搏之，有他物焉从而吸之，则未有易其故常者。然则吾中国之反于彼进化之大例，而演出此凝滞之现象者，殆必有故，求得其故而讨论焉，发明焉，则知病而药于是乎在矣。①

这是用西方的运动主义动员中国社会的开始。半年后，他又发表了《释革》一文，区分改革与变革之不同：

> 中国数年以前，仁人志士之所奔走所呼号，则曰改革而已。比年外患日益剧，内腐日益甚，民智程度亦渐增进，浸润于达哲之理想，逼迫于世界之大势，于是咸知非变革不足以救中国。其所谓变革云者，即英语Revolution之义也。②

---

① 梁启超：《新民说》第十一节《论进步》（一名《论中国群治不进之原因》），见《饮冰室专集之四》，第55—56页，《饮冰室合集》（第6册），中华书局1989年。

② 梁启超：《释革》，见《饮冰室文集之九》，第41页，《饮冰室合集》（第2册），中华书局1989年。

改革是主体不变，是自上而下，是渐进，归根结底还是秩序主义的；而革命则是更换主体，是自下而上，是突变，所以是彻底的运动主义。因此，梁启超从"进步"和"革命"的观念中直接推导出了"破坏主义"思想。

> 然则救危亡求进步之道将奈何？曰：必取数千年横暴混浊之政体，破碎而齑粉之……，必取数千年腐败柔媚之学说，廓清而辞辟之……，然后能一新耳目以行进步之实也。而其所以达此目的之方法有二：一曰无血之破坏，二曰有血之破坏。无血之破坏者，如日本之类是也；有血之破坏者，如法国之类是也。[①]

这可以说是"达尔文主义普遍理论与中国具体变法实践相结合"，但是梁启超在这种结合中看不到出路：

> 中国如能为无血之破坏乎？吾馨香而祝之。中国如不得不为有血之破坏乎？吾衰绖而哀之。虽然，哀则哀矣，然欲使吾于此二者之外，而别求一可以救国之途，吾苦无以为对也。[②]

而且在他心目中，无论怎样破坏、怎样革命，孔教却绝对不能倒，而且还要保，因为这是中国之所以成为中国的根本。他说：

> 吾不敢怨孔教，而不得不深恶痛绝夫缘饰孔教、利用孔

---

① 梁启超：《新民说》第十一节《论进步》（一名《论中国群治不进之原因》），见《饮冰室专集之四》，第64—65页，《饮冰室合集》（第6册），中华书局1989年。
② 同上，第65页。

教、诬罔孔教者之自贼而贼国民也。[1]

就是说，梁启超看到了革命的必然（进化），也看到了革命的对象（国贼），但是他却看不到革命的主体。在他看来，这个主体必须是进化论的接受者，但又不能沦为西方的附庸；必须是中华传统的捍卫者，但又不能继续被孔教所困。

归根结底，梁启超代表了最接近运动主义的那部分秩序主义者，而且也代表了这部分人最后的那一丝犹豫和彷徨。

打个比方，当时的中国，就像是一个从来没有游过泳的人突然来到水边。如果开始游泳，会面临四大难题：一是不知道能不能学会，二是即使学会也难免成为落后者，三是一旦开始游就说明他以前只走路不游泳是错的，四是不知道今后只游泳不走路会发生什么。

但如果拒绝游泳，非要保住他曾经健步如飞的本事和荣耀，那当然只会面临一个难题：他很可能溺水而亡，因为大水已经淹没了前方所有的道路。

秩序主义就好比是走路，运动主义就好比是游泳，对于当时的志士仁人来说，那个最大的"白日梦"就是：中国一举放下所有包袱，摆脱所有束缚，纵身跃入水中并迅速成为游泳能手！如康有为在戊戌变法期间所传播的：

> 以我温带之地，千数百万之士，四万万之农、工、商更新而智之，其方驾于英、美而逾越于俄、日，可立待也。日本变法

---

[1] 梁启超：《新民说》第十一节《论进步》（一名《论中国群治不进之原因》），见《饮冰室专集之四》，第59—60页，《饮冰室合集》（第6册），中华书局1989年。

二十年而大成，吾民与地十倍之，可不及十年而成之矣。①

但残酷的现实却是：当时那个内外交困、积贫积弱的中国，黑夜沉沉，一眼望不到头，连一点曙光都看不到。天下国家的四分五裂、中华秩序的彻底崩溃，这个既亡国又亡天下的前景，变得越来越清晰可见。

1884年召开的柏林会议，西方列强确立了针对非洲的瓜分规则，到一战前夕，除了埃塞俄比亚等少数几个地区，整个非洲大陆都被不同列强瓜分为殖民地。按原计划，"非洲第二"或"大陆级殖民地2.0"不是别处，正是当时摇摇欲坠的大清帝国。1900年"八国联军"攻破北京之后，列强驻大清国的公使都陆续换成了原驻非洲富有瓜分殖民地经验的"非洲通"，因为原来的"中国通"没用了，"我瓜分你与你本人无关"的强者逻辑要发生作用了。

平心而论，在这样一个迎头相撞的形势下，以不变应万变的顽固捍卫并非完全没有合理性，至少避免了一触即溃的最坏局面。而在捍卫秩序主义、坚持要将西方运动主义消解在天下一统的中华伟大秩序之内这一条战线上，以犹豫彷徨的梁启超为一端，以固守最后底线的慈禧太后为另一端，各方都有所尽力。

慈禧太后死于1908年年底。如果将1914年爆发的第一次世界大战视为中国最终得以保全的喘息之机，让中国暂时逃脱了"非洲第二"或"奥斯曼第二"的命运。那么，从一种以事件为

---

① 康有为：《日本书目志·自序》，见姜义华、吴根樑编校：《康有为全集》（第三集），上海古籍出版社1992年，第586页。

问题中心的观点看,"老佛爷"这位历史人物,也可以被认为用她的生命时间将顽固捍卫的立场坚持到了最接近于迎来喘息之机的时刻。换句话说,她的大权独揽客观上为中国的保全赢得了时间。

《清史稿·宣统皇帝本纪》记载,1912年12月清帝爱新觉罗·溥仪颁布退位诏书,隆裕太后懿旨曰:

> ……当兹新旧代谢之际,宜为南北统一之方,即由袁世凯以全权组织临时共和政府,与民军协商统一办法,总期人民安堵,海宇乂安,仍合满、蒙、汉、回、藏五族完全领土为一大中华民国……

以文明论观之,这是广土巨族成长的又一重大时刻,顽固派和保守派的所有努力,在这一纸退位诏书上,像百川入海一样汇聚成了一个意义重大的结果:大清帝国的完全领土,完整地转移给了中华民国。

从周朝第一次一统天下,历经秦汉、隋唐、明清,从天下型国家和广土巨族的角度看,这个"合满、蒙、汉、回、藏五族完全领土"是它的极盛期;广土——1000多万平方公里持续有效管辖的超大疆域,巨族——数百个可识别的民族、4亿多人口的超大国族。

清帝国的历史任务完成了。后面的历史,犹如秦汉之交,新的大一统还要重新建立。

2. 马克思主义

从今天回顾地看1912年之后这一百多年的中国,中华秩序主义到底是如何从已经被冲垮、几乎被消灭的绝境中又实现了一次凤凰涅槃、浴火重生?

借用那句套话:十月革命一声炮响,给中国带来了马克思列宁主义。

如果要在这一百多年的历史中划出一条没有间断的连线,那么,这条线就是马克思主义。正是借助了这个特别的思想体系,中华秩序主义与西方运动主义实现了一个成功的对接。

第一点,马克思主义也属于运动主义,它讲人类历史的线性发展,讲文明的先进和落后,讲社会的进步和革命。但重要的是,马克思主义不是社会达尔文主义,恰恰相反,它号召被剥削阶级和被压迫民族进行革命,在推翻一切剥削阶级之后,实现全人类的彻底解放。

《共产党宣言》中宣称:"到目前为止的一切社会的历史都是阶级斗争的历史。"[1]这短短一句话中所包含的世界观和历史观,对于秩序主义传统的中华来说是全新的。因为秩序主义的世界观是一个静止的、垂直的、全覆盖的完美秩序,而运动主义的世界观是一个向前的、水平的、颠覆性的连续运动。马克思主义将全部人类历史归结为一个线性的、分阶段的、向前的运动,并将当前的阶段定义为资产阶级所创造的资本主义阶段,将未来描绘为无产阶级所创造的社会主义和共产主义阶段。

根据马克思主义理论,当时的世界已经是一个被欧美资产阶级所改造的全球资本主义世界体系,各国都因此而有了新的

---

[1] 马克思、恩格斯:《共产党宣言》,见《马克思恩格斯选集》(第一卷),人民出版社1972年,第250页。

国际定位和国家性质。《共产党宣言》写道：

> 美洲的发现、绕过非洲的航行，给新兴的资产阶级开辟了新的活动场所。东印度和中国的市场、美洲的殖民化、对殖民地的贸易、交换手段和一般的商品的增加，使商业、航海业和工业空前高涨，因而使正在崩溃的封建社会内部的革命因素迅速发展。
>
> ……
>
> 大工业建立了由美洲的发现所准备好的世界市场。世界市场使商业、航海业和陆路交通得到了巨大的发展。这种发展又反过来促进了工业的扩展，同时，工业、商业、航海业和铁路愈是扩展，资产阶级也愈是发展，愈是增加自己的资本，愈是把中世纪遗留下来的一切阶级都排挤到后面去。[①]

在这样一个新世界里，中国已经不再是东方的清帝国，而是一个正在沦为帝国主义殖民地的、在现代化进程中落后的、没有实现工业化的农业国家。中国必须尽快意识到这个巨变并找出摆脱困境的路径，否则必定会像美洲和非洲一样，在完全无知无识的状态下跌入亡国灭种的深渊。

马克思主义非常及时地传播到了中华大地上，对中国来说，它等于是送来了一个专门适用于中国的新定位——半殖民地国家、后发国家、农业国家的运动主义版本，让中国在接受运动主义的同时，又不必屈服在帝国主义等级秩序之下。这就为中国革命走出自己的道路、实现独立自主提供了重要的理论支持。

---

① 马克思、恩格斯：《共产党宣言》，见《马克思恩格斯选集》（第一卷），人民出版社1972年，第252页。

第二点，马克思主义是历史唯物主义，强调生产力决定生产关系，强调通过阶级斗争打破生产关系对生产力的束缚。

如前所述，在中国历史上，生产力作为一个总体，专属于下层社会；在传统的中华秩序中，生产力永远是从属的、被动的、自涨自落的，从来不是决定性的、主动推动历史前进的。

而马克思主义理论则认为，生产力的总和决定着社会状况，一切历史冲突都根源于生产力和交往形式之间的矛盾。马克思在《哲学的贫困》一书中写道：

> 社会关系和生产力密切相联。随着新生产力的获得，人们改变自己的生产方式，随着生产方式即保证自己生活的方式的改变，人们也就会改变自己的一切社会关系。

他还写道：

> 在一切生产工具中，最强大的一种生产力是革命阶级本身。[1]

这些思想，对中国来说，相当于重新定义了何为革命。梁启超曾在1904年写成《中国历史上革命之研究》一文，根据他的研究，中国历史上的革命多为私人独夫的革命、野心膨胀的革命、上下颠倒的革命、错综复杂的革命、长期动乱的革命、各方混战的革命、引狼入室的革命，唯独没有真正的革命。无论梁任公的这个判断正确与否，当马克思主义倡言一种推动以解放生产力、改变生产关系、推动历史前进为最终目的之革命时，不仅成为推动中国走出秩序主义循环历史观的强大思想武器，而且通过坚

---

[1] 马克思：《哲学的贫困》，见《马克思恩格斯全集》（第四卷），人民出版社1958年，第197页。

持其中的基本原理，可以保障中国革命一直朝着大力发展生产力的方向发展，冲破兴衰周期律。

第三点，马克思主义提出了实现共产主义的远大目标，其中包括实行无产阶级专政、公有制、计划经济、按劳分配。

这就意味着马克思主义提供了一个适用于下层社会"劳苦大众"的现代化方案，或者说"穷人版的现代化"，让中国可以在现代化转型过程中不必跟着"民族资产阶级"走，而是实现一种由"无产阶级"领导的工业化、现代化。

接受马克思主义之前，中国的工业化和现代化理所当然是由"民族资产阶级"领导，这是一条起源于"洋务运动"，壮大于"变法图强""实力救国"等运动的道路。虽然也以强国为目标，但是却严重受制于本国的传统势力和外国列强。沙培德写道：

> 民族主义者的目标中包含着资产阶级特别关心的两个部分：强政府，如此才能支持国内贸易、保护财产权与限制外国经济影响；统一，如此才能避免看起来西方正在发生的阶级斗争局面。

但是，他们却有心无力。作者认为：

> 20世纪初叶的中国资产阶级要比它的对应物——18世纪末期的欧洲资产阶级——软弱得多。它不仅要面对根深蒂固的乡村地主所有制体系（它与之关系密切，这与欧洲北部的世袭贵族制以及封建制下城市的自治传统不同），而且要面对帝国主义——后者削弱着独立的（"民族的"）资产阶级，并将某

些分子扶植入资产阶级的行列(作为"买办")。[1]

按照马克思主义的历史阶段论,"根深蒂固的乡村地主所有制体系"等妨碍资本主义发展的传统势力,应该被归类为资本主义阶段之前的"封建主义残余"。正如斯大林在《中国革命与共产国际的任务》一文中所说:

> 中国现在的革命便是两条革命运动(反封建残余运动和反帝国主义运动)巨流的汇合。中国的资产阶级民主革命是反封建残余的斗争和反帝国主义的斗争的结合。[2]

中国共产党早期领导人蔡和森回应了这个提法,他在1928年发表的《中国革命的性质及其前途》一文中做了如下设问:

> 中国革命是资产阶级革命呢?还是资产阶级性的民权革命,或已转变到无产阶级社会主义革命?这一根本问题将决定今后革命之一切战术和战略。

对这个问题的最终回答,则是在毛泽东创造的"新民主主义"理论中。在1939年12月发表的《中国革命和中国共产党》和1940年1月发表的《新民主主义论》中,毛泽东说:中国资产阶级民主革命取得胜利,包括抗日战争胜利后,不能变成资产阶级专政的资本主义社会,但也不能马上变成社会主义社会。新的社会里包括社会主义因素,但又要有资本主义因素。无产阶级在资产阶级民主革命(包括抗日战争)中要争夺领导权,以至掌握领导

---

① 〔美〕沙培德著,高波译:《战争与革命交织的近代中国(1895—1949)》,中国人民大学出版社2016年,第44页。

② 斯大林:《中国革命与共产国际的任务》,见《斯大林全集》(第九卷),人民出版社1954年,第261页。

权。这就不是旧民主主义革命,而是新民主主义革命。关于这场革命,他指出:

> 虽然按其社会性质,基本上依然还是资产阶级民主主义的,它的客观要求,是为资本主义的发展扫清道路,然而这种革命……是新的、被无产阶级领导的,以在第一阶段上建立新民主主义的社会和建立各个革命阶级联合专政为目的的革命。因此,这种革命又恰是为社会主义扫清更广大的道路。[①]

"穷人版的现代化"在中国的前进轨道,就这样被设计了出来,非常正确地选择了由无产阶级来领导,但又借助并利用资产阶级、保持资本主义因素这样一个过渡模式。

第四点,马克思主义强调政党的重要性,强调无产阶级要由先锋队来领导,通过有组织的行动进行革命。

革命本身对于中国来说毫不新鲜,但正如梁启超研究"中国历史上的革命"后得出的结论,太多私人革命,太多出于一己私利的野心家革命,太多一哄而起、军阀混战、各自为政的革命,太多内乱导致外患、最终引狼入室一起完蛋的革命。马克思主义的政党理论,鼓励知识分子直接投身社会中与工农运动相结合,并提供了动员和组织下层社会民众进行分阶段的、具有远大目标的革命运动的有效方法。

这一点对于尚处在农业经济时代、没有多少工业基础的中国来说,尤其重要。因为一般来说,一个国家普通民众的组织化是通过工业企业来完成的;而农民,尤其是小农经济当中的农

---

① 转引自胡绳:《毛泽东的新民主主义论再评价》,《中国社会科学》1999年第3期,第11页。

民,普遍处于一盘散沙的状态,很难组织起来。事实证明,中国共产党自成立之后,出色地完成了中国农村地区民众的组织工作,将亿万中国农民改造成了"革命化的农民"。

除了上述四点,还可以罗列出很多,但是仅仅这几点,对于当时深陷社会达尔文主义困境中无路可走的中国来说,就已经足够了,因为它提供了一系列与中国自身历史运动逻辑的契合点,解决了外来现代化理论的适用问题。

以文明史的图景概言之,自从中华秩序主义与西方运动主义迎头相撞之后,上层社会所主导的"社会达尔文主义基本原理与中国变法具体实践相结合"的道路没能走通,而下层社会所主导的"马克思主义基本原理与中国革命具体实践相结合"这条路却走通了。这个结果的背后,自然有其历史必然性。习近平同志在纪念马克思诞辰200周年大会上的讲话中说:

> 十月革命一声炮响,为中国送来了马克思列宁主义,给苦苦探寻救亡图存出路的中国人民指明了前进方向、提供了全新选择。……中国共产党人把马克思主义基本原理同中国革命和建设的具体实际结合起来,团结带领人民经过长期奋斗,完成新民主主义革命和社会主义革命,建立起中华人民共和国和社会主义基本制度,进行了社会主义建设的艰辛探索,实现了中华民族从东亚病夫到站起来的伟大飞跃。

3.下层社会建国

马克思本人应该不会想到,他的革命理论最终在古老的中国引起了最大的响应,取得了最大的成功。当然,这正如他同时代的人没有谁能预见到今日中国的繁荣富强，正如他同时代的人也没有谁能真正理解中国特殊的历史和国情。

《共产党宣言》中宣布，资产阶级时代，却有一个特点：它使阶级对立简单化了。整个社会日益分裂为两大敌对的阵营，分裂为两大相互对立的阶级：资产阶级和无产阶级。①

实际上，正如本书前面论述的，自从秦朝实现了天下一统、建立了中央集权之后，中国就已经成为一个二元化结构的社会了，一个是下层社会，一个是以皇帝为首的士大夫官僚集团，两者相互对立。

马克思和恩格斯的如下历史描述和判断，在欧洲无疑是正确的：

> 从封建社会的灭亡中产生出来的现代资产阶级社会并没有消灭阶级对立。它只是用新的阶级、新的压迫条件、新的斗争形式代替了旧的。②

但在中国，"新的压迫条件、新的斗争形式"，直接体现在两千多年前从封建社会的灭亡中产生出来的大一统国家当中。因此，真正的革命力量、变革生产关系的力量、推动历史发展的力量，不需要等待无产阶级的壮大成熟，本来就蕴藏在早已存在了两千多年的下层社会当中。

而且，由于儒家传统具有"治教合一"的特性，作为一种信仰，始终包含着典型的运动主义要素。这些要素不仅不是秩序

---

① 马克思、恩格斯：《共产党宣言》，见《马克思恩格斯选集》（第一卷），人民出版社1972年，第251页。
② 同上。

主义的,不是束缚人民的枷锁、麻醉人民的鸦片,反而是激励下层社会人民改变现状的运动主义动力。

统治集团利用儒家传统中的"三纲五常"礼教对下层社会进行控制和治理,但另一方面,同样也属于儒家传统的"天命"思想、"民本"思想、"家国一体"思想、"天下为公"思想、"大一统"思想、"讥世卿"思想、"三世说"思想等等,反而更多地保存在下层社会当中。而且正是这些被下层社会所守护传承的重要思想,让中国社会在每一次陷入"据乱世"后,仍然能够从农民起义运动中恢复过来,再一次重建大一统国家。

可以说,"马克思主义基本原理与中国革命的具体实践相结合"取得成功之所以具有历史必然性,就在于马克思主义进入中国之后,越过了坚持秩序主义的上层社会,直接进入到了蕴涵运动主义要素的下层社会,并与下层社会历史悠久的变革思想和革命传统相对接。于是,出现了一系列内涵深刻、意义深远的中西思想结合:"顺乎天,应乎人"的"天命观"与"阶级革命"、"天下归仁"与"世界大同"、"天下为公"与"社会主义公有制"、"大一统"与"人民共和国"、"三世说"与"历史阶段论"、"民为贵"与"共同富裕"……

而这种对接取得成功的中国内部条件,在其他国家中是难以找到的。

首先,中国下层社会自古以来就流行着各种以迎接理想社会的到来为号召的民间宗教,如祆教、白莲教、弥勒佛教、明教等。所以,摧毁旧制度、推翻旧学说、颠覆旧政权的运动主义,对于下层社会来说并不是问题。长期纠缠上层社会的那个如何在接受变革和维持秩序两者之间取得平衡的"二难"困境,在下层社会中并不存在。

其次,下层社会自古以来就有造反运动传统,而且的确带有阶级革命的性质。马克思主义的共产革命与中国历史上的改朝换代,在打天下和坐天下这两个阶段基本重合,前者的理论就是"造反有理",后者的理论就是"天下为公",所以无论理论是什么,行动上是有很大一致性的。

最后,下层社会自古以来就有反抗异族压迫的传统,如魏晋南北朝时期汉人反抗胡人的斗争、元朝时期南人和汉人反抗蒙古—色目贵族集团的斗争、清朝时期反清复明的斗争等。一般来说,出于自身利益,上层社会往往会与异族入侵者结为统治联盟,所以只有下层社会的反抗运动才最为彻底,才最有希望重新恢复国家的大一统。

这就意味着,一方面马克思主义给中国社会带来了一些全新的观念,另一方面马克思主义与中国历史传统和现实国情有一些最根本上的契合与一致。中国共产党最成功之处正在于,它通过将马克思主义直接引入下层社会,让这两个方面都最充分地发挥了各自的作用。

塞缪尔·亨廷顿也注意到了这一点。他发现,在中国革命运动中,知识分子与"革命性的农民"成功实现了结盟。亨廷顿认为,一般来说,知识分子激励农民的努力几乎总是失败的。在俄国革命中,虽然列宁认识到了农民的关键作用并调整了布尔什维克的纲领和策略,以争取农民的支持,但布尔什维克依然主要是一个城市与知识分子的集团。他写道:

　　中国共产党人的情况则相反，他们在城市里的失败是由于在华中城市地区缺乏接管权力的社会基础和组织。在城市斗争失败后，根据毛泽东自己对农民革命特点的观察，他和他的追随者转移到乡村去重新组织共产主义运动。在这时，伴随着每次革命而发生的农民起义在历史上就首次成为一支有组织和有纪律的队伍，并由一个具有高度意识和表达能力的职业革命知识分子集团来领导。区别中国革命与以前那些革命的并不是农民的行为而是知识分子的行为。中国共产党人的成功之处正是左派社会革命党人的失败之处，他们建立了一个革命联盟，使农民起义有了内聚力、方向和领导。在城市革命失败后的20年当中，他们使革命一直在农村保持着活力。[①]

将千百万农民改造成为"一支有组织和有纪律的队伍"，并由职业革命知识分子集团来领导，也就是成为"革命性的农民"，作为重新激发出来的运动主义的主体，这是"伟大的中国革命"得以成功的关键。因为中国共产党领导集团正是这个运动主义主体的代表，所以无论是1949年中华人民共和国成立的运动，还是中华人民共和国成立后的工业化和现代化运动，就其本质而言，都是"革命性的农民"而不是其他什么社会集团所主导的运动。

1927年，毛泽东在《湖南农民运动考察报告》一文中写道：

很短的时间内，将有几万万农民从中国中部、南部和北部各省起来，其势如暴风骤雨，迅猛异常，无论什么大的力量都

[①] 〔美〕塞缪尔·P.亨廷顿著，王冠华等译，沈宗美校：《变化社会中的政治秩序》，上海人民出版社2015年，第250页。

将压抑不住。他们将冲决一切束缚他们的罗网,朝着解放的路上迅跑。一切帝国主义、军阀、贪官污吏、土豪劣绅,都将被他们葬入坟墓。①

"几万万农民从中国中部、南部和北部各省起来",说的就是当时中国的整个下层社会全部运动起来了;而"朝着解放的路上迅跑",则体现了完全彻底的、永不停歇的、无法阻挡的运动主义。考虑到中国作为世界上唯一的广土巨族、天下国家,并拥有作为一个整体并持续两千多年的下层社会,"几万万农民"这个巨人的觉醒和开始运动,就不仅仅是中国自身的一个历史事件,也是世界上的一个历史事件。

其实,毛泽东一生所做的全部大事,归根结底都是这个重大历史事件的一部分,因为他就是这个重大历史事件发生后第一个重要的领导者。这是理解毛泽东本人和他那个时代的一个关键。

从世界的角度看中国,土地革命的爆发也好,新中国的诞生也好,正是几万万农民——这个世界上最大的下层社会整体发动了一场革命,并最终建立了一个属于自己的革命国家。那么,革命运动"其势如暴风骤雨,迅猛异常,无论什么大的力量都将压抑不住",当然就是指世界上各种大的压迫力量,也就是中国共产党归纳为"三座大山"的反动势力。最后,"他们将冲决一切束缚他们的罗网,朝着解放的路上迅跑",当然也就是指整个世界上那些"束缚他们的罗网"。

---

① 毛泽东:《湖南农民运动考察报告》,见《毛泽东选集》(第一卷),人民出版社1991年,第13页。

　　这并不是"过度阐释",中华人民共和国成立至今七十年,中国共产党仍在强调"不忘初心,牢记使命",从来没有在哪个时期说过中国不再是代表几万万农民的国家了,也没有说过这个国家不再朝着解放的路上迅跑了。

　　如果将1949年之前为中华人民共和国的成立进行的各种运动,之后的卫国运动、工业化运动、现代化运动都放在"几万万农民……朝着解放的路上迅跑"中来看,其中的一致性和连续性是显而易见的。习近平同志说,中国特色社会主义的本质特征是中国共产党的领导。这句话的含义,同样要放在天下型定居文明和以"革命化的农民"为主体的运动主义中来理解。因为中国共产党的领导,就是中国人民"冲决一切束缚他们的罗网,朝着解放的路上迅跑"这个具有世界历史意义的伟大运动得以进行的根本保障。

三、改革开放与全球化

　　担任过哈佛大学费正清东亚研究中心主任的孔飞力在20世纪90年代写了《中国现代国家的起源》,全书第一句话就是一个深刻的问题:在何种意义上,中国现代国家的形成是一种"中国的过程"?

　　这个问题是个真问题。但孔飞力只关注到中国上层社会的行为,他发现在清朝中期以后人口迅速增长的大背景下,中国历届政府一直都在努力应对层出不穷的政治、经济和社会问题。皇帝、官员中的改革者、士大夫中的思想家等,都在以不同方式围绕着中国自身的"根本性议程"参政议政。他的观点是，理论上讲，这个"根本性议程"与西方的入侵没有关系。

如果孔飞力将关注点从上层社会转移到中国独有的下层社会身上，不知道他会得出什么样的结论。清代中期以后，中国有效管辖的疆域和人口都出现猛增，广土巨族的天下国家完成了最后阶段的成长，下层社会达到了"几万万农民"的规模。在这样一个现实背景下，中国的"根本性议程"或者说那个独立于任何外部影响的"中国的过程"，究竟是由中国社会的哪个部分主导的呢？

换到这个角度上，如果将1949年中华人民共和国成立、1978年开始的改革开放和2019年中华人民共和国成立70周年都视为由中国独有的、历史悠久的、作为一个整体的下层社会所主导的一个具有"根本性议程"的"中国的过程"的结果，是不是能够得到一个更为清晰的历史图景呢？

从1978年改革开放开始，中国经济出现了一波奇迹般的高增长，不仅从根本上改变了中国自身的面貌，而且完全改变了整个世界的经济格局，让世界经济重心重新回到了中国和亚洲。习近平同志在纪念改革开放40周年的大会上指出：

> 40年来，我们始终坚持以经济建设为中心，不断解放和发展社会生产力，我国国内生产总值由3679亿元增长到2017年的82.7万亿元，年均实际增长9.5%，远高于同期世界经济2.9%左右的年均增速。我国国内生产总值占世界生产总值的比重由改革开放之初的1.8%上升到15.2%，多年来对世界经济增长贡献率超过30%。我国货物进出口总额从206亿美元

增长到超过4万亿美元，累计使用外商直接投资超过2万亿美元，对外投资总额达到1.9万亿美元。我国主要农产品产量跃居世界前列，建立了全世界最完整的现代工业体系，科技创新和重大工程捷报频传。我国基础设施建设成就显著，信息畅通，公路成网，铁路密布，高坝矗立，西气东输，南水北调，高铁飞驰，巨轮远航，飞机翱翔，天堑变通途。现在，我国是世界第二大经济体、制造业第一大国、货物贸易第一大国、商品消费第二大国、外资流入第二大国，我国外汇储备连续多年位居世界第一，中国人民在富起来、强起来的征程上迈出了决定性的步伐！

环顾今日世界，没有任何一个人口过亿的大国可以用这般数据和语言来纪念自己过往40年的历史，更不用说人口过10亿的大国了。西方国家在近代历史上有过高增长，但在很大程度上是帝国主义或是经济殖民主义性质的掠夺，并不完全是本国工农业生产力增长和公平的国际贸易的结果。所以，在改革开放40周年前后，关于如何令人信服地解释中国经济增长的奇迹，成了一个世界性难题。

1. 关于改革开放的几种理论解释

关于改革开放的经济增长奇迹，归纳起来，大体上有三种解释理论：

第一种就是"市场经济论"。这种理论简单说就是中国过去实行计划经济，因为这是个错误的政策，所以经济增长很慢；改革开放后实行了市场经济政策，开放搞活，所以经济出现了高增长。

根据这种理论,中国的改革就是国家不断开放、市场力量不断增强的过程,而中国经济的活力主要来自于市场的力量,尤其是私营企业。因此,中国改革的目标就是取消国家对经济事务的干预,只提供让市场按规则运行的基本服务。市场自身具有运行逻辑,就会带来持续的繁荣。

众所周知,这种理论既不新鲜,也非中国独有,其实就是20世纪70年代之后逐渐盛行于全世界,以市场化、自由化、私有化"三化"为宗旨的所谓"新自由主义"理论的中国分支。

第二种理论与第一种完全对立,坚决反对"新自由主义",可以叫做"社会主义论"。简单说就是中国虽然实行了市场经济,但并没有放弃社会主义和计划经济,而且正是由于中国实行的是社会主义市场经济,才避免了西方新自由主义给发展中国家带来的严重的政治、经济和文化问题,同时又取得了远比其他也实行市场经济的发展中国家高得多、大得多的成就。

根据这种理论,中国的成功是由于在20世纪"经历了全世界几乎独一无二的漫长革命,在政治、经济、社会和文化等各个领域都进行了全方位的革命改造"。概言之,中国改革成功的前提条件是因为享受了"革命红利","没有中国革命就不会有中国现代化建设、工业化建设的奇迹"①。所以,未来应该继续在社会主义与市场化之间保持一定张力,尽可能稳妥地推进改革,在不同社会人群中进行利益权衡和相互

---

① 萧武:《大路朝天:中国革命与中国道路》,中信出版社2018年,第21页。

补偿。

第三种理论也批判"新自由主义",但由于聚焦于改革开放后工业革命的一举成功,因此并不认同"革命红利"或"制度红利"是前提条件的说法,反而认为改革开放前的制度妨碍了工业革命的爆发。此一理论可以称为"工业革命论"。简单说,就是认为工业革命有其内在的客观规律,这一规律举世相同,所有取得工业革命成功的国家无不是遵循了这一规律,而至今没有取得工业革命成功的国家就是没有遵循这一规律。

根据这一理论,"中国的发展道路其实与两百多年前的英国工业革命遵循相同的内在逻辑。在政治上层建筑与制度话语辞藻的表面差异之下,中国的发展模式,究其实质而言,与18世纪的英国、19世纪的美国和20世纪的日本是相通的,遵循着类似的'发展政治经济学'规律"[①]。

除了以上三种,还可以列出一些。但能够用来解释部分现实,也有一套自我支持的理论基础的,主要就是这三种解释理论。

很显然,这三种理论都有一定的局限性,在解释中国经济社会发展现实时,都只能解释一部分,适用范围不够大。

完全追随西方"新自由主义"理论的"市场经济论",适用范围最小,逻辑上也最不能自洽,时至今日基本上沦为了依附于政治立场的理论教条,失去了理论生命力。实际上,自2008年金融危机之后,"新自由主义"理论在世界范围内就开始面临破

---

① 文一:《伟大的中国工业革命:"发展政治经济学"一般原理批判纲要》,清华大学出版社2016年,第17页。

产，其中的核心理论如"新古典经济学"或称"自由市场经济学"已遭到抛弃；即使出现了众多修正主义的经济学，如"复杂经济学""行为经济学"等，但总体趋势是走向穷途末路。虽然相关的各种经济思想还在流行，但任何带有还原论性质的经济理论都难以成立了。

"工业革命论"严厉地批评了"新自由主义"理论，认为这种理论教导后发国家通过建立先进的资本密集工业、现代金融体系以及现代政治体制来开启工业化，根本就是倒果为因。但这一理论所发现的工业革命成功的"秘诀"，例如"引爆工业革命的关键顺序"，却或多或少是一种还原论，也难免脱离现实。形形色色的还原论理论的根本弊病在于：试图将自然科学的公理化方法引入社会问题的研究，貌似是科学的态度和方法，实际上往往滑向反科学。因为为了迁就科学理论模型而做的所有必需的简化，最终必然导致对于研究对象的曲解和变形，以至于不再是研究对象本身。新古典经济学将人类社会简化为一群原子化的自利个体的集合，结果就是所有的研究都与真实的社会经济现实相隔离。对工业革命成功"秘诀"的发现，也建立在对一国各经济部门之间关系进行简化的基础之上，特别是工业部门与农业部门之间的对立假设。

"社会主义论"的局限性较小，理论适用范围较大。但这种理论意识形态色彩较重，并让自己置身于左派和右派的政治对立当中，为了政治立场上的一致性，不得不收窄话语空间，从而限制了其理论更为广泛的应用。将改革的前提条件归为"革命红利"或"制度红利""主义红利"，这种论断的正确之处在于强调了中国历史的连续性,而问题在于,它只突出了历史的某一两个方面和某一段时间,而且是与革命意识形态话语恰好重合的方面和时间。由于革命的历史在时间上与改革的历史一先一后,这就模糊了时间上的先后与逻辑上的因果关系,很难分离出改革开放取得成功的真正的前提条件和事前原因。

　　本书所要强调的是,中国独特的历史连续性不能轻易被无视,连续的历史不能被随随便便切割成一些很小的阶段;中国独特的广土巨族也不能轻易被无视。连续历史的中国与广土巨族的中国这两方面合并起来,是一个巨大的客体;面对这个客体,无论是试图模仿西方经济学方法用数学化的理论模型来描述,还是试图在其中一小段历史经验当中归纳出某种公理化的通用规律,都是行不通的,都属于只见树木不见森林。

2. 中国奇迹的文明史解释

　　那么,到底应该如何描绘并理解天下国家和天下型经济体这个"森林"呢? 本书行文至此,对于这个问题已经可以给出了很好的解答,因为将前面各章的内容综合起来,就可以得出如下一些新的理论解释。

　　第一,根据第二章和第三章的内容,天下型定居文明的诞生和发展决定了天下型经济体的诞生和发展。根据世界历史可知,在2000多年前的世界上除了中国的秦朝,没有任何一个大型社会消除了封建制,而实行中央集权的郡县制,发展出大一统的天下国家,所以也绝无可能形成自给自足的天下型经济体。这一点就不做过多论述了。

第二，根据第二章和第四章的内容，在无外患、无内乱、国家无事、天灾无至的稳定情况下，天下型经济体的经济增长会在土地生产率和劳动生产率都保持正常水平的情况下自动发生。而在政府将经济发展作为事业、政治经济两方面目标一致的特别时期，政府的政策会大力推动农业和工业各个生产门类的协调和均衡发展，"一系列基要的生产函数连续发生变化的过程"就会自动出现。而天下型经济体本身所包含的巨大的统一市场，也会持续刺激生产函数连续发生变化，各种创新频出，促成工业化进程和经济增长的同时加速。而这就是中国经济起飞和中国工业化成功的最大奥秘。

根据张培刚先生的研究，发动和定型工业化进程最重要的因素有以下五个：1.人口——数量、组成及地理分布；2.资源或物力——种类、数量及地理分布；3.社会制度——人的和物的要素所有权的分配；4.生产技术——着重于发明的应用；5.企业家的创新管理才能——改变已有的生产函数或应用新的生产函数，也就是改变已有的生产要素的组合或应用新的生产要素的组合[1]。这五大因素中的前三个，原本就内含在天下型经济体当中，不需要从外部引进；而后两个因素也并不完全欠缺，中华人民共和国成立后，有一段时间向苏联和东欧国家学习，改革开放之后又向西方国家学习，很快取得了效果。所以，总体上看，虽然工业革命的一些内在规律需要遵循，市场经济的一些内在规律也需要遵循，但对于一个早已成型的天下型经济体来说，首先确

---

① 参见《农业国工业化理论概述》，载于张培刚：《农业与工业化（上卷）：农业国工业化问题初探》，华中科技大学出版社2002年，第7页。

保和平环境和政治稳定，然后通过改革让天下型经济体自身的潜力充分释放出来，才是最为重要的。

如此说来，要深刻理解改革开放40年"中国奇迹"的发生，首先就要将着眼点放在和平环境和政治稳定这个最宏观的层面上来，而不是直接进入经济学所关注的那些下一级的问题。回顾当年邓小平在大力推动改革时的一系列做法，就可以清楚地看出这一点。

在和平环境方面，1984年11月，邓小平在军委座谈会上指出：讲战争危险，从毛主席那个时候讲起，讲了好多年了，粉碎"四人帮"后我们又讲了好久。现在我们应该真正冷静地作出新的判断。这个判断，对我们非常重要。没有这个判断，天天诚惶诚恐的，怎么能够安心搞建设？

这段话再清楚不过地表明了中国当时正在发生的大转折，即从毛泽东时代的"早打、大打、打核战争"的备战路线向"以经济建设为中心"的建设路线的转折。没有这个转折，后来改革开放的成功和"中国奇迹"的发生都是难以想象的。1985年6月，邓小平在军委扩大会上进一步明确指出：过去我们的观点一直是战争不可避免，而且迫在眉睫。但现在世界和平力量的增长超过战争力量的增长，在较长时间内不发生大规模的世界战争是有可能的，维护世界和平是有希望的。1987年6月，邓小平在会见外宾时再次强调：对于总的国际局势，我的看法是，争取比较长期的和平是可能的，战争是可以避免的。

在政治稳定方面，邓小平说"四个坚持是成套设备"，一句话就确立了改革开放的政治保障。他指出，中国要实现四个现代化，必须在思想上、政治上坚持四项基本原则，决不允许在这个根本立场上有丝毫动摇。他强调，"四个坚持"和改革开放是相互依存的，"如果动摇了这四项基本原则中的任何一项，那就动摇了整个社会主义事业，整个现代化建设事业"[①]。

正是在和平环境和政治稳定都得到了切实保障的前提条件下，中国固有的天下型经济体才终于开始摆脱长期的"备战"状态，恢复其正常的"生产"状态。事实上，关于中国经济起飞的所有解释，都离不开这个最关键的政治—战争因素；而关于中国经济起飞的所有经济学解释，都属于政治—战争因素之下的次要因素；无论是经济结构问题、国有企业问题，还是财政政策和货币政策问题等所有经济学认为很重要的问题，与天下型经济体的潜能释放相比，都是次要的。

在解决了政治—战争这一首要问题后，邓小平开始反复强调生产力的问题。他说，革命是解放生产力，改革也是解放生产力：

> 改革的性质同过去的革命一样，也是为了扫除发展社会生产力的障碍，使中国摆脱贫穷落后的状态。[②]

> 社会主义的任务很多，但根本一条就是发展生产力，在发展生产力的基础上体现出优于资本主义。[③]

---

① 邓小平：《坚持四项基本原则》，见《邓小平文选》（第二卷），人民出版社1994年，第173页。
② 邓小平：《对中国改革的两种评价》，见《邓小平文选》（第三卷），人民出版社1993年，第135页。
③ 邓小平：《改革是中国发展生产力的必由之路》，见《邓小平文选》（第三卷），人民出版社1993年，第137页。

而改革的路径不是别的什么，就是紧紧围绕"从根本上改变束缚生产力发展的经济体制，建立起充满生机和活力的社会主义经济体制"[1]。

这些简明的、不那么学术的、没有数理模型作支撑的表述，在其他国家大多不被当作经济学语言看待；但是对于中国这个天然内含天下型经济体的天下国家，这些论述就是最正确的经济学，而且不需要别的什么就已经解决大部分问题了。英国学者、前伦敦副市长罗思义发觉了这一点，他说：20世纪迄今为止最伟大的经济学家，不是凯恩斯、哈耶克或弗里德曼等西方经济学家，而是中国的邓小平。

他在文章中引用了《华尔街日报》的一句评论：大多数经济体可以用两种方法来促进经济增长：财政和货币。中国有第三种选择，……加快投资项目的审批流程。

为什么在中国"加快投资项目的审批流程"可以成为促进经济增长的途径？原因不复杂，因为这是从政府方面着手激发天下型经济体生机与活力的一个直接而且有效的方法。

值得一提的是，关于资本（包括外资）对于中国经济增长的重要作用，早在清末民初中国现代化转型起步时期就有过精到的讨论。梁启超注意到，与欧洲相比，中国在税负上有很大优势，但在资本上却有很大不足；因为中国没有贵族制，而且是众子继承制，虽然少了一个不负纳税义务的庞大群体，但也少了一个自动聚集资本的群体。在这种情况下，中国"当以奖励资本家

[1]　邓小平：《在武昌、深圳、珠海、上海等地的谈话要点》，见《邓小平文选》（第三卷），人民出版社1993年，第370页。

为第一义,而以保护劳动者为第二义"[1]。他主张"结合资本,假泰西文明利器(机器),利用我固有之薄租薄庸以求赢(利润),则国富可以骤进十年,以往天下莫御矣"[2]。梁氏所担心的只是"故拥资本者常以懋迁于租庸两薄之地",外资一旦大举进入,成了势力之后,本国的中小资本便只能匍匐在其脚下,永无翻身之日;所以必须采取国家主义路线,行保护主义政策,抵挡外资侵入,奖励本国资本家,运用西洋新式生产设备,以求在国际市场上竞争[3]。显然,这个主张与几十年后中国改革开放时期的政策如出一辙。所谓"租庸两薄之地"正是天下型经济体的特有优势,而利用劳动力成本和土地成本的低廉优势大力招商引资,恰恰就是"利用我固有之薄租薄庸以求赢"的策略。策略实行的结果,当然就是"国富可以骤进十年,以往天下莫御矣"。

可以说,中国经济增长之谜的答案既复杂又简单。说复杂,是因为要想理解何为天下国家、何为天下型定居文明、何为天下型经济体,对于不懂得中国历史的人来说是很不容易的;说简单,是因为一旦明白了何为天下国家、何为天下型定居文明、何为天下型经济体,答案自动就出来了。

一定有人会问,既然如此简单,为什么以前没有发现这个答案呢?这就是下面的第三条解释。

第三,为什么迟至上世纪70年代末中国实行改革开放政策

---

[1] 参见赖建诚:《梁启超的经济面向》,联经出版社2006年,第172页。
[2] 同上。
[3] 同上。

才开始重新激活天下型经济体的潜力？此前到底是政策失误，还是条件不成熟，还是其他什么原因？

要回答这几个问题，同样不能在经济学中绕圈子，不能到计划经济还是市场经济、公有制还是私有制、政府管制还是自由放任这些概念当中去寻找哪种政策对、哪种政策错这样的简化答案。而必须从经济学中走出来，回到历史学当中，真实的答案才可能浮现出来。

但是需要注意的是，即使回到历史学当中，也依然可能落入西方学术的陷阱，因为它们处处存在，例如近二十年来海内外学界围绕"大分流"问题所进行的越来越细分化、局部化的"比较历史学"研究。由于"大分流"问题内在地包含了"中国的经济发展是否在19世纪出现了停滞""中国小农经济为什么没能向现代经济转化"等相关问题，所以就出现了一种奇怪的方法论：将中国假设成好像是欧洲外面的另一个欧洲国家，然后在各个细小的方面进行中国和西欧的对称化比较研究。美国密歇根大学校长Daniel Little教授在2012年的一次研讨会上以"What about involution, evolution and revolution?（中国农业：内卷、进化还是革命？）"为题发问，集中归纳了学术界对于"大分流"问题的相关讨论。从专业刊物的角度来看，所发表的论文和著作中，大多没能走出牵强的类比，将中国这一特殊经济体作为一个特殊事物对待。

重比较轻历史、重对称轻特殊、重形式轻内容的比较历史学，无论多么像是一种科学，多么貌似专业化，却都是学术陷阱。

因此，经济学和比较历史学都不能很好地解释近代以来的中国历史，特别是经济史。如果一定要找到并运用一个合适的学科框架，那么，这个框架应该叫做"战争经济学"。它不是一般的"国防经济学"，而是专门研究在不同性质的战争背景下国民经济结构变化以及增长或衰退的情况。因为离开了战争这个最重要的历史背景，关于中国近现代历史中政治经济问题的任何讨论都是空中楼阁。

根据本书第五章的内容，学术界关于战争与经济的关系，已经有了不少讨论，但是，那些主要基于欧洲近代历史经验得出的战争促进经济发展的观点和论证，显然不适用于近现代的中国。对于自鸦片战争之后始终被动应战并屡屡战败又割地赔款的晚清帝国，对于长期军阀混战而后又转入全面抗战和全面内战的中华民国，对于建国后仍有多次卫国战争而后又转入全面备战的中华人民共和国前三十年，战争与经济的关系当然大大不同于近现代欧洲的情况。从这三段历史时期中总结出的经验和规律，不太可能得出与欧洲类似的结论。

如何根据近现代中国历史经验归纳总结出战争与经济的关系，应该是一个远比当前"大分流"主题之下的形而上学的比较历史学更有价值的研究方向。其中最重要的，仍然是必须将天下型经济体当作一个不同于列国经济体的特殊经济体，在此前提下，围绕着下列重要问题展开深入研究。例如，在什么情况下，天下型经济体会转入异常状态，不能正常发生经济增长？在什么情况下，天下型经济体会遭到严重破坏，以至于需要很长时间才能恢复到正常状态？在什么情况下，天下型经济体会进入恢复期，并且逐渐发挥出其经济自动增长的固有功能？

以这些"战争经济学"基本问题为引导,关于改革开放之前经济没有起飞的问题就可以得到解释了。

中华民国初期出现的一段快速经济增长,可以理解为是经过此前的战争和动乱之后,天下型经济体开始逐渐进入恢复期。中华民国成立后的第一个十年,以及其后的1920年代,包括第一次世界大战期间,经济都出现了较快的正增长。沙培德写道:

> 从20世纪第二个十年中期到20世纪20年代中期,工业快速扩张,绝大部分年份的平均增长率在9%到13%之间,第一次世界大战期间更高(由于列强无暇东顾)。在这一形势下,农业产量同样相当可观,可以与人口增长(从1912年的四亿三千万到1930年的五亿)保持同步。尽管绝大部分军火购自西方,但中国自己的兵工厂也有所贡献;铁矿开采有所发展,建成了一些钢铁厂;公路与铁路网也有所改善。……在这一时期,地方政府同样显示出某些连续性。[①]

沙培德所观察到的"连续性",指的就是天下型经济体的总体生产秩序未被战争和动乱所完全破坏的情况。但是这个前景向好的天下型经济体恢复趋势,最终还是被日本的侵华战争和接下来的国共内战完全打断了,直到1949年中华人民共和国成立。

关于1949年中华人民共和国成立之时中国经济和工业的基

---

① 〔美〕沙培德著,高波译:《战争与革命交织的近代中国(1895—1949)》,中国人民大学出版社2016年,第109页。

本情况，已经有很多学者描述过了，基本上就是一个前后二百年历史中的谷底。这不是别的什么原因，就是战争造成的后果，与任何经济政策或工业化规律都没有关系。

早在中华人民共和国成立之前，毛泽东等共产党领导人就已经抱定信念要让中国实现工业化，其目标是要让中国这个传统农业社会转变为一个现代工业社会，让工业在国民经济中占据主要地位。1945年，毛泽东在党的第七次全国代表大会上讲：

> 在新民主主义的政治条件获得之后，中国人民及其政府必须采取切实的步骤，在若干年内逐步地建立重工业和轻工业，使中国由农业国变为工业国。[①]

1949年他来到北京之后又说：

> （目前）还没有解决建立独立的完整的工业体系问题，只有待经济上获得了广大的发展，由落后的农业国变成了先进的工业国，才算最后地解决了这个问题。[②]

根据王绍光教授在《国企与工业化》一文中的解释，工业化目标的含义包括国民经济结构中工业的比重增加、生产总量和人均产量的增长、劳动生产率和全要素生产率的提高和在全国范围内的工业布局等四个方面。

但是，由于中华人民共和国实现工业化目标的起点太低，初期阶段进展很慢，到1954年毛泽东还在着急：

---

① 毛泽东：《论联合政府》，见《毛泽东选集》（第三卷），人民出版社1991年，第1081页。

② 毛泽东：《在中国共产党第七届中央委员会第二次全体会议上的报告》，见《毛泽东选集》（第四卷），人民出版社1991年，第1433页。

現在我们能造什么？能造桌子椅子，能造茶碗茶壶，能种粮食，还能磨成面粉，还能造纸，但是，一辆汽车、一架飞机、一辆坦克、一辆拖拉机都不能造。[①]

为了加速实现工业化，中华人民共和国采取了借助于国家政权的力量，建立起高度集中的国家计划经济体系，动员并利用全社会各种资源，依靠农业提供原始积累，提供工业生产所需的粮食和工业原料，推行优先发展工业特别是重工业的经济发展战略。王绍光教授认为：经过对资本主义工商业的社会主义改造，经过了大规模投资国有企业，到1957年，中国的经济的所有制结构发生巨大的变化：1952年，国有经济只占国民经济19.1%；到1957年，它已占1/3。同一时期，资本主义经济的份额从6.9%降到0；个体经济从71.8%降到2.8%。

而当年毛泽东和梁漱溟的一场争论，则从一个侧面反映了当时依靠农业提供原始积累支持工业发展这一大政方针。在1953年9月全国政协委员会扩大会议上，梁漱溟发言说：中共过去三十年都是依靠农民而以乡村为根据地的，但自进入城市之后，工作重点转移于城市，从农民成长起来的干部亦都转入城市，有人说如今工人的生活与农民的生活有"九天九地"之差，这话值得引起注意。毛泽东则批评梁漱溟是"分裂"和"破坏"工农联盟的基础，是"完全彻底的反动思想"。他反问道："不依靠农民自己劳动生产来增加他们的收入，而是把工人的工资同农民的收入平均一下，拿一部分给农民，那不是要毁灭中国的工

① 毛泽东：《关于中华人民共和国宪法草案》，见《毛泽东文集》（第六卷），人民出版社1999年，第329页。

业吗? 这样一拿, 就要亡国亡党。"①

　　针对中华人民共和国在相当长时间内都实行优先发展重工业这一问题, 有很多学者提出批评, 认为在工业基础非常薄弱的条件下, 优先发展重工业不符合经济发展的基本规律, 从发展经济学理论上讲, 是完全错误的决策。

　　无论是自由市场经济学家, 还是发展经济学家、工业革命经济学家, 在这一批评上, 恐怕是完全一致的。但是, 如果从"战争经济学"的角度看, 情况就不一样了, 因为优先发展重工业, 首先解决的不是促进增长、改善民生的经济问题, 而是避免亡国亡党的政治—战争问题。准确地说, 在中华人民共和国成立后相当长的时间里, 所有大政方针的制定都没有摆脱第三次世界大战即将爆发这个基本战略估计, 经济战略的制定和主要经济决策的作出, 都是"战争经济学"导致的。事实上, 自1950年代末期中苏分裂之后直到改革开放之前, 中国经济体制实际上是以备战为中心的战时经济体制。

　　将改革开放之前中国实行的计划经济体制简单理解为照搬了前苏联, 或遵循了社会主义理论教条的结果, 是没有看到问题的实质。概言之, 由于没有遵循发展经济学原理, 导致了前三十年经济发展缓慢, 人民生活困苦; 而由于遵循了"战争经济学"原理, 中华人民共和国这个国家保住了, 到了改革开放之前, 已经建立起一个世界级强国的工业和国防基础。根据王绍光教授提供的数据, 中华人民共和国的国有工业企业年底固定资产

---

① 毛泽东:《批判梁漱溟的反动思想》,《毛泽东选集》(第五卷), 人民出版社1977年, 第107—115页。

原值从1952年的148.8亿元增至1984年的5170亿元，增长了将近35倍。这才有了实行改革开放所必须的内部发展起点和外部和平环境。

第四，也是最后一个问题：传统的天下型经济体与"现代经济增长"两者是什么关系？

中华人民共和国的前三十年，在基本解决了和平环境和政治稳定两大首要问题之后，转入了后四十年的改革开放。而随着改革开放的深化，传统的天下型经济体出现了两个重大变化：一个是农业时代传统模式的经济增长开始转型为工业化时代的"现代经济增长"；另一个是自给自足的天下型经济体开始进入国际贸易体系，虽然仍具有天下型经济体的规模，但也出现了一定程度的贸易依存，具有了列国经济体的一些特征。

所谓"现代经济增长"，根据西蒙·库兹涅茨的定义，是指18世纪后期以来仅出现在"充分利用了现代技术潜力"的西方经济发达国家中的一种增长方式。1971年，在他获得诺贝尔经济学奖的获奖演说中，他归纳出"现代经济增长"的六个特性：1.人均产值和人口都出现了高增长；2.生产率数倍于传统时代的高增长；3.包括从农业转移到非农业、从工业转移到服务业、从私人企业转向非个人经济企业组织等经济结构以及消费结构、进出口结构等的高转换率；4.与现代经济增长同步发生的社会结构及其意识形态的迅速变化，如城市化和世俗化等；5.因现代运输和通讯技术发展给经济发达国家带来的不同以往的新世界；

6.发达国家和发展中国家之间差距的日益加大[①]。

很显然，这是专指18世纪后期以来现代化先发国家的，而上述六个特征都是获得先发国家和发达国家特殊地位之后的结果，而不是成为先发国家和发达国家的原因。至于发生了"现代经济增长"的根本原因，其实大部分都存在于经济学所关注的领域之外，例如殖民战争和掠夺，而其余一部分，则是上述六个特性出现之后又变成产生新的正反馈运动的原因，特别是技术革新大规模应用之后的自我持续和加速效应。库兹涅茨在演说词中说：

> 过去200年里，基础性和应用性研究发展迅速，产生了大量有用知识，并为新的技术革新提供了更多的刺激。这绝不是一个偶然性事件。因此，现代经济增长反映了一种相互关系，它通过大规模应用科学与进一步的知识反馈来维持高水平的增长率。而且，除非有某些障碍进行干预，它能提供一种自我持续的技术进步机制。[②]

所以可以说，西方发达国家的"现代经济增长"仍然是在科学技术领域上大幅度领先这一特殊优势带来的后续结果，仍然是运动主义持续发展的产物。不同的是，近代以来的运动主义主要借助于战争的形式，"二战"之后和平与发展成为时代主流，西方的运动主义主要体现为面向无限宇宙在微观和宏观两

---

① 参见张守凯主编，黎昌抱、柴志贤副主编：《诺贝尔经济学奖颁奖词与获奖演说全集》，浙江工商大学出版社2015年，第52—53页。

② 张守凯主编，黎昌抱、柴志贤副主编：《诺贝尔经济学奖颁奖词与获奖演说全集》，浙江工商大学出版社2015年，第54页。

个方向上的科学探索，以及在经济领域各个方面的创新，就是熊彼得所说的"以新的方式使用现有的劳动服务及土地服务"或"生产资料的新组合"。

看清楚这一点，"现代经济增长"的神秘面纱就揭开了，本质仍然是运动主义，因为创新不是别的什么，就是运动主义的和平形式，或经济形式和科技形式。

那么，对于中国来说，在天下型经济体的固有潜力充分发挥出来之后，重新恢复了包括所有生产门类的生产能力和巨大的海内外市场之后，接下来最重要的任务，就是将中华人民共和国成立后卫国时期战争形式的运动主义，转到和平形式的经济创新和科技创新这个大方向上来。一旦实现了这个大转向，天下型经济体的潜力与运动主义的冲力相结合，世界上将再也不会有任何力量或任何"罗网"，可以阻挡中国向着民族复兴、文明复兴的道路上迅跑了。当然，世界可以放心，中国迅跑的方向和目标不是全球争霸，而是人类共赢。

世人看到，这个巨大的转向从改革开放就已经开始，并且逐步加速进行。随着将自己越来越深地融入到世界经济体系当中，特别是2001年加入世界贸易组织之后，中国从两个方面以一种类似于"弯道超车"的势头快速追上了西方先进国家的运动主义步伐。一方面是通过自由贸易体系迅速扩大了原本就很巨大的统一市场，进一步刺激了本国天下型经济体的生产能力；另一方面则是迅速学习并掌握了先进国家的各种创新技术和知识，将天下型经济体传统的经济增长转变为"现代经济增长"。

中华人民共和国成立70周年之际所展示出来的"中国奇

迹",以文明论观之,就是这样一个既复杂又简单的故事:一个广土巨族的现代国家在秩序主义和运动主义两个方面先后取得胜利的光荣故事,一个天下型定居文明与草原游居文明和海洋游居文明先后融合共生之后的文明维新故事。

令人略感惊讶的是,研究中国问题的西方学者始终没有真正看懂这个故事,从来没有使用过广土巨族与天下型定居文明、天下国家与天下型经济体、秩序主义与运动主义、草原游居文明与海洋游居文明等强有力的概念来理解、描绘和解释中国。

常识告诉人们,巨大的变化,一定不是突然发生的,一定有长时间的蕴积。有过海上生活经验的人,见到巨大的涌浪,可以根据波高和波长判断远方风暴中心的距离。因为涌浪不是风浪,不是因本地的风而起,而是从很远的地方缓缓运动过来的。同理,若将"中国奇迹"理解为一个持续高涨的经济和社会浪潮,那么根据浪潮的高度和可预测的长度也能够判断出其内在的伟大动量,不会仅仅来自于当代,应该是从历史深处发轫的,而且是逐级叠加、相互加强的。

但是,由于没能正确理解这个浪潮的起源、形成和未来方向,"中国威胁论"在全世界甚嚣尘上。其中当然有一些别有用心,但更多的应该是误读和曲解。

1956年毛泽东在《纪念孙中山先生》一文中提出:"中国应当对于人类有较大的贡献。"[①]1985年邓小平在中国共产党全国代表会议上讲:"现在人们说中国发生了明显的变化。我对一些

---

① 毛泽东:《纪念孙中山先生》,见《毛泽东文集》(第七卷),人民出版社1999年,第157页。

外宾说，这只是小变化。翻两番，达到小康水平，可以说是中变化。到下世纪中叶，能够接近世界发达国家的水平，那才是大变化。到那时，社会主义中国的分量和作用就不同了，我们就可以对人类有较大的贡献。"①

习近平同志指出，为人类不断作出新的更大的贡献，是中国共产党和中国人民早就作出的庄严承诺。中国始终是世界和平的建设者、全球发展的贡献者、国际秩序的维护者，愿扩大同各国的利益交汇点，推动构建以合作共赢为核心的新型国际关系，推动形成人类命运共同体和利益共同体。

几代中国领导人的良好愿望，今天正在实现着。这就是中国展现给全人类的满满善意。

3. 从"公天下"到"人类命运共同体"

在2018年博鳌亚洲论坛年会开幕式上，习近平同志说：

> 从顺应历史潮流、增进人类福祉出发，我提出推动构建人类命运共同体的倡议，并同有关各方多次深入交换意见。我高兴地看到，这一倡议得到越来越多国家和人民欢迎和认同，并被写进了联合国重要文件。我希望，各国人民同心协力、携手前行，努力构建人类命运共同体，共创和平、安宁、繁荣、开放、美丽的亚洲和世界。

"人类命运共同体"作为一个全新的政治观念由习近平同志代表中国首先提出来，这不是一个简单的事情。因为如果从中

---

① 邓小平：《在中国共产党全国代表会议上的讲话》，见《邓小平文选》（第三卷），人民出版社1993年，第143页。

国自古以来的天下观念和天下政治的角度看，这个观念就是全球化时代关于天下的终极表达，或者说就是终极天下。而围绕终极天下展开的政治，也就是人类历史进入全球化时代后最后的天下政治。

今天的世界仍然是基于威斯特伐利亚体系的列国世界，没有哪个现代国家可以成为中央之国和天朝上国。《联合国宪章》规定，各会员国主权平等。

在这样一个列国世界，天下之中、天下之内的概念都没有了，四夷的概念也没有了，天下成了全世界，而全世界成了全球，全球社会都成了定居社会。作为列国之一的中国自然而然地抛弃了地理上的天下之中这一观念，只保留了"以天下为一家"的理想信念。

那么，这是不是意味着中国不再是天下国家了？或者说中国不再有任何特殊性而与列国完全一样了？

不是的。尽管当代中国是具有现代国家身份的列国之一，但由于它曾经具有天下国家的身份，在当今世界上仍然有其独特性。

为什么历史上只有中国是真正的天下国家？为什么历史上其他的大小帝国都没能将天下国家的地位维持长久？为什么在当今世界，天下和天下国家的观念仍有现实意义？

答案就包含在具有伟大生命力的"公天下"理想当中。从观念演化上看，天下的第一个境界是"天下无外"，第二个境界是"天下为公"。从第一个境界到第二个境界的升华，就是孔子的伟大贡献。历史证明，只有做到了"公天下"的天下国家，才能

"可久可大";不能做到"公天下"的天下国家,便不可能长久,也不可能长大。《六韬·文师第一》载周文王与姜太公的对话:

> 文王曰:"立敛何若,而天下归之?"太公曰:"天下非一人之天下,乃天下之天下也。同天下之利者,则得天下;擅天下之利者,则失天下。

也就是说,在原初的意义上,天下本是一个恒定不变的客观存在,没有人可以擅取它,只可以与天下人同有;天子的位子随天命而改变,天下本身却是永世的,属于所有天下人。这就是"公天下"的含义。

那么,"公天下"如何才能实现呢?这当然不是一个简单的问题。可以说,一部中华天下国家史,就是一部"公天下"与"私天下"的斗争史,就是一部"公天下"从理想到现实的实践史。

首先,要从历史运动的源头说起。杜佑在《通典·边防一》中写道:

> 三代以前,天下列国更相征伐,未尝暂宁。陪臣制诸侯,诸侯陵天子,人毙锋镝,月耗岁歼。自秦氏罢侯置守,两汉及有隋、大唐,户口皆多于周室之前矣。夫天生烝人,而树君司牧,语治道者,固当以既庶而安为本也。

这段话有助于纠正今人关于"公天下"的一个观念误区,即认为"公天下"主要是指对于皇帝专制的反动,这个误区显然是西方中心论观念误导的结果。回溯中华历史,在古人的观念中,"公天下"并不是与皇帝那个统一"私天下"相对,而是与众多诸侯国四分五裂的列国"私天下"相对。诸侯封土建国,每一块领地之内就是一个国,而列国合起来的天下,从天下本身来看是一个最坏的"私天下"。因为列国"私天下"注定"更相征伐，未尝暂宁"，人民必然"人毙锋镝，月耗岁歼"，也就是公羊《春秋》"三世说"中的"据乱世"。

"据乱世"的转机是"霸政"时代的来临，因为"霸政"时代就是天下一统的最后阶段，诸侯国在争霸天下的同时，客观上加速了列国兼并、天下一统的历史进程。如齐桓公、晋文公之霸业，"九合诸侯，一匡天下"，最后经历战国七雄的混战，直到秦朝统一了天下。紧接着，秦朝又"罢侯置守"，通过郡县制彻底消除了"私天下"的列国基础。从此以后，天生烝民，"以既庶而安为本"，大道之行也，天下为公。

这可以理解为是"公天下"战胜"私天下"的第一阶段，即"公天下"与国家统一的一致。没有统一也就谈不上"公天下"，而只有混乱不堪的"私天下"。与国家统一相联系的皇帝制度，虽然在个人动机上仍是为私，但在实现和维持统一这一功能上，却成就了公而抑制了私。柳宗元在《封建论》中说得很清楚：

> 秦之所以革之者，其为制，公之大者也；其情，私也，私其一己之威也，私其尽臣畜于我也。然而公天下之端自秦始。

王夫之则有更深一层的判断，他在《读通鉴论》卷一《秦始皇》中写道：

> 郡县之制，垂二千年而弗能改矣，合古今上下皆安之，势之所趋，岂非理而能然哉！……秦以私天下之心而罢侯置守，而天假其私以行其大公，存乎神者之不测，有如是夫！

当然，统一之后也并不必然就意味着"公天下"的自动实现，而且即使统一后的国家实行了郡县制，具有"公天下"的制度基础，没有恢复封建制，但没有一劳永逸地解决问题，还要看统治者如何施政、如何治理。这可以理解为是"公天下"战胜"私天下"的第二阶段，即"政"与"制"的协调一致。正如柳宗元在《封建论》中针对"周事"和"秦事"所作的区别：

> 失在于制，不在于政，周事然也。……失在于政，不在于制，秦事然也。

"政"与"制"严重失调，导致"公天下"的理想实现无望，"私天下"反而借统一之盛为祸愈烈，这种情况在明清时期发展到了弊病丛生的地步。尽管实现了历史上空前的"太平一统之盛"，但国家却内外交困，危机重重。由此出现了对郡县制的批判，如顾炎武在《郡县论一》中所说：

> 方今郡县之敝已极，而无圣人出焉，尚一一仍其故事，此民生之所以日贫，中国之所以日弱而益趋于乱也。

冯桂芬认为，郡县制这种"合治"并不一定适宜，同样可能导致天下动乱：

> 治天下者，宜合治亦宜分治。不合治则不能齐亿万以统于一，而天下争；不分治则不能推一以及乎亿万，而天下乱。①

章太炎则针对清朝末年朝廷权贵的集权，直接将公—私与郡县—封建这两个对偶概念做了一个分离，甚至希望通过封建藩镇来重建公天下：

> 夫削藩镇以立宪政者，天下之至公也；削藩镇以遂一二肺腑贵人之专欲者，天下之至私也。……今藩镇虽离于至公，而

---

① 冯桂芬：《校邠庐抗议》，上海书店出版社2002年，第11页。

犹未合于至私。若皇德贞观，廓夷旧章，示民版法，陶冶天下，而归之一宪，藩镇将奔走趋令，如日本之萨、长二藩，始于建功，而终于纳土，何患自擅。①

从顾炎武到章太炎的这一脉"复封建以救亡"思想，启发了日后的"地方自治"论和"联省自治"论。表面上看起来似乎是一次封建制的回潮，实质上却是追求"公天下"的曲线途径，毕竟"公天下"早已成为大势。这正应了柳宗元在《封建论》中所说："非圣人之意也，势也。"

综上所述，"公天下"理想的最终实现并不容易。但首先需要认识到，"小天下"成为"大天下"是势之所趋，天生烝民"以既庶而安为本"是势之所趋，"公天下"当然也是势之所趋，不可阻挡。

然而，还需要认识到，"公天下"不可能自动实现，第一阶段必先通过统一才能实现；而统一也不可能自动实现，又必先借助争霸者的私情、私心而实现。这就是"天假其私以行其大公"。

国家统一之后，"公天下"仍不可能自动实现，第二阶段必须实现制度和政治的协调一致；而"制"与"政"的合拍也不可能自动实现，必须在封建与郡县、下专与上专、分治与合治、至公与至私之间寻求某种动态平衡，没有一定之规。

这就是中华文明的演化，中国人自始至终相信"天无私覆，地无私载，日月无私照"（《礼记·孔子闲居》）。相信"大道之

---

① 章太炎：《藩镇论》，见冯志钧编：《章太炎政论选集》，中华书局1977年，第102页。

行也，天下为公"，不相信"天下为私"。自周朝第一次大一统开始，中国的天下经历了多少"公天下"与"私天下"之间的反复，又经历了多少实现"公天下"的不同阶段的反复，至今越三千年，才终于走到了今天的中国特色社会主义这条通往真正的"公天下"的光明大道上。

习近平同志指出，中国特色社会主义道路是在对中华民族5000多年悠久文明的传承中走出来的。毫无疑问，"公天下"的理想就是贯穿其间未曾中断的那条主线。

从中国走出来进入外部世界，人们才会发现，任何一个他国都没有经历过长达三千年未曾中断的"公天下"的理想追求，大多数都还处在"私天下"的世道中。

所有的小国，人口很少，或疆域很小，或地处高原、海岛，历史上从来不成天下，也从来没有"公"的代表性。所以，它们无论实行何种制度，都与"公天下"这个大的概念没有关系，自不必论及。

而较大的国家又怎样呢？历史上的大帝国或当今的大国又怎样呢？这些大国虽然疆域和人口大到了"内含天下结构"的规模，但从历史演化来看，却都没能走出"私天下"的世道。与中国相对照，可以说它们从来没有真正懂得何为天下，何为"公天下"。为什么会这样呢？

首先，以一神教为国教的国家，国家政权之外另有属于某一个大神的神权。大神是人格神，七情六欲都有，本质上属私，而不是属公。大神虽是全知全能，却只护佑全人类当中的某一部分人，也就是信仰这个大神的信众，其他人则统统属于异教徒，不在护佑之内。所以，存在神权的国家，本质上仍是"私天下"的，与信仰"天下是天下人之天下"这种"公天下"理想的国家大不相同。

另外，所有实行自由资本主义制度的国家，国家政权之外另有属于大资本家的资本权力，或称金权。金权唯利是图，世上万物，包括人本身，都被金权当作产生利润的工具。虽然当今时代资本主义制度盛行于全世界，但金权的本质却是私权力而不是公权力。表面上看，工商业资本家并不像封建领主那样占有土地，但他们占有经济—社会领域的行业和企业，同样也是私分天下。所以，任何实行自由资本主义制度的国家，本质上也都是"私天下"国家，无论政府是否民选，都不是真正的"公天下"国家。

再者，那些实行西方式民主制度的国家，国家政权通过大众普选产生，由多数党组阁执政。表面上看好像代表了全体人民的"民意"，但实际上却无力摆脱利益集团的控制，每一个政党以及由政党组成的政府，其背后仍然是私权力，而不是"民意"，更不是"民心"。在这些国家里，由于政府的政治权力相对较弱，资本权力、舆论权力、宗教权力等不同形式的私权力，都可以通过这种停留在形式上的民主制度控制政府，以谋取私人或小集团的利益。所以，这些国家无论在形式上多么"至公"，实质上仍然是从封建贵族制通过变形而延续下来的"私天下"国家。

由此可见，没有哪个国家可以与有着数千年"公天下"理想追求的中国相提并论。

这就是中国特色社会主义的当代意义。中国特色社会主义将中国历史上一以贯之的"公天下"理想和独一无二的历史实践与当代社会主义的目标有机结合在一起，因而具有了重大的世界意义。

从这里就可以看出，为什么是中国，而不是其他国家，首先提出了"人类命运共同体"这个时代命题。

至于为什么"公天下"能够而且终将战胜"私天下"，正是因为"公之大者也"，正是因为"势之所趋"。在中国，从春秋战国的封建制到统一秦朝的郡县制，正是因为疆域和人口的扩大，也就是天下的扩大，而形成了"公天下"的大势。此后两千多年，每一次"私天下"和封建制的回潮，都因为大一统的再次重建、天下的再次扩大，而被更大的"公天下"大势压制了下去。

在世界历史上，古典时代的帝国先后覆灭之后，中古时期的隋唐是唯一成功的大一统重建，是秦汉帝国最完整的复活；相比之下，古典时代的罗马帝国在覆灭之后，无论是日后的哪个帝国，都没能实现它的完整复活。实际上，从秦汉到隋唐，再到明清，这三个被黄仁宇先生分别称为中华第一帝国、第二帝国和第三帝国的大一统，贯穿其中的正是"公天下"的大势所趋。

那么，到了今天这个全球化的时代，地球村出现而且日益变小，天下已经成了全球，"公之大者也"扩大到了全人类，这样一个新世界将会发生什么呢？

人口日益增加，技术日益进步，交通日益发达，信息日益丰富，但同时，环境问题、安全问题、和平问题、难民问题、贫富分化问题、发展不平衡问题也日益突出，对于全球治理的要求日益迫切。在这种情况下，"公天下"的大势将会如何继续呢？

　　这就是"人类命运共同体"这一命题提出的时代背景。"公天下"与"私天下"长达数千年的博弈终于来到了全球这个舞台上，面对着更大、更多元、更复杂的"私天下"，历史再次开始。

　　首先，"人类命运共同体"就是全球化时代关于天下的终极表述，围绕"人类命运共同体"展开的政治，就是全球化时代的天下政治。天下政治不同于列国政治，也不同于"霸政"；天下政治必须从天下的角度来考虑问题，而不能从国家或利益集团的角度来考虑问题。这一点，中国古代哲人早在两千五百年前就已指出了。

　　当代中国学者赵汀阳写道：

　　　　天下概念所设定的政治重新出发点就是通过世界内部化而把世界建构为政治主体，确立属于所有人之世界主权，使各自为敌的世界变成共享的天下。"天下为公"这句名言应该解读为：天下是天下人共享的天下。[①]

　　在习近平同志首倡的"一带一路"建设中，为什么要提出共商、共建、共享的"三共"原则？为什么不主张"新自由主义"的市场化、自由化、私有化之"三化"原则？这之间的差别，其实就是天下政治与列国政治、集团政治、私人政治的差别。正如习近平同志所说，"一带一路"建设是中国推动构建"人类命运共同体"的重要实践平台。

　　第二，"人类命运共同体"这一终极天下政治的理想，一定是"公天下"，而不可能是"私天下"。因为"人类命运共同

---

　　① 赵汀阳：《天下的当代性：世界秩序的实践与想象》，中信出版社2016年，第46页。

体"已经是世界上可能存在的最大的天下，是历史上任何一个帝国都不曾覆盖过的真正的天下。中华文明自身的历史已经证明，"公天下"的大势一定会随着天下的扩大而越来越强，如今到了覆盖全球这个最大的天下，"公天下"的大势也必然不可阻挡。

2015年，习近平同志在第70届联合国大会的发言中说：

> "大道之行也，天下为公。"和平、发展、公平、正义、民主、自由，是全人类的共同价值，也是联合国的崇高目标。目标远未完成，我们仍须努力。当今世界，各国相互依存、休戚与共。我们要继承和弘扬联合国宪章的宗旨和原则，构建以合作共赢为核心的新型国际关系，打造人类命运共同体。

从两千五百多年前中国人的"公天下"理想，到今天已被写进联合国文件的"人类命运共同体"，无论中间有多少断裂和停滞，有多少曲折和反复，一旦重新接续，就是整个人类文明史上一以贯之的光明主线。

第三，在这样一种新的局面下，中华文明数千年的"公天下"演化史也就有了新的意义——成了"人类命运共同体"这一终极天下向着终极"公天下"演化的历史预演或实验。贯穿于中华文明史当中的那些复杂斗争、不同阶段的曲折反复，会在全球化时代的天下政治中被重新评估和考察，并加以借鉴。

可以将中华文明"公天下"演化史视为一个缩小版的全球"公天下"演化史，而周朝和秦朝可以分别视为缩小版的天下政治开创史，隋唐和明清则可以分别视为缩小版的天下政治重建史。在这些中国历史中，沿着"公天下"与"私天下"的斗争这条主线，人们必定会从中发现应对当代世界问题的最根本的"中国方案"。

中华人民共和国成立70周年，历史重新出发，从"公天下"走向"人类命运共同体"。这就是今天大踏步前进的中国，就是正在进行伟大奋斗、建设伟大工程、推进伟大事业、实现伟大梦想的新时代。

而之所以如此伟大，是因为新时代标志着当代中国，新时代也联系着历史中国，联系着经历了文明的发生、文明的成长、文明的锻造、文明的冲撞、文明的维新各个阶段的这个独一无二的天下型定居文明。

谨以此书献给中华人民共和国70周年诞辰。